2018—2019 年中国工业和信息化发展系列蓝皮书

U0962799

# 2018—2019 年中国工业发展质量蓝皮书

中国电子信息产业发展研究院　编著
王鹏　主编
秦海林　关兵　乔宝华　副主编

電子工業出版社
Publishing House of Electronics Industry
北京·BEIJING

## 内容简介

本书以习近平新时代中国特色社会主义思想为指引，围绕我国工业经济当前的重点、热点、难点问题进行研究，特别是对制造业高质量发展过程中所面临的机遇与挑战进行深度分析。

全书围绕“工业高质量发展”，遵循新发展理念，紧密结合制造强国的主要目标，充分吸纳“供给侧结构性改革”对工业经济发展的新要求，全面剖析了工业发展质量的内涵，明确了构建评价体系的基本原则和主要思路，并在往年评价体系的基础上，对一些指标进行了适时调整，对全国、各省（区、市）的工业发展质量，以及工业主要行业发展质量进行了评价。

本书旨在推动我国工业经济高质量发展，可供相关人士参考阅读。



**图书在版编目（CIP）数据**

2018—2019 年中国工业发展质量蓝皮书 / 中国电子信息产业发展研究院编著 . —北京：电子工业出版社，2019.11
（2018—2019 年中国工业和信息化发展系列蓝皮书）

ISBN 978-7-121-37515-6

Ⅰ . ① 2…　Ⅱ . ①中…　Ⅲ . ①工业发展－经济运行质量－白皮书－中国－ 2018-2019
Ⅳ . ① F424

中国版本图书馆 CIP 数据核字（2019）第 216496 号

责任编辑：陈韦凯
文字编辑：康　霞
印　　刷：天津画中画印刷有限公司
装　　订：天津画中画印刷有限公司
出版发行：电子工业出版社
　　　　　北京市海淀区万寿路 173 信箱　邮编 100036
开　　本：720×1 000　1/16　印张：16.5　字数：314 千字　彩插：1
版　　次：2019 年 11 月第 1 版
印　　次：2019 年 11 月第 1 次印刷
定　　价：98.00 元

凡所购买电子工业出版社图书有缺损问题，请向购买书店调换。若书店售缺，请与本社发行部联系，联系及邮购电话：（010）88254888，88258888。

质量投诉请发邮件至 zlts@phei.com.cn，盗版侵权举报请发邮件至 dbqq@phei.com.cn。

本书咨询联系方式：chenwk@phei.com.cn，（010）88254441。

# 前 言

2018 年，我国经济由高速增长阶段向高质量发展阶段加速转变。作为实体经济的主战场，我国工业特别是制造业的发展质量得到了国家以及各级政府的高度重视。在习近平新时代中国特色社会主义思想指引下，在党中央、国务院的领导下，稳步推进工业领域供给侧结构性改革、推动工业高质量发展成为我国经济优化升级的重要抓手。工业系统在坚持稳增长调结构的总要求下，积极推进新旧动能平稳接续转换，全面落实制造强国战略，我国工业总体上呈现出“稳中向好、稳中有险”的基本态势。

2018 年，我国工业经济仍承受着较大的下行压力，错综复杂的国际形势使得我国工业经济举步维艰。一年来，中美已举行多次高级别的经贸磋商，双方围绕关税、知识产权、技术转让等问题紧密谈判，目前正处在一个关键时刻。无论中美谈判结果如何，都将对我国工业经济发展产生重大影响，我国工业特别是制造业已发展 40 年的模式亟待改变，正在朝着高质量发展的方向加速前行。一年来，我国工业下行压力仍然存在，工业民间投资意愿仍不强，工业结构优化升级和“去产能”任重道远，传统工业增长动能趋弱，新动能尚未发挥出支撑工业经济增长的主要作用，新旧动能转换尚需时日。我国工业经济在这样的发展背景下，需要继续深化推进制造强国战略，加快推动工业高质量发展，增强我国工业特别是制造业的国际竞争力。

本书通过研究“工业发展质量”，目的在于考量我国各省（区、市）工业经济以及各工业行业在上述新的发展背景和环境下，反映出的各自的工业发展进程。“工业发展质量”是指一定时期内一个国家或地区工业发展的优劣状态，综合反映了速度、结构、效益、创新、资源、环境及信息化等方面的关系的协调程度。本书通篇围绕“工业高质量发展”，遵循新发展理念，紧密结合制造强国的主要目标，充分吸纳“供给侧结构性改革”对工业经济发展的新要求，全面剖析了工业发展质量的内涵，明确了构建评价体系的基本原则和主要思路；在往年评价体系的基础上，对一些指标进行了适时调整，对全国、各省（区、市）的工业发展质量，以及工业主要行业发展质量进行了评价。

在研究过程中，我们深刻体会到，工业发展质量内涵丰富，构建一套相对合理的评价体系并对全国、各省（区、市）以及工业行业进行评价，是一项极富挑战性和创造性的工作，具有现实意义。《中国工业发展质量蓝皮书》前六版问世以来，引发了学术界的广泛关注和热烈反响，《2018—2019 年中国工业发展质量蓝皮书》在认真吸收和采纳了行业内专家和学者具有建设性的建议和意见的基础上，通过对 2018 年我国工业发展质量相关热点、重点和难点问题进行透析，期望能够引起更多国内外学术界有识之士的共同关注。

由于时间、精力、能力有限，虽谨思慎为、几经推敲，但不足之处实属难免，恳请业界同仁不吝赐教。

# 目　录

## 理论篇

## 全国篇



## 区域篇

## 专题篇

# 理 论 篇

# 第一章

# 理论基础

党的十九大报告作出了我国经济已由高速增长阶段转向高质量发展阶段的重大战略判断。我国工业经济发展不仅实现了从高速到中高速的平稳换挡，而且从规模速度型粗放增长开始转向质量效益型发展，工业发展更加注重质量与效益的平衡，追求稳中有进，稳中提质，更加注重工业发展质量变革、效率变革、动力变革。基于这一现状，本章主要从我国工业发展走势和研究成果出发，提出有关工业发展质量的概念，并认为工业发展质量的衡量是多维度的，主要体现在速度和效益有机统一、结构持续调整和优化、技术创新能力不断提高、资源节约和环境友好、两化融合不断深化、人力资源结构优化和待遇提升六个方面。对工业发展质量进行评价，不仅是衡量工业转型升级成果的需要，还是把握工业经济运行规律和正确指导地方工业科学发展的有效手段。

## 第一节　研究背景和文献综述

### 一、研究背景

经过改革开放 40 年的发展，我国经济实力不断增强，经济总量跃上新台阶，GDP 总量从 1978 年的 3679 亿元快速增长到 2018 年的 900309 亿元。2018 年我国 GDP 同比增长 6.6%，对世界经济增长的贡献率接近 30%，持续成为世界经济增长最大的贡献者。工业是立国之本，是实体经济的主体和建设现代化经济体系的主要着力点。2018 年我国工业经济总体平稳，全部工业增加值达 305160 亿元，占 GDP 的比重为 33.9%，是 1990 年工业增加值的 44 倍；2018 年全部工业增加值同比增长 6.1%，增速虽有所放缓，但仍处于运行合理区间；

工业门类拥有全球门类最齐全的产业体系和配套网络，其中220多种工业品产量居世界第一。随着创新驱动发展战略的大力实施，新产业、新业态、新商业模式层出不穷，新技术、新产品、新服务不断涌现，新动能成为保持工业经济平稳增长的重要动力。高技术制造业增长较快，2018年高技术制造业增加值同比增长11.7%，增速高于规模以上工业5.5个百分点，占规模以上工业增加值的比重为13.9%，比2017年提高1.2个百分点。战略性新兴产业增速加快，2018年战略性新兴产业同比增长8.9%，增速高于全部规模以上工业2.7个百分点。部分新兴工业产品产量快速增长，2018年新能源汽车、生物基化学纤维、智能电视、锂离子电池同比增长超过两位数，分别为40.1%、23.5%、18.7%、12.9%。

2019年中央经济工作会议提出:“我国经济运行主要矛盾仍然是供给侧结构性的，必须坚持以供给侧结构性改革为主线不动摇，更多采取改革的办法，更多运用市场化、法治化手段，在‘巩固、增强、提升、畅通’八个字上下功夫。”要巩固“三去一降一补”成果，推动更多产能过剩行业加快出清，降低全社会各类营商成本，加大基础设施等领域补短板力度。要增强微观主体活力，发挥企业和企业家主观能动性，建立公平开放透明的市场规则和法治化营商环境，促进正向激励和优胜劣汰，发展更多优质企业。要提升产业链水平，注重利用技术创新和规模效应形成新的竞争优势，培育和发展新的产业集群。要畅通国民经济循环，加快建设统一开放、竞争有序的现代市场体系，提高金融体系服务实体经济能力，形成国内市场和生产主体、经济增长和就业扩大、金融和实体经济良性循环。2018年，供给侧结构性改革效果不断显现。工业企业资产负债率回落，去杠杆成效继续显现。2018年末，规模以上工业企业资产负债率为56.5%，比上年降低0.5个百分点。其中，国有控股企业资产负债率为58.7%，比上年降低1.6个百分点。工业企业单位成本降低，降成本效果比较明显。2018年，规模以上工业企业每百元主营业务收入中的成本和费用合计为92.58元，比上年降低0.18元;其中，每百元主营业务收入中的成本为83.88元，比上年降低0.2元。煤炭、钢铁产能利用率提高，去产能效果显著。坚持市场化法治化手段去产能，提前超额完成2018年去产能目标任务。全年共压减钢铁产能3000万吨以上，退出煤炭产能1.5亿吨以上。2018年，煤炭开采和洗选业以及黑色金属冶炼和压延加工业产能利用率分别为70.6%和78.0%，分别比2017年提高2.4和2.2个百分点，均为近几年来最高水平。

供给侧结构性改革纵深推进、工业互联网蓬勃发展，工业新旧动能加速转换，但关键核心技术仍受制于人，低端过剩与高端供给不足等不平衡不充分的一些突出问题尚未解决。一方面，基础研究支撑不足，核心技术引进受阻，延缓产业转型升级进程。2017 年我国规模以上工业企业研发经费支出超过 1.2 万亿元，但基础研究经费仅占 0.2% 左右；而美国、日本和韩国等创新型国家的企业研发经费支出中基础研究占比通常超过 5%。相比之下，我国企业基础研究经费投入不足，这将直接影响产业关键核心技术的攻关能力。我国对外技术依存度居高不下，但核心技术引进日益受阻。内在的技术攻关能力不足，外在的技术引进受阻，内外夹击，可能会进一步延缓我国产业转型升级进程。另一方，中高端产品供给不足，自主品牌建设滞后，加剧供给和需求的结构性失衡。我国国产产品质量与国际先进水平仍有差距。以汽车行业为例，根据 2018 中国新车质量研究，自主品牌新上市车型问题数量趋增，并且在空调系统、车身外观和发动机 / 变速系统几个方面，与国外品牌差距最大。由于质量造假和监管不力，部分小概率恶性事件如食品、药品安全问题也严重影响消费者对国内产品的消费信心。我国仍缺少具有国际影响力的消费类品牌。如果我国的产品质量和品牌建设再不加速提升，将导致高端消费持续外流，加剧供给和需求之间的结构性失衡。

2019 年中央经济工作会议指出：2019 年首要的重点工作任务就是推动制造业高质量发展。要推动先进制造业和现代服务业深度融合，坚定不移地建设制造强国。要稳步推进企业优胜劣汰，加快处置“僵尸企业”，制定退出实施办法，促进新技术、新组织形式、新产业集群形成和发展。要增强制造业技术创新能力，构建开放、协同、高效的共性技术研发平台，健全需求为导向、企业为主体的产学研一体化创新机制，抓紧布局国家实验室，重组国家重点实验室体系，加大对中小企业创新支持力度，加强知识产权保护和运用，形成有效的创新激励机制。

我国将着力振兴实体经济，工业发展将更加注重质量和效益，更加注重质量变革、效率变革、动力变革，更加注重质量发展的体系建设。推动高质量发展是当前和今后一个时期确定发展思路、制定经济政策、实施宏观调控的根本要求，将形成高质量发展的指标体系、政策体系、标准体系、统计体系、绩效评价、政绩考核，推动我国经济在实现高质量发展上不断取得新进展。

## 二、文献综述

党的十九大报告指出，我国经济已由高速增长阶段转向高质量发展阶段，部分专家和学者对此进行了解读和研究。李伟（2018 年）认为社会主要矛盾的变化决定了经济工作的方向和重点，要求我国经济发展切实转向高质量发展，过去四十年的高速增长，成功解决了“有没有”的问题，现在强调高质量发展，根本在于解决“好不好”的问题。吕铁（2018年）认为应该把高质量发展和经济发展阶段的变化结合起来。高质量发展是一个动态的概念，是指适应经济发展阶段变化的要求，能够有效地解决当前面临的突出问题，更好地实现新阶段提出来的发展目标的一种合意的经济发展方式。许召元（2018年）认为从国际经验看，制造业高质量发展的核心表现是中高技术制造业的国际竞争力稳步提升，制造业的核心竞争力体现在四个方面：核心技术、品牌质量、要素成本、集聚和配置。马晓河（2018年）认为经济高质量发展，就是一个经济体（或企业）在投入上能利用科技进步科学配置资源要素，推动效率变革，实现资源要素配置从过去的粗放经营转向集约节约经营，使得资源要素的利用效率明显提高。

我国专家、学者对新旧动能转换展开了深入探讨。李伟（2018年）认为新旧动能转换是当前中国经济结构调整的主旋律，推动新旧动能根本转换必须深度参与新工业革命，深化改革扩大开放是促进新旧动能转换的根本路径。李燕（2018年）认为新工业革命以颠覆性技术创新和扩散应用为主要驱动力，将构筑经济高质量发展的新动能。新工业革命以新产业新业态的发展壮大为主要支柱，将加速经济发展新旧动能的接续转换。周毅（2018年）认为培育壮大新动能亟待破解四大难题，即安全性难题、智能制造被国外“卡脖子”的风险、创新在新动能发展中的作用仍未充分发挥、有关新动能的新经济统计工作慢于新经济的发展。国家统计局测算结果显示，2015—2017年我国经济发展新动能指数分别为123.5、156.7、210.1，分别比上年增长23.5%、26.9%、34.1%，经济发展新动能指数逐年攀升，表明我国经济发展新动能加速发展壮大，经济活力进一步释放，成为缓解经济下行压力、推动高质量发展的重要动力。

党中央国务院和各级地方党委政府高度重视绿色发展。习近平总书记围绕绿色发展发表了一系列重要讲话，指出像保护眼睛一样保护生态环境，推动形成绿色低碳循环发展新方式，并从中创造新的增长点，强调绿色发展是最有前途的发展领域，加快构建绿色循环低碳发展的产业体系，决不以牺牲环境换取一时的经济增长，形成了既要金山银山、又要绿水青山的鲜明导向。2019年1月，工业和信息化部制定了《机械行业绿色供应链管理企业评价指标体系》《汽车行业绿色供应链管理企业评价指标体系》和《电子电器行业绿色供应链管理企业评价指标体系》，加快构建绿色制造体系，推动绿色供应链发展。2018年工业和信息化部制定了《工业固体废物资源综合利用评价管理暂行办法》《国家工业固体废物资源综合利用产品目录》，建立了科学规范的工业固体废物资源综合利用评价制度，推动了工业固体废物资源综合利用，促进工业绿色发展。另外，工业和信息化部参与制定了《新能源汽车动力蓄电池回收利用管理暂行办法》，推进动力蓄电池回收利用，制定了《新能源汽车动力蓄电池回收利用溯源管理暂行规定》，对动力蓄电池生产、销售、使用、报废、回收、利用等全过程进行信息采集，对各环节主体履行回收利用责任情况实施监测。

创新是引领发展的第一动力，是建设现代化经济体系的战略支撑。十九大报告指出，加快建设创新型国家，要瞄准世界科技前沿，强化基础研究，实现前瞻性基础研究、引领性原创成果重大突破。2018 年 12 月，国家统计局发布了 2017 年中国创新指数为 196.3，比上年增长 6.8%，创新推动高质量发展的作用进一步凸显。分领域看，创新环境指数、创新投入指数、创新产出指数和创新成效指数分别达到 203.6、182.8、236.5 和 162.2，分别比上年增长 10.4%、6.2%、5.9% 和 4.8%。测算结果表明，2017 年，我国创新环境进一步优化，创新投入力度继续加大，创新产出持续提升，创新成效稳步增强，创新能力向高质量发展要求稳步迈进。工业和信息化部强化创新引领，加快发展先进制造业，聚焦重点、创新机制、优化政策，统筹推进制造强国战略实施，将创新摆在产业发展的核心位置，加强关键核心技术攻关。2018 年制定了《国家制造业创新中心考核评估办法（暂行）》，规范开展创新中心考核评估，促进国家制造业创新中心健康发展，推动加快建设制造强国。工业和信息化部新批复国家集成电路创新中心、国家智能传感器创新中心、国家数字化设计与制造创新中心等国家级中心。

综上所述，当前以及未来相当长的一段时期内，我国工业经济发展更加关注工业发展质量和效益，更加注重工业发展质量变革、效率变革、动力变革。推动工业经济高质量发展，是保持工业经济持续健康发展的必然要求，是遵循经济规律发展的必然要求。就当前国内外复杂形势看，急需构建一套合理、完善的评价体系，来客观、科学反映和评价我国新时代工业发展质量，引导和推动工业产业结构向更加合理的方向调整。

## 第二节　工业发展质量的概念及研究意义

### 一、概念及内涵

工业发展质量的衡量是多维度的，涉及生态效益、经济结构、创新能力、民生水平等多个方面。赛迪智库工业经济研究所认为：广义上，工业发展质量是指一定时期内一个国家或地区工业发展的优劣状态；狭义上，工业发展质量是在保持合理增长速度的前提下，更加重视增长的效益，不仅包括规模扩张，还包括结构优化、技术创新、资源节约、环境改善、两化融合、惠及民生等诸多方面。现阶段其内涵主要体现在以下六个方面。

第一，速度和效益有机统一。工业发展质量的提高是以稳定的发展速度为基础，目前我国工业经济运行呈现“稳中有进”的特点，“稳”主要体现在工业增速保持在一定的水平，“进”更多地体现在质量和效益的提高。忽视效益和质量的盲目扩张很可能以资源高消耗、环境高污染为代价，并可能引发产业结构失衡等一系列严重问题，将影响到工业的良性循环和健康发展。提升工业发展质量的关键在于实现速度和效益的有机统一。

第二，结构持续调整和优化。工业结构反映了生产要素在产业间、地区间、企业间的资源配置情况，是工业总体发展水平的重要评价维度。工业结构的优化升级有助于提高工业发展质量，是工业发展质量提升的重要表现。必须要统筹处理好传统产业和新兴产业、劳动密集型产业和资本技术密集型产业、重化工业与轻工业、东部地区与中西部地区、大集团大企业与中小企业、国有企业与非国有企业等重要关系，优化生产要素配置。

第三，技术创新能力不断提高。技术创新是工业经济发展质量提高的源泉，提高产业技术创新能力，有助于实现内涵式发展，推动工业转型升级。在新一轮科技革命的背景下，必须转变经济发展方式，建立健全工业化的创新驱动机制，实现工业化动力从投资驱动向创新驱动转变，进而形成创新驱动的现代化经济体系。提高工业发展质量，要求完善创新生态体系，实现创新链、产业链与资金链的有机统一，保障科研经费投入，促进科技成果的转化。

第四，资源节约和环境友好。实现工业经济与资源环境的和谐发展，是缓解资源约束矛盾的根本出路，是提高工业发展质量的前提。绿色发展是工业发展质量的重要要求，也是工业经济效益的具体表现方面之一。实践证明，粗放利用资源的发展模式只会加剧资源约束矛盾，而以损害环境为代价的工业发展具有极强的社会负外部性。提升工业发展质量，必须提高资源利用效率，发展循环经济，有效控制污染排放。

第五，两化融合不断深化。随着新兴信息技术的产生和应用，工业互联网、大数据、人工智能、虚拟现实和实体经济深度融合，信息技术、信息产品、信息资源、信息化标准等信息化要素在工业技术、工业产品、工业装备、工业管理、工业基础设施、市场环境等各个层面的渗透与融合，是推动工业转型升级的重要科技助力，也是优化工业系统管理水平的重要手段。

第六，人力资源结构优化和待遇提升。随着我国人口老龄化的加剧，劳动力成本上升，以廉价劳动力为特征的人口红利在不断消失。但随着改革开放后我国人均受教育水平的提高，劳动力质量呈现明显改善，成为我国人口红利的新特征。提高工业发展的质量，既要充分依托我国在人才和劳动力资源方面的巨大优势，特别是要关注人均受教育水平的提高，同时还要着眼于解决广大人民群众的就业与收入问题，实现发展成果人民共享的同时，扩大内需，增强国内购买力。

## 二、评价意义

党的十九大明确提出，必须坚持质量第一、效益优先，以供给侧结构性改革为主线，推动经济发展质量变革、效率变革、动力变革，提高全要素生产率，着力加快建设实体经济、科技创新、现代金融、人力资源协同发展的产业体系，着力构建市场机制有效、微观主体有活力、宏观调控有度的经济体制，不断增强我国经济创新力和竞争力。结合实际情况，我们认为，未来我国工业发展质量的评价，应综合考虑产业结构优化、协调发展、绿色发展、工业创新能力等多个维度，着力提高工业发展的质量和效益。加强对工业发展质量的评价和研究，是推进工业转型升级的重要基础性工作之一，也是深入贯彻落实十九大和中央经济工作会议相关精神、实现制造强国战略的重要实践性工作之一，对我国新时代工业经济实现健康平稳增长具有重要意义。

第一，研究和评价工业发展质量是科学衡量工业转型升级效果的迫切需要。加快工业转型升级已成为推进我国经济结构调整和发展方式转变的重大举措。工业转型升级主要体现在自主创新、结构优化、两化深度融合、绿色低碳、对外开放等诸多方面，其核心目标就是要实现工业发展质量的不断提升。工业转型升级是一个系统性工程，单一指标难以准确客观衡量转型升级的效果，当前急需构建一套能够全面准确衡量工业发展质量的指标体系，引导地方政府和企业走内生增长、集约高效的发展道路。

第二，研究和评价工业发展质量是正确引导地方工业实现科学发展的有效手段。长期以来，片面追求规模、增速的指标扭曲了行业或地区工业发展的经济行为，在推动工业规模高速扩张的同时，也造成了资源浪费、环境污染、产能过剩、产品附加值低、竞争力不强等深层次问题。加强对工业发展质量的评价，有利于引导各级政府实现工业增速与效益的统一，通过加大创新投入、优化产业结构、推进节能减排等措施改善工业整体素质，引导地方将工作重心转移到发展方式转变上来。

第三，研究和评价工业发展质量是准确把握工业经济运行规律的内在要求。

通过对工业发展质量的长期持续跟踪评价，有利于全面分析工业经济运行的中长期特点、趋势及影响因素，深刻剖析工业经济发展中的深层次问题和矛盾，准确把握工业经济运行的客观规律。进而在把握规律的基础上指导实践，提高政府决策的科学性与合理性。

因此，了解和掌握 2018 年我国工业相关政策，构建我国工业发展质量的评价体系，分析全国及地方省区市的工业发展质量水平和工业细分行业的发展质量情况，探讨工业发展质量的热点和面临的问题，展望工业发展存在的机遇与挑战，对促进我国新时代工业经济更高质量、更有效率、更可持续的发展具有重要意义。

# 第二章

# 评价体系

党的十九大报告作出了“我国经济已由高速增长阶段转向高质量发展阶段”的重大战略判断，继2017年明确指出“推动高质量发展是当前和今后一个时期确定发展思路、制定经济政策、实施宏观调控的根本要求”之后，2018年底召开的中央经济工作会议又将“推动制造业高质量发展”作为2019年的首个重点工作任务。2019年是中华人民共和国成立70周年，我们更应全面贯彻落实创新、协调、绿色、开放、共享的发展理念，按照高质量发展的要求，持续提高工业发展质量。本章将基于工业发展质量的基本内涵，从工业高质量发展的主要特征出发来确定评价指标体系的基本框架和主要内容，并按内在逻辑要求来选择具有代表性的指标；同时，坚持以指标数据的可获得性为前提来保证评价结果的客观性。在构建评价体系时坚持系统性、可比性、可测度、可扩展等原则，最终选取的指标涵盖速度效益、结构调整、技术创新、资源环境、两化融合、人力资源等6个方面，包含20项具体指标。本章详细介绍了工业发展质量评价指标体系的指标选取、指标权重、指标数据来源，以及工业发展质量时序指数和截面指数的测算方法，是后续测算工业发展质量指数的基础。

## 第一节 研究思路

党的十八届三中全会指出，要完善发展成果考核评价体系，纠正单纯以经济增长速度评定政绩的偏向，加大资源消耗、环境损害、生态效益、产能过剩、科技创新、安全生产、新增债务等指标的权重。《国民经济和社会发展第十二个五年规划纲要》明确提出，要“弱化对经济增长速度的评价考核，强化对结构优化、民生改善、资源节约、环境保护、基本公共服务和社会管理等目标任务完成情况的综合评价考核”。制造强国战略将质量为先与创新驱动、绿色发展、结构优化和人才为本并列为其五大基本方针。党的十八届五中全会再次明确提出“十三五”时期仍要坚持发展是第一要务，以提高发展质量和效益为中心，加快形成引领经济发展新常态的体制机制和发展方式。《国民经济和社会发展第十三个五年规划纲要》提出要“切实转变发展方式，提高发展质量和效益，努力跨越‘中等收入陷阱’，不断开拓发展新境界。”要“坚持发展是第一要务，牢固树立和贯彻落实创新、协调、绿色、开放、共享的发展理念，以提高发展质量和效益为中心，以供给侧结构性改革为主线，扩大有效供给，满足有效需求，加快形成引领经济发展新常态的体制机制和发展方式。”党的十九大报告作出了“我国经济已由高速增长阶段转向高质量发展阶段”的重大战略判断，2017年底召开的中央经济工作会议明确指出“推动高质量发展是当前和今后一个时期确定发展思路、制定经济政策、实施宏观调控的根本要求”，并要求“必须加快形成推动高质量发展的指标体系、政策体系、标准体系、统计体系、绩效评价、政绩考核，创建和完善制度环境，推动我国经济在实现高质量发展上不断取得新进展”。2018年底召开的中央经济工作会议则将“推动制造业高质量发展”作为2019年的首个重点工作任务。为全面落实党的十九大精神，更好实现制造强国战略目标，我们构建完善了工业发展质量评价指标体系，以科学监测我国工业经济的发展质量，准确分析推动工业经济高质量发展过程中存在的突出问题，推动工业发展方式转变，提高工业竞争力和创新力。

评价体系的构建需要认真研究、不断尝试和逐步完善，必须在明确工业发展质量内涵的基础上，选取能够反映当前发展阶段我国工业发展水平和质量的指标，对数据进行处理，并对初步测算结果进行分析与验证，然后根据验证结果再对指标体系进行必要的修改和调整，确立适合我国国情和工业化发展阶段的评价指标体系，最终用于全国及地方省市的工业发展质量评价（见图2-1）。

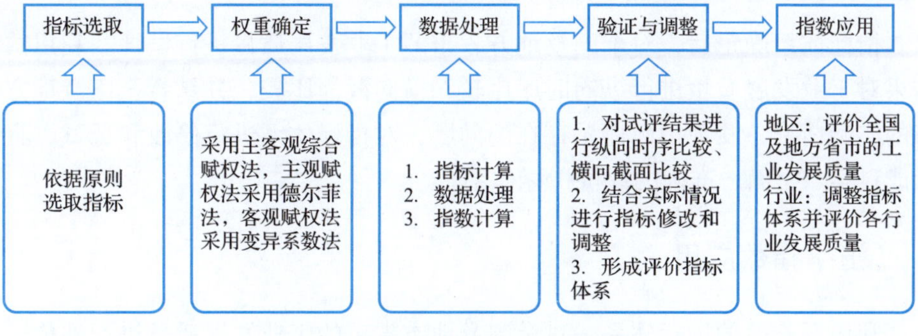


**图2-1 中国工业发展质量研究思路**

（资料来源：赛迪智库整理，2019年2月）

## （一）指标选取

首先应根据工业发展质量的基本内涵，确定评价指标体系的基本框架和主要内容，并按内在逻辑要求选择重要而有代表性的指标组成初步的指标框架体系。在确立指标框架体系的基础上，按照系统性、可比性、可测度、可扩展的原则，选取具体指标。为保证评价结果的准确性和客观性，本书所需数据全部来源于国家统计局等权威机构发布的统计年鉴和研究报告。

## （二）权重确定

采用主客观综合赋权法，主观赋权法采用德尔菲法，客观赋权法采用变异系数法，这样不仅能够充分挖掘数据本身的统计意义，也能够充分利用数据指标的经济意义。主客观综合赋权方法能够客观、公正、科学地反映各指标所占权重，具有较高的可信度。为便于逐年之间的比较，采用 2012—2017 年主客观权重的平均值作为统一权重。

## （三）数据处理

首先计算无法直接获取的二级指标，如高技术制造业主营业务收入占比、就业人员平均受教育年限等。对于截面指数，将所有指标进行无量纲化处理，利用无量纲化数据和确定的权重，得到地方省市的工业发展质量截面指数；对于时序指数，将所有指标换算为以 2012 年为基期的发展速度指标，然后进行加权，得到全国及地方省市工业发展质量时序指数。

## （四）验证与调整

指标体系确定后，对全国及地方省市的工业发展质量进行试评。利用试评结果对工业发展质量进行纵向时序比较和横向截面比较，并结合全国及地方省市的实际情况，发现指标体系存在的问题，对指标体系进行修改和调试，直至形成科学、全面、准确的评价指标体系。

## （五）指数应用

利用调整后的指标体系，对全国及地方省市的工业发展质量进行评价。通过分析评价结果，发现我国及各省市工业发展过程中存在的问题，并据此提出促进工业发展质量提升的对策建议。针对行业的实际情况，对部分不适合指标和不可获得指标进行剔除，得到适用于行业之间比较的评价指标体系，并利用实际数据评价行业发展质量。

## 第二节　基本原则

### 一、研究的指导原则

以创新、协调、绿色、开放、共享的发展理念为指导，以提高发展质量和效益为中心，以推进供给侧结构性改革为主线，坚定不移地走好中国特色新型工业化道路。紧紧围绕新型工业化道路和供给侧结构性改革的内涵，聚焦制造强国战略的主要目标，在保证一定增长速度的前提下，工业应实现更具效益的增长，结构不断调整和优化，技术创新能力不断提升，资源环境不断改善，信息化与工业化融合不断加深，人力资源优势得到更充分发挥。

### 二、指标的选取原则

指标的选择，首先应根据工业发展质量的基本内涵，确定评价指标体系的基本框架和主要内容，并按内在逻辑要求选择具有代表性的指标。同时，以指标数据的可获得性为前提并保证评价结果的客观性，指标数据应全部来源于统计年鉴或权威机构发布的研究报告。

### 三、体系的构建原则

构建评价指标体系是开展工业发展质量评价工作的关键环节。针对工业发展质量的内涵和特征，在构建评价指标体系的过程中，要遵循以下四个原则。

第一，系统性原则。工业发展质量涉及经济、社会、生态等诸多方面，但评价指标体系不可能无所不包，只有那些真正能够直接反映工业发展质量内在要求的要素才能被纳入指标体系之中。同时，评价指标体系不应是一些指标和数据的简单堆砌与组合，而应当是一个安排科学、结构合理、逻辑严谨的有机整体。

第二，可比性原则。指标的选择必须充分考虑到不同地区在产业结构、自然条件等方面的差异，尽可能选取具有共性的综合指标，并且代表不同经济含义、不同量纲的指标，在经过无量纲化处理后，可以相互比较。考虑到总量指标不具备可比性，指标选择尽量采用均量指标，兼顾采用总量指标；尽量采用普适性指标，兼顾采用特殊指标。

第三，可测度原则。要求所选择的指标应充分考虑到数据的可获得性和指标量化的难易程度，定量与定性相结合，既能全面反映工业发展质量的各种内涵，又能最大限度地利用统计资料和有关规范标准，采取各种直接的或间接的计算方法能够加以量化，否则就会失去指标本身的含义和使用价值。

第四，可扩展原则。指标的选取要突出现阶段工业发展的战略导向，构建出符合工业转型升级、两化深度融合等新形势新要求的指标体系。同时，由于受统计指标、数据来源等多种因素制约，建立评价指标体系不宜过分强调它的完备性。对于暂时无法纳入本评价体系的指标，要根据实际需要和可能，逐渐补充和完善。

## 第三节　指标体系

### 一、概念

工业发展质量评价指标，是指能够反映工业经济发展质量和效益等多方面的各项具体数据。这些数据按照一定的目的和方式进行组织而形成的指标集合，构成了工业发展质量评价指标体系，它能够比较科学、全面、客观地向人们提供工业发展质量的相关信息。

### 二、作用

工业发展质量评价体系能够反映我国工业经济与社会发展的健康程度，能够指导我国走好新型工业化道路，有利于我国国民经济的持续稳定增长。

工业发展质量评价体系具有三大作用：

第一，描述与评价的功能，可以将工业经济的发展质量利用相关的指标进行具体描述，使工业经济高质量发展的现状一目了然。

第二，监测和预警的功能，可以监测战略目标的完成情况和政策实施的效果，为防止经济、社会和资源环境危害的产生提供预警信息。

第三，引导和约束的功能，对于各地区的工业发展具有一定的导向作用，可以与周边类似省份互设标杆进行比较。

总之，工业发展质量评价体系提供了评价工业经济与社会、资源、环境等之间关系的量化工具。为了实现工业经济可持续发展的目标，我国有必要利用好这一工具，对工业发展的过程进行监测和评价、指导和监督、规范和约束。

当然，工业发展阶段和水平是动态变化的，其评判标准并非一成不变，工业发展质量评价体系的内容也将与时俱进。

## 三、框架设计

### （一）指标选取

工业发展质量评价指标体系的框架设计，必须建立在准确理解和把握工业发展质量内涵的基础上。根据对工业发展质量内涵的理解和指标选取的基本原则，本书初步建立了由速度效益、结构调整、技术创新、资源环境、两化融合、人力资源共六大类、20 项具体指标组成的评价指标体系（见表 2-1）。

表 2-1 中国工业发展质量评价指标体系

| | | |
|---|---|---|
| 工业发展质量 | 速度效益 | 工业增加值增速 |
| | | 资产负债率 |
| | | 工业成本费用利润率 |
| | | 工业主营业务收入利润率 |
| | 结构调整 | 高技术制造业主营业务收入占比 |
| | | 500 强企业占比 |
| | | 小型工业企业主营业务收入增速 |
| | | 工业制成品出口占比 |
| | 技术创新 | 工业企业 R&D 经费投入强度 |
| | | 工业企业 R&D 人员投入强度 |
| | | 工业企业单位 R&D 经费支出发明专利数 |
| | | 工业企业新产品销售收入占比 |
| | 资源环境 | 单位工业增加值能耗 |
| | | 工业固体废物综合利用率 |
| | | 工业污染治理投资强度 |
| | 两化融合 | 工业应用信息化水平 |
| | | 电子信息产业占比 |
| | 人力资源 | 工业城镇单位就业人员平均工资增速 |
| | | 第二产业全员劳动生产率 |
| | | 就业人员平均受教育年限 |

资料来源：赛迪智库整理，2019 年 2 月。

需要说明的是，由于工业发展质量的内涵十分丰富，涉及领域较多，并且关于工业发展质量的研究仍然在不断探索和完善中，目前社会各界对如何评价工业发展质量也还没有形成统一的认识。因此，构建工业发展质量评价指标体系是一项需要不断探索和长期实践，且极富挑战性的工作。经过近几年的摸索和调整，目前指标体系已相对稳定，本版在上一版的评价指标体系的基础上，根据数据可获取情况对部分指标进行了微调，主要是剔除了工业主要污染物排放强度和互联网普及率两个指标，未来仍会根据经济发展需要和数据获取情况进行微调。

## （二）指标阐释

根据评价体系的框架设计，主要分为以下六大类指标。

一是速度效益类指标。发展速度和经济效益是反映一个国家和地区工业发展质量的重要方面。这里主要选取了工业增加值增速、资产负债率、工业成本费用利润率和工业主营业务收入利润率四项指标（见表 2-2）。

表 2-2　速度效益类指标及说明

| 指　标 | 计 算 公 式 | 说　明 |
|---|---|---|
| 工业增加值增速 | $\left(\frac{\text{当年工业增加值}}{\text{上年工业增加值}}-1\right)\times 100\%$ | 反映全口径工业增加值的增长速度 |
| 资产负债率 | $\frac{\text{负债总额}}{\text{资产总额}}\times 100\%$ | 反映企业利用债权人提供的资金从事经营活动的能力，也反映工业企业经营风险的大小 |
| 工业成本费用利润率 | $\frac{\text{工业利润总额}}{\text{工业成本费用总额}}\times 100\%$ | 反映工业企业投入的生产成本及费用的经济效益，同时也反映企业降低成本所取得的经济效益 |
| 工业主营业务收入利润率 | $\frac{\text{工业利润总额}}{\text{工业主营业务收入}}\times 100\%$ | 反映工业企业主营业务的获利能力 |

资料来源：赛迪智库整理，2019 年 2 月。

二是结构调整类指标。产业结构的优化和升级是走新型工业化道路的必然要求，对于工业经济的高质量增长具有重要意义。这里主要选取了高技术制造业主营业务收入占比、500 强企业占比、小型工业企业主营业务收入增速和工业制成品出口占比四项指标（见表 2-3）。

表 2-3　结构调整类指标及说明

| 指　标 | 计 算 公 式 | 说　明 |
|---|---|---|
| 高技术制造业主营业务收入占比 | $\frac{\text{高技术制造业主营业务收入}}{\text{工业主营业务收入}}\times 100\%$ | 一定程度上能够反映我国产业结构的优化程度 |
| 500 强企业占比 | 评价全国时为世界 500 强企业中的中国企业数量占比；评价地方省市时为各省市制造业企业 500 强占全国比重 | 反映具有国际竞争力的大中型工业企业发展状况以及产业组织结构 |

续表

| 指 标 | 计算公式 | 说 明 |
| --- | --- | --- |
| 小型工业企业主营业务收入增速 | $\left(\frac{\text{当年小型工业企业主营业务收入}}{\text{上年小型工业企业主营业务收入}}-1\right)\times100\%$ | 反映小型工业企业的发展活力 |
| 工业制成品出口占比 | 全国：$\frac{\text{工业制成品出口}}{\text{全球出口总额}}\times100\%$<br>地方：$\frac{\text{地方工业出口交货值}}{\text{全球工业出口交货值}}\times100\%$ | 反映全国 / 地方工业产品的出口竞争力 |

资料来源：赛迪智库整理，2019 年 2 月。

三是技术创新类指标。创新是第一动力，是走内涵式发展道路的根本要求，也是我国工业转型升级的关键环节。这里主要选取了工业企业 R&D 经费投入强度、工业企业 R&D 人员投入强度、工业企业单位 R&D 经费支出发明专利数和工业企业新产品销售收入占比四项指标（见表 2-4）。

表 2-4 技术创新类指标及说明

| 指 标 | 计算公式 | 说 明 |
| --- | --- | --- |
| 工业企业 R&D 经费投入强度 | $\frac{\text{工业企业R\&D经费支出}}{\text{工业企业主营业务收入}}\times100\%$ | 反映规模以上工业企业研发经费的投入强度 |
| 工业企业 R&D 人员投入强度 | $\frac{\text{工业企业R\&D人员数}}{\text{工业企业从业人员年平均人数}}\times100\%$ | 反映规模以上工业企业研发人员的投入强度 |
| 工业企业单位 R&D 经费支出发明专利数 | $\frac{\text{工业企业发明专利申请数}}{\text{工业企业R\&D经费支出}}\times100\%$ | 反映规模以上工业企业单位研发经费投入所创造的科技成果的实力 |
| 工业企业新产品销售收入占比 | $\frac{\text{新产品主营业务收入}}{\text{工业企业主营业务收入}}\times100\%$ | 反映规模以上工业企业自主创新成果转化能力及产品结构 |

资料来源：赛迪智库整理，2019 年 2 月。

四是资源环境类指标。加强资源节约和综合利用，积极应对气候变化，是加快转变经济发展方式的重要着力点，也是实现工业可持续发展的内在要求。这里主要选取了单位工业增加值能耗、工业固体废物综合利用率和工业污染治理投资强度三项指标（见表 2-5）。

表 2-5 资源环境类指标及说明

| 指 标 | 计算公式 | 说 明 |
| --- | --- | --- |
| 单位工业增加值能耗 | $\frac{\text{工业能源消费总量}}{\text{工业增加值}}$ | 反映工业生产节约能源情况和利用效率 |
| 工业固体废物综合利用率 | $\frac{\text{工业废物综合利用量}}{\text{工业废物产生量}+\text{贮存量}}\times100\%$ | 反映工业生产的资源再利用情况 |
| 工业污染治理投资强度 | $\frac{\text{工业污染治理投资}}{\text{工业增加值}}\times100\%$ | 反映工业生产过程中对环境改善的投入力度 |

资料来源：赛迪智库整理，2019 年 2 月。

五是两化融合类指标。信息化与工业化融合是我国走新型工业化道路的必然要求，也是提高工业发展质量的重要支撑。目前，赛迪研究院已经连续多年发布《中国信息化与工业化融合发展水平评估报告》。两化融合评价指标体系包括基础环境、工业应用、应用效益三类，其中工业应用指数涵盖重点行业典型企业 ERP 普及率、重点行业典型企业 MES 普及率、重点行业典型企业 PLM 普及率、重点行业典型企业 SCM 普及率、重点行业典型企业采购环节电子商务应用、重点行业典型企业销售环节电子商务应用、重点行业典型企业装备数控化率、国家新型工业化产业示范基地两化融合发展水平八个方面，很好地反映了工业企业的两化融合水平。根据数据可获得性原则，本研究还选取了电子信息产业占比来辅助衡量两化融合水平（见表 2-6）。我们认为，电子信息产业发展的好坏，与地方产业结构轻量化、高级化有高度相关性，且一般来说电子信息产业发达地区信息化应用水平也较高。

表 2-6　两化融合类指标及说明

| 指　标 | 计 算 公 式 | 说　明 |
|---|---|---|
| 工业应用信息化水平 | 由重点行业典型企业 ERP/MES/PLM/SCM 普及率、装备数控化率、国家新型工业化产业示范基地西化融合发展水平，以及采购、销售环节电子商务应用等合成 | 反映工业企业生产经营管理过程中应用信息化技术的程度，用以体现工业化进程中企业的可持续发展情况 |
| 电子信息产业占比 | $\frac{\text{电子信息制造业收入}}{\text{工业主营业务收入}}\times 50\%+\frac{\text{软件业务收入}}{\text{GDP}}\times 50\%$ | 反映地区电子信息制造业和软件业的发展程度及水平，体现工业化与信息化的发展水平 |

资料来源：赛迪智库整理，2019 年 2 月。

六是人力资源类指标。人才是第一资源，人力资源是知识经济时代经济增长的重要源泉，也是我国建设创新型国家的基础和加速推进我国工业转型升级的重要动力。这里主要选取了工业城镇单位就业人员平均工资增速、第二产业全员劳动生产率和就业人员平均受教育年限三项指标来反映人力资源情况（见表 2-7）。

表 2-7　人力资源类指标及说明

| 指标 | 计 算 公 式 | 说　明 |
|---|---|---|
| 工业城镇单位就业人员平均工资增速 | $\left(\frac{\text{当年工业企业职工平均工资}}{\text{上年工业企业职工平均工资}}-1\right)\times 100\%$ | 体现一定时期内工业企业职工以货币形式得到的劳动报酬的增长水平，反映工业发展对改善民生方面的贡献 |
| 第二产业全员劳动生产率 | $\frac{\text{第二产业增加值}}{\text{第二产业就业人员数}}$ | 综合反映第二产业的生产技术水平、经营管理水平、职工技术熟练程度和劳动积极性 |
| 就业人员平均受教育年限 | 就业人员小学学历占比 ×6+ 就业人员初中学历占比 ×9+ 就业人员高中学历占比 ×12+ 就业人员大专及以上学历占比 ×16 | 能够较好地反映出就业人员的总体素质 |

资料来源：赛迪智库整理，2019 年 2 月。

# 第四节　评价方法

## 一、指数构建方法

统计指数是综合反映由多种因素组成的经济现象在不同时间和空间条件下平均变动的相对数（徐国祥，2005 年）。从不同的角度，可以对统计指数进行不同的分类：如按照所反映现象的特征不同，可以分为质量指标指数和数量指标指数；按照所反映现象的范围不同，可分为个体指数和总指数；按照所反映对象的对比性质不同，可分为动态指数和静态指数。

本书通过构建工业发展质量时序指数来反映全国及地方省市工业发展质量的时序变化情况，旨在进行自我评价；通过构建工业发展质量截面指数来反映地方省市工业发展质量在某一时点上的截面比较情况，旨在进行对比评价。在评价各行业时，我们拟采用截面指数来衡量各产业的发展质量，待数据库补充完整之后再构建时序指数。按照统计指数的分类，工业发展质量时序指数即为动态指数中的定基指数，工业发展质量截面指数即为静态指数，并在上述过程中计算了速度效益、结构调整等六个方面的分类指数，即个体指数。

### （一）时序指数的构建

首先，计算 2012—2017 年 30 个省（区、市）各项指标的发展速度（已经是增速的指标不再计算）；然后，将发展速度调整为以 2012 年为基期；最后，加权求和得到各地区工业发展质量时序指数及分类指数。

### （二）截面指数的构建

首先，按照公式（2-1）将 2012—2017 年 30 个省（区、市）的原始指标进行无量纲化处理；然后，按照公式（2-2）和（2-3）进行加权求和，分别得到各地区工业发展质量截面指数和分类指数。

$$X'_{ijt}=\frac{X_{ijt}-\min\{X_{jt}\}}{\max\{X_{jt}\}-\min\{X_{jt}\}} \quad (2\text{-}1)$$

$$\mathrm{IDQI}_{it}=\frac{\sum_{j=1}^{20}X_{ijt}W_j}{\sum_{j=1}^{20}W_j} \quad (2\text{-}2)$$

$$I_{it} = \frac{\sum X'_{ijt} W_j}{\sum W_j} \tag{2-3}$$

公式（2-1）～（2-3）中，$i$ 代表30个省（区、市），$j$ 代表20项三级指标，$X_{ijt}$ 代表 $t$ 年 $i$ 省 $j$ 指标，$\max\{X_{jt}\}$ 和 $\min\{X_{jt}\}$ 分别代表 $t$ 年 $j$ 指标的最大值和最小值，$X'_{ijt}$ 代表 $t$ 年 $i$ 省 $j$ 指标的无量纲化指标值，$I_{it}$ 代表 $t$ 年 $i$ 省的分类指数，$\mathrm{IDQI}_{it}$ 代表 $t$ 年 $i$ 省的工业发展质量截面指数，$W_j$ 代表 $j$ 指标的权重。需要说明的是，因为全国工业发展质量无须做截面比较，因此全国工业发展质量指数是时序指数。

## 二、权重确定方法

在指标体系的评价过程中，权重的确定是一项十分重要的内容，因为权重直接关系到评价结果的准确性与可靠性。从统计学上来看，权重确定一般分为主观赋权法和客观赋权法，前者一般包括德尔菲法（Delphi Method）、层次分析法（The Analytic Hierarchy Process，简称AHP）等，后者一般包括主成分分析法、变异系数法、离差及均方差法等。主观赋权法的优点在于能够充分利用专家对于各指标的内涵及其相互之间关系的经验判断，并且简便易行，但存在因评价主体偏好不同有时会有较大差异这一缺陷；客观赋权法的优点在于不受人的主观因素的影响，能够充分挖掘指标数据本身所蕴含的信息，但存在有时会弱化指标的内涵及其现实意义这一缺陷。为避免主观赋权法的经验性较强以及客观赋权法的数据依赖性较强，本书利用德尔菲法和变异系数法进行主客观综合赋权的方法。选择变异系数法的原因在于，从评价体系中的各项指标来看，差异越大的指标越重要，因为它更能反映出各地区工业发展质量的差异，如果全国各省市的某个指标没有多大差别，则没有必要再将其作为一项衡量的指标，所以对差异越大的指标要赋予更大的权重（曾五一和庄赟，2003年）。

权重的测算过程如下：首先按照公式（2-4）计算各项指标的变异系数，然后按照公式（2-5）和（2-6）计算各项指标的客观权重，最后利用由德尔菲法得到的主观权重和由变异系数法得到的客观权重进行平均，得到各项指标的最终权重。

$$V_{jt} = \frac{\sigma_{jt}}{\bar{X}_{jt}} \tag{2-4}$$

$$W_{jt}=\frac{V_{jt}}{\sum_{j=1}^{20}V_{jt}} \tag{2-5}$$

$$W_j=\sum_{t=2012}^{2017}W_{jt}/6 \tag{2-6}$$

$V_{jt}$ 代表 $t$ 年 $j$ 指标的变异系数，$\sigma_{jt}$ 代表 $t$ 年 $j$ 指标的标准差，$\bar{X}_{jt}$ 代表 $t$ 年 $j$ 指标的均值，$W_{jt}$ 代表 $t$ 年 $j$ 指标的权重，$W_j$ 代表 $j$ 指标的最终权重。

## 第五节　数据来源

### 一、数据来源

本书所使用的数据主要来源于国家统计局发布的历年《中国统计年鉴》《中国科技统计年鉴》《中国高技术产业统计年鉴》《中国工业统计年鉴》《中国劳动统计年鉴》，各省市统计局发布的历年地方省市统计年鉴，工业和信息化部发布的《中国电子信息产业统计年鉴》，工业和信息化部赛迪研究院发布的《中国信息化与工业化融合发展水平评估报告》。

### 二、数据说明

#### （一）对象

由于西藏缺失指标较多，故不参与本评价；加之港澳台地区的数据来源有限；因此，本书的最终研究对象为全国及 30 个省（区、市）。

#### （二）指标说明

由于历年统计年鉴没有直接公布全国及各地区 2012—2017 年的单位工业增加值能耗数据，为保证工业发展质量时序指数在时间维度上的可比性，我们利用各地历年统计年鉴中的工业增加值、工业增加值指数和工业能耗数据，计算得到 2012—2017 年 30 个省（区、市）以 2015 年为不变价的单位工业增加值能耗。

本书在计算第二产业全员劳动生产率时，将第二产业增加值数据调整为 2015 年不变价，以保证时序指数能够真实反映走势情况；工业企业单位 R&D

经费支出发明专利数采用 R&D 价格指数进行平减，该指数由固定资产投资价格指数和消费者价格指数等权合成。500 强企业占比这一指标，在衡量全国工业发展质量时是指世界 500 强企业中的中国企业数量所占比重，在衡量地方省市工业发展质量时是指中国企业联合会和中国企业家协会联合发布的历年中国制造业企业 500 强各省数量所占比重。

此外，由于资产负债率和单位工业增加值能耗均为逆向指标，在计算过程中我们对其进行取倒数处理以便于统一分析。

# 全国篇

# 第三章

# 全国工业发展质量分析

在第二章构建的工业发展质量评价体系的基础上，本章测算了2012—2017年全国工业发展质量总指数及分类指数，分析了分类指数对总指数增长的贡献情况。结果显示：2012—2017年，全国工业发展质量指数呈逐年提升趋势，从2012年的100.0提高至2017年的124.0，年均增速为4.4%；表明自2012年以来，我国工业发展质量稳步提升。从分类指数看，六大分类指数整体呈上升趋势；其中，两化融合水平、人力资源、技术创新、结构调整提升较快，年均增速分别为6.1%、6.0%、5.7%、5.6%，快于总指数年均增速；速度效益、资源环境提升较慢，年均增速分别为2.2%、0.6%，低于总指数年均增速。从分类指数对总指数的影响看，与2012年相比，2017年六大分类指数对工业发展质量总指数增长的贡献率和拉动作用差异较大，技术创新、结构调整和人力资源对总指数增长的贡献率较高，均超过20%；两化融合、速度效益的贡献率也都在10%以上；资源环境的贡献率最低。

## 第一节　全国工业发展质量指数走势分析

利用本书所构建的评价体系，根据主客观综合赋权法，按照时序指数计算方法，得到2012—2017年全国工业发展质量指数及分类指数（见表3-1）。根据表3-1中最后一行绘制2012—2017年全国工业发展质量指数走势图，如图3-1所示。需要说明的是，由于全国工业发展质量无须做截面比较，因此该指数即为时序指数。

结合表3-1和图3-1，2012—2017年，全国工业发展质量指数逐年提升，表明我国工业发展质量稳步提升。

表 3-1 2012—2017 年全国工业发展质量指数及分类指数

| | 2012 | 2013 | 2014 | 2015 | 2016 | 2017 | 2012—2017 年年均增速 |
|---|---|---|---|---|---|---|---|
| 速度效益 | 100.0 | 101.6 | 100.9 | 101.7 | 106.0 | 111.5 | 2.2% |
| 结构调整 | 100.0 | 112.2 | 118.5 | 126.5 | 129.8 | 131.3 | 5.6% |
| 技术创新 | 100.0 | 104.8 | 109.7 | 112.8 | 120.5 | 131.9 | 5.7% |
| 资源环境 | 100.0 | 118.3 | 126.2 | 113.6 | 115.8 | 103.0 | 0.6% |
| 两化融合 | 100.0 | 108.0 | 112.7 | 119.4 | 125.9 | 134.5 | 6.1% |
| 人力资源 | 100.0 | 106.8 | 113.5 | 120.0 | 126.0 | 134.1 | 6.0% |
| 工业发展质量指数 | 100.0 | 108.2 | 112.9 | 115.0 | 120.0 | 124.0 | 4.4% |

资料来源：赛迪智库整理，2019 年 2 月。

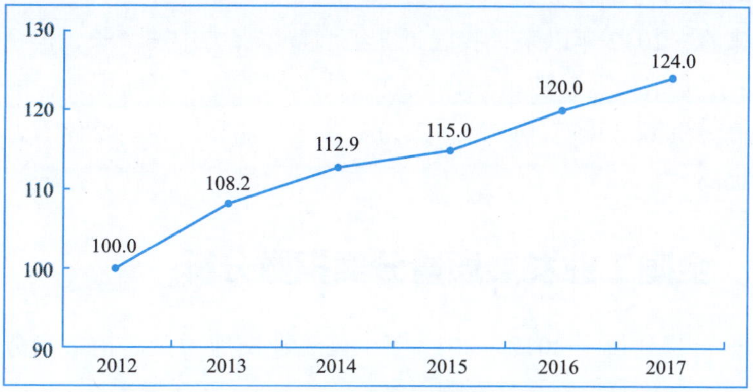


图 3-1 2012—2017 年全国工业发展质量指数走势图

（资料来源：赛迪智库整理，2019 年 2 月）

从增速看，2012 年以来我国工业发展速度明显回落，全口径工业增加值增速和规模以上工业增加值增速分别从 2012 年的 8.1% 和 10% 持续回落至 2017 年的 6.3% 和 6.6%，规模以上工业增速相对全口径工业增速的领先幅度也从 2012 年的 1.9 个百分点收窄至 2017 年的 0.3 个百分点。2018 年，我国全口径工业增加值增速和规模以上工业增加值增速分别为 6.1% 和 6.2%，虽然增速都较上年小幅回落，但在全球范围内仍处于领先水平。

从结构看，2012 年以来我国产业结构不断优化，产业新动能加速释放。2018 年我国高技术制造业增加值较上年增长 11.7%，高出规模以上工业 5.5 个百分点，增速较上年回落 1.7 个百分点；装备制造业增加值较上年增长 8.1%，高出规模以上工业 1.9 个百分点，增速较上年回落 3.2 个百分点。主要工业行业中，计算机、通信和其他电子设备制造业，专用设备制造业，医药制造业等仍保持9%以上的增长。

从国际看，2012年以来我国工业产品的国际竞争力显著增强。在我国制造业产出规模稳居世界第一的同时，工业产品出口结构不断优化，中高端工业品的国际竞争力持续增强。2018年，我国规模以上工业企业实现出口交货值12.4万亿元，较上年增长8.5%，增速较上年回落2.2个百分点。其中，计算机、通信和其他电子设备制造业增长9.8%，连续两年保持高速增长；化学原料和化学制品制造业增长15.4%，较上年加快1.3个百分点。同时，工业品出口结构持续优化，2018年计算机、通信和其他电子设备制造业出口交货值占比继续提高至44.8%，比2012年提高5.5个百分点；纺织业出口交货值占比降至2.5%，比2012年下降1.1个百分点。

综合来看，2012年以来，我国工业经济整体保持中速增长，但企业效益改善不明显；产业结构调整取得积极成效，技术创新能力不断提升，两化融合水平持续提高，资源环境有所改善，人力资源水平明显改善。整体看，工业发展质量稳步提高。

## 第二节　全国工业发展质量分类指数分析

本章第一节分析了2012—2017年全国工业发展质量总指数走势，本节着重分析各分类指数的走势及其影响因素。

### 一、分类指数走势及其对总指数的影响

#### （一）评价结果分析

2012—2017年，全国工业发展质量的六大分类指数整体呈上升趋势（见图3-2），其中，两化融合、人力资源、技术创新、结构调整提升较快，年均增速分别为6.1%、6.0%、5.7%、5.6%，快于总指数年均增速；速度效益、资源环境提升较慢，年均增速分别为2.2%、0.6%，低于总指数年均增速。

从分类指数对总指数的影响看，2012—2017年，六大分类指数对工业发展质量指数增长的贡献率和拉动作用差异较大（见表3-2）。其中，技术创新、结构调整和人力资源对总指数增长的贡献率较高，均超过20%，分别拉动工业发展质量指数增长1.2个、1.0个和0.9个百分点；两化融合的贡献率也在15%以上，拉动工业发展质量指数增长0.8个百分点；速度效益的贡献率有待提高，

对总指数增长的贡献率不到 10%，拉动工业发展质量指数增长 0.4 个百分点；资源环境的贡献率最低，拉动工业发展质量指数增长 0.1 个百分点。

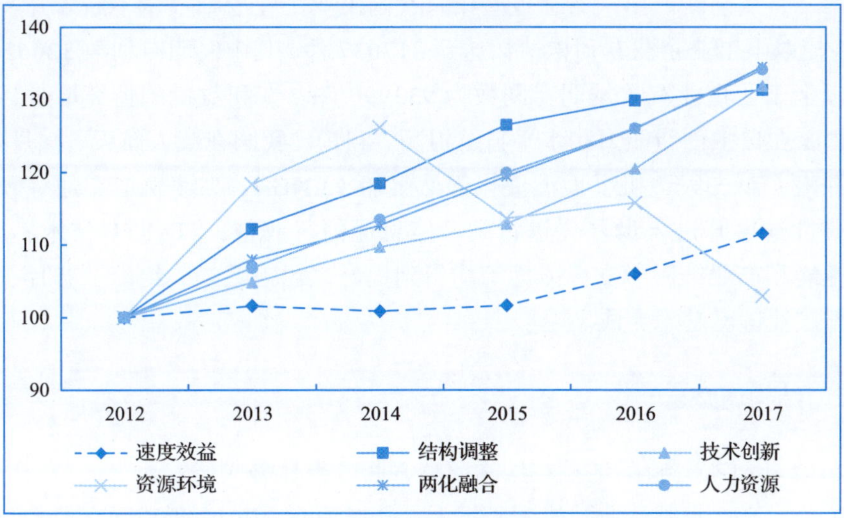


图 3-2　2012—2017 年全国工业发展质量分类指数

（资料来源：赛迪智库整理，2019 年 2 月）

表 3-2　2012—2017 年六大分类指数对总指数增长的贡献率和拉动作用

| | 速度效益 | 结构调整 | 技术创新 | 资源环境 | 两化融合 | 人力资源 | 合计 |
|---|---|---|---|---|---|---|---|
| 贡献率（%） | 9.6 | 23.5 | 26.5 | 1.8 | 17.2 | 21.3 | 100.0 |
| 拉动作用（百分点） | 0.4 | 1.0 | 1.2 | 0.1 | 0.8 | 0.9 | 4.4 |

注：表中各指数的贡献率精确到小数点后一位，经过四舍五入后的数据合计是 99.9，但实际应是 100.0，故表中合计数采用 100.0。本书这类问题统一如此处理。

资料来源：赛迪智库整理，2019 年 2 月。

## （二）原因分析

### 1．技术创新

第一，从创新投入来看，我国工业企业创新经费投入和人员投入强度都持续提高。2017 年，我国规模以上工业企业研究与试验发展（R&D）经费支出为 12013 亿元，与主营业务收入之比达到 1.06%，比 2012 年提高了 0.29 个百分点。2017 年，我国规模以上工业企业 R&D 人员全时当量为 273.6 万人年，比2012年增加了49万人年；占工业平均用工人数的比重为3.05%，比2012年提高了0.7个百分点。

第二，从创新产出来看，近些年来我国工业企业专利数量不断攀升。2017年，规模以上工业企业专利申请数达到817037件，其中发明专利数320626件，规模以上工业企业有效发明专利数为933990件。专利数量的持续增长，反映出我国工业自主创新能力和水平日益提高。目前，我国在载人航天、探月工程、载人深潜、新支线飞机、大型液化天然气船（LNG）、高速轨道交通等领域取得突破性进展并进入世界先进行列。信息通信行业中，TD-LTE技术、产品、组网性能和产业链服务支撑能力等均得到提升，涵盖系统、终端、芯片、仪表的完整产业链已基本完成。

### 2. 结构调整

2012年以来，我国工业在结构调整方面取得显著成效。

第一，高技术制造业规模不断扩大。从增速看，2017年我国高技术制造业主营业务收入达到15.9万亿元，占规模以上工业企业主营业务收入的14.1%，比2012年提高3.1个百分点。从占比看，2017年，我国高技术制造业增加值占规模以上工业比重为12.7%，比2012年提高3.3个百分点。最新统计数据显示，2018年我国高技术制造业增加值占规模以上工业比重已达到13.9%，产业结构明显优化。

第二，装备制造业整体实力明显增强。近几年，通过深入实施制造强国战略，持续推进"核高基"、宽带移动通信、高档数控机床、大飞机、"两机"等重大科技专项，装备制造业综合实力显著提升。2018年，装备制造业增加值占规模以上工业比重为32.9%，比2012年提高4.7个百分点，对工业经济的支撑力度显著提高。2018年，我国高端装备创新成果丰硕，嫦娥四号探测器成功发射，AG600水陆两栖飞机成功实现水上首飞，世界上最长的跨海大桥港珠澳大桥正式通车……这些都将进一步推动我国装备制造向高端攀升。

第三，工业企业组织结构不断优化。从央企兼并重组情况来看，截至2018年底，国资委监管中央企业减至96家。这有助于调整优化产业结构，加快产业转型升级，提高国有资本配置效率，打造世界一流企业。从企业数量和就业来看，2017年末，我国规模以上小型工业企业313875家，平均吸纳就业3292.95万人，在规模以上工业企业占比分别为84.2%和36.8%。当前，中小企业已经成为支撑我国国民经济和社会发展的重要力量，在促进经济增长、保障就业稳定等方面发挥着不可替代的重要作用。可以预见，随着我国经济发展环境的逐步完善，大众创业、万众创新将成为我国经济增长的新引擎，中小企业特别是小微企业的发展活力将对宏观经济增长起到重要作用。

### 3. 人力资源

2012 年以来，我国就业人员的平均受教育年限稳步提高，工业职工工资水平不断提高，劳动生产率也持续提升，人力资源水平明显提高。从工资增速看，2017 年我国规模以上工业城镇单位就业人员平均工资达到 6.65 万元，较上年增长 8.5%；从劳动生产率看，2017 年我国第二产业全员劳动生产率（2015 年不变价）达到 14.58 万元 / 人，较上年提高 8.7%；从平均受教育年限看，2017 年我国就业人员平均受教育年限接近 10.2 年，其中受过高等教育的人员占比提升较为明显。

### 4. 两化融合

近几年，我国在两化融合方面取得较大进展，电子信息产业、工业应用信息化水平等都有明显突破。

第一，从电子信息产业的发展来看，2018 年，我国规模以上电子信息制造业增加值同比增长 13.1%，高出工业平均水平 6.9 个百分点；电子信息制造业主营业务收入同比增长 9%；电子信息产品出口交货值同比增长 9.8%，高出工业平均水平 1.3 个百分点；软件和信息技术服务业完成软件业务收入 6.3 万亿元，同比增长 14.2%；软件业实现出口 554.5 亿美元，同比增长 0.8%。

第二，从工业应用信息化水平看，2017 年我国工业应用信息化水平指数达到 66.8%，较 2012 年提高 16.5 个百分点，两化融合程度稳步提高。

### 5. 速度效益

从规模和速度来看，2018 年，我国工业增加值首次突破 30 万亿元，比上年增长 6.1%；其中，规模以上工业增加值增长 6.2%，整体仍处于中速增长水平。从经济效益来看，2018 年，我国规模以上工业企业资产负债率为 56.5%，较上年降低 0.5 个百分点；主营业务收入利润率为 6.49%，较上年提高 0.11 个百分点；每百元主营业务收入中的成本为 83.88 元，较上年降低 0.2 元。

### 6．资源环境

自 2012 年以来，我国主要工业行业能耗显著下降，但工业固体废物综合利用率和环境污染治理投资力度有所放缓。首先，单位增加值能耗明显下降。2012 年以来，我国单位工业增加值能耗（2015 年不变价）持续下降。2017 年，我国工业能源消费总量达到 294488 万吨标准煤，占能源消费总量的 65.7%，以 2015 年为不变价的单位工业增加值能耗为 1.1 吨标准煤 / 万元，较 2012 年累计下降 15.6%。其次，工业固体废物综合利用率有所下降。2017 年工业固体废物综合利用率为 54.6%，比 2012 年下降 6.9 个百分点，近几年基本是逐年下降的趋势。此外，环境污染治理投资力度有所放缓。2017 年，工业污染治理完成投资 681 亿元，占工业增加值的比重为 0.24%，比 2012 年下降 0.1 个百分点。

综合来看，近些年来，我国工业发展取得了较大成绩，两化融合不断深化，从业人员素质和待遇明显改善，技术创新能力明显提升，结构持续调整和优化，资源环境束缚压力有所缓解，速度回落至中速增长平台，企业效益有待提升。

## 二、分类指数影响因素分析

为清楚地看到影响全国工业发展质量分类指数的内部因素，本书计算了 20 项指标对各自所属分类指数的贡献率和拉动作用，计算结果见表 3-3。

2012—2017 年，全国工业发展质量的六个分类中，两化融合指数、人力资源指数、技术创新指数、结构调整指数增长较快。其中，两化融合指数由电子信息产业占比和工业应用信息化水平联合拉动，两者的贡献率旗鼓相当，分别为 52.3% 和 47.7%，分别拉动两化融合指数提升 3.2 个和 2.9 个百分点。人力资源指数主要是由工业城镇单位就业人员平均工资增速和第二产业全员劳动生产率提高共同带动的，贡献率分别为 48.5% 和 46.9%。技术创新指数平稳增长，主要是由工业企业 R&D 经费投入强度、R&D 人员投入强度以及新产品销售收入占比提高联合驱动的，贡献率分别为 34.7%、28.4% 和 26.5%。结构调整指数增长主要是由 500 强企业占比持续提高、高技术制造业主营业务收入占比提高联合推动的，贡献率分别为 46% 和 24.7%，分别拉动结构调整指数增长 2.6 个和 1.4 个百分点。

速度效益指数缓慢增长，虽然工业增加值继续保持中高速增长，但资产负债率改善有限，而工业成本费用利润率和工业主营业务收入利润率没有提高甚至出现了下降，拖累速度效益指数的增长。

资源环境指数增长主要是由单位工业增加值能耗下降推动的；工业污染治理投资强度提高缓慢，工业固体废物综合利用率呈下降趋势，导致资源环境指数改善非常有限。

表 3-3　20 项指标对分类指数的贡献率和拉动作用

| 二级指标 | 三级指标 | 贡献率（%） | 拉动作用（百分点） |
|---|---|---|---|
| 速度效益 | 工业增加值增速 | 98.2 | 2.2 |
| | 资产负债率 | 6.1 | 0.1 |
| | 工业成本费用利润率 | −2.7 | −0.1 |
| | 工业主营业务收入利润率 | −1.7 | 0.0 |
| | 合计 | 100.0 | 2.2 |
| 结构调整 | 高技术制造业主营业务收入占比 | 24.7 | 1.4 |
| | 500 强企业占比 | 46.0 | 2.6 |
| | 小型工业企业主营业务收入增速 | 18.6 | 1.0 |
| | 工业制成品出口占比 | 10.7 | 0.6 |
| | 合计 | 100.0 | 5.6 |
| 技术创新 | 工业企业 R&D 经费投入强度 | 34.7 | 2.0 |
| | 工业企业 R&D 人员投入强度 | 28.4 | 1.6 |
| | 工业企业单位 R&D 经费支出发明专利数 | 10.5 | 0.6 |
| | 工业企业新产品销售收入占比 | 26.5 | 1.5 |
| | 合计 | 100.0 | 5.7 |
| 资源环境 | 单位工业增加值能耗 | 208.3 | 1.2 |
| | 工业固体废物综合利用率 | −126.4 | −0.7 |
| | 工业污染治理投资强度 | 18.1 | 0.1 |
| | 合计 | 100.0 | 0.6 |
| 两化融合 | 工业应用信息化水平 | 47.7 | 2.9 |
| | 电子信息产业占比 | 52.3 | 3.2 |
| | 合计 | 100.0 | 6.1 |
| 人力资源 | 工业城镇单位就业人员平均工资增速 | 48.5 | 2.9 |
| | 第二产业全员劳动生产率 | 46.9 | 2.8 |
| | 就业人员平均受教育年限 | 4.6 | 0.3 |
| | 合计 | 100.0 | 6.0 |

资料来源：赛迪智库整理，2019 年 2 月。

# 第四章

# 工业大类行业发展质量评价与分析

本章构建指标评价体系，以对我国工业大类行业的发展质量进行评价和分析。评价体系涵盖速度效益和技术创新两类共计八项指标，计算发展质量指数和分类指数，综合判断各工业大类行业的相对排名。评价结果表明，铁路、船舶、航空航天和其他运输设备制造业，医药制造业，仪器仪表制造业，计算机、通信和其他电子设备制造业，汽车制造业，专用设备制造业发展质量指数相对较高，主要得益于其技术创新指数高，这也印证了其高技术产业的战略地位；汽车制造业发展质量位列第五，主要由于其速度效益和技术创新指数均较高。而发展质量排名靠后的行业主要集中在矿采选业和部分轻工行业，排名后五位的行业分别是黑色金属矿采选业，石油和天然气开采业，非金属矿采选业，木材加工和木、竹、藤、棕、草制品业，皮革、毛皮、羽毛及其制品和制鞋业，表明传统产业和劳动密集型行业持续增长的压力较大，盈利能力和技术创新能力亟待增强。

## 第一节　评价体系构建与指标选取

行业和地区是进行工业发展质量评价的两个维度，而在地区的工业发展质量评价体系中，有部分指标不适用于工业行业评价，如结构调整类指标。同时，资源环境、两化融合、人力资源类指标的大部分行业数据未统计或难收集，且由于行业自身特点，这类指标的行业间比较意义不大。因此，为了体现工业大类行业间的差异和特色，以下构建速度效益和技术创新两大类指标的评价体系，以可获取性、可比性等为原则，选取八项具体指标。根据国家统计局最新国民经济行业分类，我国工业大类行业为 41 个，但由于开采专业及辅助性活动、其他采矿业、废弃资源综合利用业 3 个行业的部分指标数据缺失，最终评价对象为 38 个工业大类行业。具体评价指标如表 4-1 所示。

表 4-1　2017 年 38 个工业大类行业速度效益类、技术创新类共计八项指标

| | 速度效益类 | | | | 技术创新类 | | | |
|---|---|---|---|---|---|---|---|---|
| | 工业增加值增速（%） | 资产负债率（%） | 工业成本费用利润率（%） | 工业主营业务收入利润率（%） | 工业企业 R&D 经费投入强度（%） | 工业企业 R&D 人员投入强度（%） | 工业企业单位 R&D 经费支出发明专利数（件/亿元） | 工业企业新产品销售收入占比（%） |
| 规模以上工业 | 6.60 | 55.50 | 7.16 | 6.61 | 0.88 | 2.95 | 24.53 | 13.31 |
| 煤炭开采和洗选业 | −2.10 | 67.80 | 14.07 | 11.87 | 0.58 | 1.26 | 4.40 | 2.35 |
| 石油和天然气开采业 | −2.70 | 46.15 | 5.00 | 4.32 | 0.83 | 3.43 | 18.37 | 0.82 |
| 黑色金属矿采选业 | −2.80 | 55.24 | 4.19 | 3.93 | 0.23 | 0.95 | 44.60 | 0.76 |
| 有色金属矿采选业 | −3.60 | 51.44 | 11.91 | 10.45 | 0.43 | 0.97 | 7.69 | 2.97 |
| 非金属矿采选业 | −0.40 | 47.04 | 8.59 | 7.78 | 0.24 | 0.76 | 21.34 | 2.09 |
| 农副食品加工业 | 6.80 | 50.48 | 5.48 | 5.18 | 0.36 | 1.18 | 18.85 | 4.76 |
| 食品制造业 | 9.10 | 44.68 | 9.06 | 8.31 | 0.61 | 1.60 | 19.77 | 6.03 |
| 酒、饮料和精制茶制造业 | 9.10 | 42.54 | 13.74 | 11.74 | 0.53 | 1.42 | 13.26 | 5.88 |
| 烟草制品业 | 3.50 | 23.85 | 30.81 | 10.93 | 0.23 | 2.06 | 57.14 | 18.57 |
| 纺织业 | 4.00 | 52.07 | 5.59 | 5.30 | 0.58 | 1.58 | 17.43 | 13.13 |
| 纺织服装、服饰业 | 5.80 | 47.07 | 6.18 | 5.81 | 0.43 | 0.85 | 17.33 | 8.74 |
| 皮革、毛皮、羽毛及其制品和制鞋业 | 4.60 | 45.26 | 6.95 | 6.45 | 0.36 | 0.72 | 13.87 | 6.43 |
| 木材加工和木、竹、藤、棕、草制品业 | 6.20 | 41.04 | 6.28 | 5.86 | 0.33 | 0.98 | 18.43 | 4.12 |
| 家具制造业 | 9.80 | 47.51 | 6.92 | 6.47 | 0.38 | 0.94 | 37.11 | 6.85 |
| 造纸和纸制品业 | 4.20 | 54.49 | 7.34 | 6.85 | 0.73 | 1.97 | 13.04 | 11.24 |
| 印刷和记录媒介复制业 | 10.00 | 42.42 | 7.42 | 6.90 | 0.47 | 1.39 | 26.80 | 7.20 |
| 文教、工美、体育和娱乐用品制造业 | 9.10 | 49.51 | 6.04 | 5.69 | 0.46 | 1.27 | 27.20 | 7.08 |
| 石油、煤炭及其他燃料加工业 | 4.80 | 63.34 | 6.55 | 5.47 | 0.25 | 1.93 | 9.66 | 6.22 |
| 化学原料和化学制品制造业 | 3.80 | 54.66 | 7.71 | 7.13 | 0.97 | 4.23 | 20.52 | 13.07 |
| 医药制造业 | 12.40 | 40.42 | 13.89 | 12.26 | 1.63 | 5.82 | 22.70 | 17.47 |
| 化学纤维制造业 | 5.80 | 57.37 | 5.81 | 5.51 | 0.99 | 4.16 | 11.15 | 21.65 |

续表

| | 速度效益类 | | | | 技术创新类 | | | |
|---|---|---|---|---|---|---|---|---|
| | 工业增加值增速（%） | 资产负债率（%） | 工业成本费用利润率（%） | 工业主营业务收入利润率（%） | 工业企业 R&D 经费投入强度（%） | 工业企业 R&D 人员投入强度（%） | 工业企业单位 R&D 经费支出发明专利数（件 / 亿元） | 工业企业新产品销售收入占比（%） |
| 橡胶和塑料制品业 | 6.30 | 47.66 | 6.28 | 5.89 | 0.79 | 2.17 | 21.63 | 9.81 |
| 非金属矿物制品业 | 3.70 | 50.34 | 8.04 | 7.40 | 0.47 | 1.47 | 18.73 | 4.90 |
| 黑色金属冶炼和压延加工业 | 0.30 | 64.09 | 5.66 | 5.33 | 0.87 | 3.26 | 10.85 | 10.27 |
| 有色金属冶炼和压延加工业 | 1.50 | 63.34 | 3.89 | 3.72 | 0.69 | 2.85 | 10.66 | 10.75 |
| 金属制品业 | 6.60 | 50.27 | 5.86 | 5.52 | 0.79 | 2.52 | 24.12 | 9.89 |
| 通用设备制造业 | 10.50 | 51.92 | 7.34 | 6.84 | 1.39 | 4.80 | 26.47 | 17.64 |
| 专用设备制造业 | 11.80 | 53.01 | 7.43 | 6.92 | 1.58 | 5.12 | 32.08 | 16.82 |
| 汽车制造业 | 12.20 | 59.00 | 8.86 | 8.14 | 1.07 | 4.46 | 14.20 | 22.55 |
| 铁路、船舶、航空航天和其他运输设备制造业 | 6.20 | 58.87 | 5.94 | 5.61 | 2.58 | 6.56 | 20.61 | 38.29 |
| 电气机械和器材制造业 | 10.60 | 56.20 | 6.94 | 6.50 | 1.41 | 4.48 | 30.53 | 23.02 |
| 计算机、通信和其他电子设备制造业 | 13.80 | 57.26 | 5.67 | 5.41 | 1.52 | 4.68 | 37.56 | 28.86 |
| 仪器仪表制造业 | 12.50 | 44.18 | 9.66 | 8.87 | 1.81 | 6.48 | 36.22 | 18.74 |
| 其他制造业 | 5.90 | 50.18 | 7.08 | 6.66 | 1.04 | 2.90 | 32.45 | 10.19 |
| 金属制品、机械和设备修理业 | 9.80 | 63.02 | 5.86 | 5.62 | 1.09 | 3.89 | 20.68 | 13.38 |
| 电力、热力生产和供应业 | 7.80 | 61.47 | 6.32 | 6.04 | 0.14 | 0.77 | 115.9 | 0.43 |
| 燃气生产和供应业 | 12.50 | 56.20 | 9.84 | 9.16 | 0.10 | 0.52 | 10.65 | 0.42 |
| 水的生产和供应业 | 8.70 | 55.70 | 12.67 | 12.10 | 0.27 | 0.41 | 15.65 | 0.84 |

资料来源：赛迪智库整理，2019 年 2 月。

## 第二节　38 个行业发展质量评价

为突出行业自身发展特点，本章在确定指标权重时，对八项指标取相等权重，计算发展质量、速度效益、技术创新截面指数和排名，综合判断 38 个大类行业的发展质量水平。

有两点需要说明：一是由于行业自身特点不同，部分评价指标不具有绝对可比性；二是对行业发展质量进行排名旨在找出相对差距。基于指标评价体系，计算得出 2017 年我国 38 个工业大类行业发展质量指数及排名如表 4-2 所示。

表 4-2　2017 年 38 个工业大类行业发展质量指数及排名

| | 指　数 | | | 排　名 | | |
|---|---|---|---|---|---|---|
| | 速度效益 | 技术创新 | 发展质量 | 速度效益 | 技术创新 | 发展质量 |
| 铁路、船舶、航空航天和其他运输设备制造业 | 20.72 | 39.32 | 60.04 | 21 | 1 | 1 |
| 医药制造业 | 33.35 | 26.39 | 59.74 | 2 | 4 | 2 |
| 仪器仪表制造业 | 27.57 | 30.57 | 58.14 | 8 | 2 | 3 |
| 计算机、通信和其他电子设备制造业 | 25.30 | 28.93 | 54.23 | 10 | 3 | 4 |
| 汽车制造业 | 30.13 | 21.52 | 51.65 | 6 | 8 | 5 |
| 专用设备制造业 | 25.69 | 25.56 | 51.25 | 9 | 5 | 6 |
| 电气机械和器材制造业 | 24.88 | 25.28 | 50.16 | 11 | 6 | 7 |
| 通用设备制造业 | 24.29 | 23.57 | 47.86 | 13 | 7 | 8 |
| 烟草制品业 | 28.15 | 15.92 | 44.07 | 7 | 13 | 9 |
| 金属制品、机械和设备修理业 | 24.46 | 18.16 | 42.62 | 12 | 10 | 10 |
| 化学纤维制造业 | 19.81 | 19.88 | 39.69 | 26 | 9 | 11 |
| 化学原料和化学制品制造业 | 20.85 | 18.12 | 38.97 | 20 | 11 | 12 |
| 酒、饮料和精制茶制造业 | 30.75 | 6.99 | 37.74 | 4 | 27 | 13 |
| 电力、热力生产和供应业 | 23.42 | 13.43 | 36.85 | 15 | 15 | 14 |
| 水的生产和供应业 | 34.23 | 2.26 | 36.49 | 1 | 37 | 15 |
| 其他制造业 | 20.10 | 16.16 | 36.26 | 24 | 12 | 16 |
| 煤炭开采和洗选业 | 30.23 | 4.77 | 35.00 | 5 | 34 | 17 |
| 食品制造业 | 24.17 | 8.56 | 32.73 | 14 | 23 | 18 |
| 燃气生产和供应业 | 31.50 | 0.92 | 32.42 | 3 | 38 | 19 |
| 金属制品业 | 18.39 | 13.08 | 31.47 | 27 | 16 | 20 |
| 造纸和纸制品业 | 20.50 | 10.86 | 31.36 | 22 | 20 | 21 |
| 黑色金属冶炼和压延加工业 | 17.43 | 13.64 | 31.07 | 31 | 14 | 22 |
| 橡胶和塑料制品业 | 18.17 | 12.11 | 30.28 | 28 | 17 | 23 |
| 家具制造业 | 21.79 | 8.25 | 30.04 | 16 | 25 | 24 |
| 印刷和记录媒介复制业 | 21.35 | 8.59 | 29.94 | 18 | 22 | 25 |
| 文教、工美、体育和娱乐用品制造业 | 20.30 | 8.32 | 28.62 | 23 | 24 | 26 |
| 石油、煤炭及其他燃料加工业 | 21.06 | 6.34 | 27.40 | 19 | 30 | 27 |
| 非金属矿物制品业 | 20.10 | 7.10 | 27.20 | 25 | 26 | 28 |
| 纺织业 | 16.59 | 10.42 | 27.01 | 34 | 21 | 29 |

续表

| | 指数 | | | 排名 | | |
|---|---|---|---|---|---|---|
| | 速度效益 | 技术创新 | 发展质量 | 速度效益 | 技术创新 | 发展质量 |
| 有色金属冶炼和压延加工业 | 14.90 | 12.02 | 26.92 | 36 | 18 | 30 |
| 有色金属矿采选业 | 21.41 | 4.01 | 25.42 | 17 | 35 | 31 |
| 纺织服装、服饰业 | 17.48 | 6.75 | 24.23 | 30 | 28 | 32 |
| 农副食品加工业 | 17.92 | 5.93 | 23.85 | 29 | 31 | 33 |
| 皮革、毛皮、羽毛及其制品和制鞋业 | 17.40 | 4.99 | 22.39 | 32 | 33 | 34 |
| 木材加工和木、竹、藤、棕、草制品业 | 16.17 | 5.11 | 21.28 | 35 | 32 | 35 |
| 非金属矿采选业 | 17.03 | 3.89 | 20.92 | 33 | 36 | 36 |
| 石油和天然气开采业 | 8.38 | 11.50 | 19.88 | 38 | 19 | 37 |
| 黑色金属矿采选业 | 9.96 | 6.35 | 16.31 | 37 | 29 | 38 |

资料来源：赛迪智库整理，2019年2月。

2017年，我国38个工业大类行业中，工业发展质量排在前六位的分别是铁路、船舶、航空航天和其他运输设备制造业，医药制造业，仪器仪表制造业，计算机、通信和其他电子设备制造业，汽车制造业，专用设备制造业。与上年排名相比，医药制造业由第六位晋升至第二位，电气机械和器材制造业由第四位落至第七位。从技术创新指数看，铁路、船舶、航空航天和其他运输设备制造业，医药制造业，仪器仪表制造业，计算机、通信和其他电子设备制造业，专用设备制造业，以及电气机械和器材制造业发展质量指数高，得益于其技术创新指数高，位居全国前六位，尤其是研发经费和研发人员投入强度高，这也进一步印证了其高技术产业的战略地位。从速度效益指数看，汽车制造业速度效益指数由上年的首位落至第六位，发展质量指数也相应由第三位落至第五位；水、燃气的生产和供应业由于速度效益指数均排名靠前，拉动其发展质量指数也相对较高；烟草制品业以往年度的速度效益指数较高，2016年速度效益指数下滑到第37位，2017年又回升至第七位，其发展质量指数也相应回升至第九位。

发展质量排名靠后的行业主要集中在矿采选业、部分轻工行业、石化行业，如有色、钢铁、纺织、食品加工、皮革加工、木材加工等。排名后五位的行业分别是黑色金属矿采选业，石油和天然气开采业，非金属矿采选业，木材加工和木、竹、藤、棕、草制品业，皮革、毛皮、羽毛及其制品和制鞋业，与上年排名后五位的行业相同。其中，黑色金属矿采选业、石油和天然气开采业发展质量指数明显低于其他行业。从分类指数看，石油和天然气开采业尽管发展质量指数排名倒数第二位，但其技术创新指数排名第 19 位，处于中游水平；有色金属矿采选业，石油、煤炭及其他燃料加工业尽管发展质量指数排名靠后，但其速度效益指数分别排名第 17 位和第 19 位，均处于中游水平。

综合来看，我国中高端装备和设备制造、医药制造等行业的发展质量水平较高，尤其是技术创新水平高；而矿采选业、部分轻工行业、石化行业的发展质量水平较低，表明传统产业和劳动密集型行业可持续增长压力较大，营利能力和技术创新能力亟待增强。

# 区 域 篇

# 第五章

# 四大区域工业发展质量评价与分析

第三章我们分析了全国工业发展质量指数，2012—2017 年，我国工业发展质量总体稳步提升。本章我们将从东部、东北、中部和西部[①] 四大区域角度来分析我国工业发展质量的水平、特点及存在的问题，为区域协调发展提供相应数据支撑及决策参考。四大区域截面指数测算结果显示：2012—2017 年，东部地区工业发展质量始终遥遥领先于其他地区；中部地区工业发展质量稳中有升，紧紧追赶东部地区；西部地区工业发展质量有明显提升，逐渐向中部看齐；东北地区工业发展质量缓慢恢复。此外，本章还从分类指数入手分析了四大区域工业发展质量指数变动的具体原因。

## 第一节　四大区域截面指数分析

基于本书第二章构建的工业发展质量评价指标体系和评价方法，我们得到 2012—2017 年全国 30 个省（区、市）的工业发展质量截面指数（各省分析详见第六章）；根据各省（区、市）数据计算出我国四大区域的工业发展质量截面指数及排名，如表 5-1 和表 5-2 所示。

---

① 东部地区包括北京、天津、河北、上海、江苏、浙江、山东、广东、福建、海南等 10 省（市）；中部地区包括河南、山西、安徽、湖南、湖北、江西等 6 省；东北地区包括辽宁、吉林、黑龙江 3 省；西部地区包括新疆、青海、内蒙古、宁夏、甘肃、陕西、四川、重庆、贵州、广西、云南、西藏（未参与分析）等 12 省（区、市）。

表 5-1　2012—2017 年四大区域截面指数

| | 2012 | 2013 | 2014 | 2015 | 2016 | 2017 | 2012—2017 年均值 |
|---|---|---|---|---|---|---|---|
| 东北地区 | 33.2 | 30.7 | 29.3 | 32.3 | 31.9 | 28.5 | 31 |
| 东部地区 | 47.1 | 47.6 | 51 | 56.1 | 56.3 | 50.4 | 51.4 |
| 西部地区 | 31.1 | 31.3 | 31.9 | 35.9 | 34.7 | 30.5 | 32.6 |
| 中部地区 | 33.7 | 32.9 | 35.7 | 40.3 | 39.5 | 37.3 | 36.6 |

资料来源：赛迪智库整理，2019 年 2 月。

表 5-2　2012—2017 年四大区域截面指数排名

| | 2012 | 2013 | 2014 | 2015 | 2016 | 2017 | 2012—2017 年均值排名 |
|---|---|---|---|---|---|---|---|
| 东北地区 | 3 | 4 | 4 | 4 | 4 | 4 | 4 |
| 东部地区 | 1 | 1 | 1 | 1 | 1 | 1 | 1 |
| 西部地区 | 4 | 3 | 3 | 3 | 3 | 3 | 3 |
| 中部地区 | 2 | 2 | 2 | 2 | 2 | 2 | 2 |

资料来源：赛迪智库整理，2019 年 2 月。

从表 5-1 和表 5-2 可以看出，2012—2017 年，东部地区依靠更为集约高效的发展模式和更有竞争力的营商环境，工业发展质量始终遥遥领先于其他地区。中部地区积极承接产业转移、大力推进新型城镇化和实施长江经济带战略，工业发展质量稳中有升，紧紧追赶东部地区。西部地区抓住“西部大开发”和“一带一路”发展机遇，工业发展质量有明显提升，逐渐向中部看齐。东北地区受困于深层次体制机制和结构性矛盾，工业发展质量在四大区域中垫底。

从规模以上工业增加值增速来看，我国工业发展呈现中部地区领跑、西部地区追赶、东北地区缓慢恢复，东部地区稳中趋缓的格局。2018 年以来，中部地区规模以上工业增加值当月增速多数保持在 7% 以上，西部地区保持在 6% 以上，东部地区虽然增速有所放缓但多数月份仍保持在 5% 以上，为全国规模以上工业增加值实现 6.2% 的增长奠定坚实基础；东北地区增速也较上年有明显回升。

从积极培育工业增长新动力、推动工业高质量发展的地区实践来看，东部地区主要依靠产业转型升级和创新驱动，提高资源利用效率，提升在价值链分工体系的地位。如，浙江省深化“亩均论英雄”改革，提高每亩工业用地的效益；山东省大力培育制造业新兴支柱产业，2020 年前省财政对新一代信息技术、高端装备制造、绿性重大项目落地、关键核心技术攻关、重大兼并重组、颠覆性创新成果转化等给予优先支持，加快新旧动能转换，推动高质量发展。中西部地区依托国家的区域发展战略，主动布局新兴产业，同时积极承接产业，不断释放追赶效应。如，安徽省致力于建成全国有重要影响力的机器人研发制造基地，建设世界一流的机器人先进制造业产业集群；大力支持数字经济发展，推动“皖企登云”。湖南省积极抢占移动互联网产业发展高地，大力引进培育骨干龙头企业；大力支持制造业与互联网深度融合典型示范项目和示范企业。四川省提出要加快新一代人工智能发展，抢占数字经济发展制高点，培育经济发展新动能。东北地区以优化营商环境为基础全面深化改革，建设开放合作高地。吉林省建设吉林省市场主体准入 e 窗通系统，并于 2018 年 12 月开始，探索开展全省企业开办效率评价。

## 第二节 四大区域分类指数分析

本章第一节综合分析了四大区域工业发展质量截面指数及排名情况，本部分从速度效益、结构调整、技术创新、资源环境、两化融合、人力资源这六大分类指数来分析影响各区域工业发展质量的具体因素。

表 5-3 和图 5-1 显示，2012 年，东部地区在技术创新、两化融合、资源环境、结构调整和人力资源方面都显著领先于其他地区；中部地区在两化融合、资源环境、技术创新方面小幅领先东北地区和西部地区，其他类别指标都处于中下游水平；西部地区在速度效益方面处于领先地位，其他排名都比较靠后；东北地区在速度效益、结构调整和人力资源等方面处于中上游水平。

表 5-3 2012 年四大区域工业发展质量六大分类指数

| | 速度效益 | 结构调整 | 技术创新 | 资源环境 | 两化融合 | 人力资源 |
|---|---|---|---|---|---|---|
| 东北地区 | 50.3 | 23.2 | 25.5 | 28.2 | 36.4 | 35.2 |
| 东部地区 | 43.6 | 39.8 | 58.5 | 49.9 | 55.7 | 35.7 |
| 西部地区 | 54.9 | 21.0 | 23.9 | 31.0 | 20.6 | 29.9 |
| 中部地区 | 47.5 | 21.2 | 34.2 | 36.7 | 37.1 | 24.0 |

资料来源：赛迪智库整理，2019 年 2 月。

表 5-4 和图 5-2 显示，2017 年，东部地区除人力资源指数外其他分类指数均处于领先地位，其中，速度效益实现从末位到首位的逆转，结构调整、技术创新、资源环境和两化融合继续保持大幅领先。这表明东部地区仍然是我国工业发展质量的引领者，通过近几年的发展模式探索创新，东部地区工业发展迈上新台阶；而富有竞争力的营商环境也是东部地区迈向高质量发展最有力的保障。

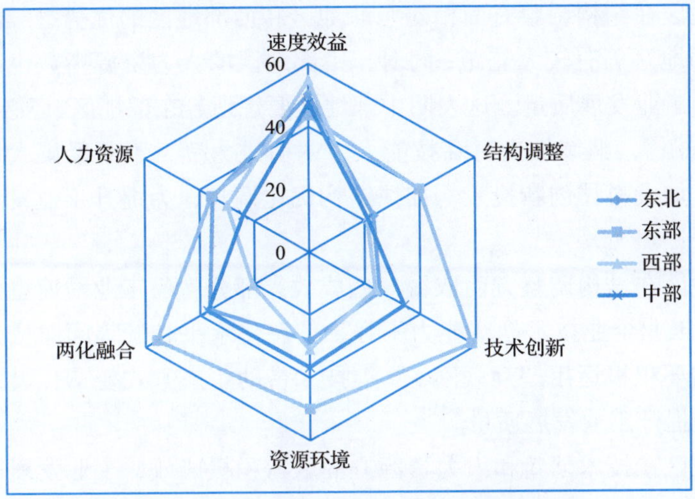


图 5-1　2012 年四大区域工业质量分类指数

（资料来源：赛迪智库整理，2019 年 2 月）

表 5-4　2017 年四大区域工业发展质量六大分类指数

| | 速度效益 | 结构调整 | 技术创新 | 资源环境 | 两化融合 | 人力资源 |
|---|---|---|---|---|---|---|
| 东北地区 | 34.1 | 16.2 | 29.9 | 19.6 | 31.0 | 40.6 |
| 东部地区 | 55.5 | 45.9 | 56.4 | 45.3 | 58.4 | 39.6 |
| 西部地区 | 53.1 | 23.6 | 24.5 | 21.8 | 22.2 | 32.0 |
| 中部地区 | 54.8 | 29.6 | 36.2 | 33.8 | 35.1 | 29.7 |

资料来源：赛迪智库整理，2019 年 2 月。

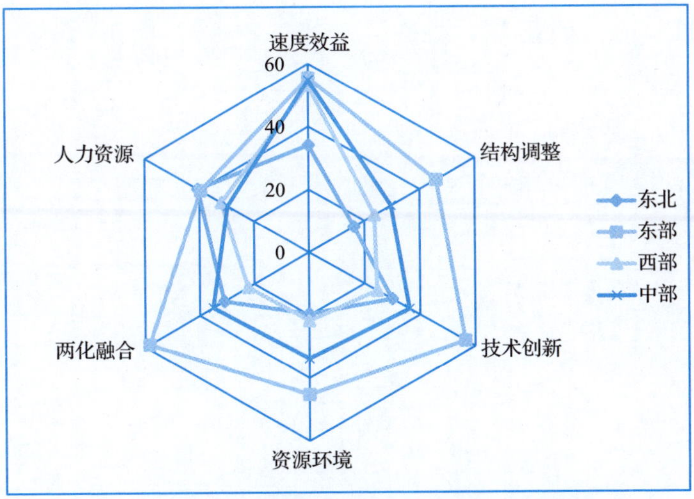


图 5-2　2017 年四大区域工业质量分类指数

（资料来源：赛迪智库整理，2019 年 2 月）

中部地区在结构调整方面相对东北地区和西部地区的优势继续扩大，但是相对于东部地区仍有较大差距；同时，中部地区的人力资源指数也严重拖累了整个地区的工业发展质量。这表明中部地区要想追赶东部地区，还必须坚持“人才是第一资源”，继续加大对高技能人才的引进力度，不断聚集人才、资本等创新要素，加大科技创新投入，加快结构优化调整，为提升工业发展质量积蓄新动能。

西部地区在结构调整方面取得一些成效，部分省份工业增速也保持较高水平；但是，工业企业技术创新能力不强、信息化水平较低等问题依然存在。西部地区还需要积极运用“互联网 +”等技术带动生产方式变革，大力拓展工业发展空间，提升工业发展质量。

东北地区在技术创新和人力资源方面取得积极成效，工业发展速度和效益缓慢恢复。东北地区要实现突围，必须深化体制机制改革，大力改善营商环境，主动调整产业结构，提升技术创新能力，在发展中逐步提高企业效益，提升发展质量。

# 第六章

# 地方省市工业发展质量评价与分析

本章重点分析了各地方省市工业发展质量。首先，将30个省（区、市）按照时序指数和截面指数两个维度进行梯队分析，直观描绘出30个省（区、市）工业发展质量的综合表现。

其次，按照六大分类指数进行地区排序，同时计算其离散程度。结果显示，当前速度效益、资源环境、人力资源三个方面区域之间差距较小，结构调整、技术创新和两化融合方面区域之间差距较大，离散系数均不低于0.5。

最后，在介绍30个省（区、市）宏观经济总体情况、工业经济运行情况的基础上，具体分析其时序指数和截面指数的表现及背后成因。

## 第一节　梯队分析

通过前面介绍的评价指标体系计算得到2012—2017年全国30个省（区、市）工业发展质量截面指数及排名，计算结果详见表6-1和表6-2。其中表6-1和表6-2的最后一列分别为2012—2017年截面指数的均值和综合排名，体现了2012—2017年各省（区、市）工业发展质量的横向比较水平。表6-3为2012—2017年全国30个省（区、市）工业发展质量时序指数，最后两列为2012—2017年时序指数的年均增速及其排名，体现了这期间各地区工业发展质量的增长水平。同时，以2012—2017年各地区截面指数均值和时序指数年均增数为基准绘制散点图（见图6-1），通过30个省（区、市）在4个象限中的位置，展现各地区工业发展质量在截面和时序两个维度上的表现。

表 6-1　2012—2017 年 30 个省（区、市）工业发展质量截面指数

| | 2012 年 | 2013 年 | 2014 年 | 2015 年 | 2016 年 | 2017 年 | 2012—2017 年均值 |
|---|---|---|---|---|---|---|---|
| 北　京 | 64.6 | 63.6 | 68.2 | 70.5 | 72.9 | 70.5 | 68.4 |
| 天　津 | 54.8 | 55.2 | 54.2 | 62.5 | 58.9 | 50.0 | 55.9 |
| 河　北 | 23.7 | 23.4 | 26.7 | 36.8 | 34.9 | 32.7 | 29.7 |
| 山　西 | 24.4 | 18.4 | 14.2 | 19.7 | 21.3 | 30.4 | 21.4 |
| 内蒙古 | 32.2 | 32.6 | 30.1 | 35.6 | 36.1 | 36.2 | 33.8 |
| 辽　宁 | 28.2 | 29.0 | 27.8 | 27.8 | 27.8 | 29.8 | 28.4 |
| 吉　林 | 33.4 | 30.6 | 31.0 | 35.1 | 35.0 | 28.6 | 32.3 |
| 黑龙江 | 38.0 | 32.6 | 29.0 | 33.9 | 32.9 | 27.0 | 32.2 |
| 上　海 | 53.8 | 55.9 | 62.9 | 65.5 | 68.9 | 63.5 | 61.8 |
| 江　苏 | 54.3 | 56.8 | 55.9 | 63.6 | 62.4 | 57.4 | 58.4 |
| 浙　江 | 45.3 | 48.3 | 55.4 | 61.4 | 65.1 | 59.0 | 55.8 |
| 安　徽 | 39.3 | 40.0 | 40.6 | 47.7 | 48.1 | 47.2 | 43.8 |
| 福　建 | 44.9 | 44.3 | 46.6 | 48.6 | 47.3 | 39.0 | 45.1 |
| 江　西 | 28.9 | 29.6 | 36.6 | 40.7 | 37.7 | 32.5 | 34.3 |
| 山　东 | 45.3 | 43.5 | 45.7 | 50.4 | 50.5 | 46.3 | 47.0 |
| 河　南 | 31.0 | 30.9 | 37.6 | 42.1 | 39.0 | 33.3 | 35.7 |
| 湖　北 | 39.0 | 39.8 | 43.4 | 44.3 | 45.3 | 40.1 | 42.0 |
| 湖　南 | 39.7 | 38.7 | 42.1 | 47.5 | 45.4 | 40.0 | 42.2 |
| 广　东 | 53.2 | 54.3 | 59.3 | 64.1 | 66.8 | 61.5 | 59.9 |
| 广　西 | 29.3 | 31.7 | 35.9 | 40.9 | 37.8 | 30.8 | 34.4 |
| 海　南 | 31.4 | 30.3 | 34.8 | 38.0 | 35.3 | 24.1 | 32.3 |
| 重　庆 | 41.7 | 44.1 | 50.9 | 57.0 | 51.9 | 46.6 | 48.7 |
| 四　川 | 30.6 | 30.9 | 34.2 | 38.2 | 36.7 | 32.7 | 33.9 |
| 贵　州 | 32.0 | 33.7 | 33.6 | 37.8 | 37.8 | 31.6 | 34.4 |
| 云　南 | 26.2 | 24.0 | 20.5 | 29.0 | 27.4 | 27.4 | 25.8 |
| 陕　西 | 42.1 | 45.5 | 41.7 | 45.1 | 45.5 | 40.2 | 43.4 |
| 甘　肃 | 25.7 | 21.7 | 19.1 | 22.8 | 21.9 | 14.4 | 20.9 |
| 青　海 | 25.6 | 20.6 | 23.0 | 23.5 | 24.9 | 21.1 | 23.1 |
| 宁　夏 | 26.3 | 30.5 | 31.4 | 34.0 | 35.2 | 27.8 | 30.9 |
| 新　疆 | 30.7 | 29.0 | 30.4 | 31.0 | 26.2 | 26.9 | 29.0 |

资料来源：赛迪智库整理，2019 年 2 月。

表 6-2　2012—2017 年 30 个省（区、市）工业发展质量截面指数排名

| | 2012 年 | 2013 年 | 2014 年 | 2015 年 | 2016 年 | 2017 年 | 2012—2017 年均值排名 |
|---|---|---|---|---|---|---|---|
| 北　京 | 1 | 1 | 1 | 1 | 1 | 1 | 1 |
| 天　津 | 2 | 4 | 6 | 5 | 6 | 6 | 5 |
| 河　北 | 30 | 27 | 26 | 20 | 23 | 16 | 24 |
| 山　西 | 29 | 30 | 30 | 30 | 30 | 21 | 29 |
| 内蒙古 | 16 | 16 | 23 | 21 | 19 | 14 | 19 |
| 辽　宁 | 24 | 25 | 25 | 27 | 25 | 22 | 26 |
| 吉　林 | 15 | 20 | 21 | 22 | 22 | 23 | 21 |
| 黑龙江 | 14 | 15 | 24 | 24 | 24 | 26 | 22 |
| 上　海 | 4 | 3 | 2 | 2 | 2 | 2 | 2 |
| 江　苏 | 3 | 2 | 4 | 4 | 5 | 5 | 4 |
| 浙　江 | 7 | 6 | 5 | 6 | 4 | 4 | 6 |
| 安　徽 | 12 | 11 | 13 | 10 | 9 | 7 | 10 |
| 福　建 | 8 | 8 | 8 | 9 | 10 | 13 | 9 |
| 江　西 | 23 | 23 | 15 | 16 | 17 | 18 | 17 |
| 山　东 | 6 | 10 | 9 | 8 | 8 | 9 | 8 |
| 河　南 | 19 | 19 | 14 | 14 | 14 | 15 | 14 |
| 湖　北 | 13 | 12 | 10 | 13 | 13 | 11 | 13 |
| 湖　南 | 11 | 13 | 11 | 11 | 12 | 12 | 12 |
| 广　东 | 5 | 5 | 3 | 3 | 3 | 3 | 3 |
| 广　西 | 22 | 17 | 16 | 15 | 15 | 20 | 15 |
| 海　南 | 18 | 22 | 17 | 18 | 20 | 28 | 20 |
| 重　庆 | 10 | 9 | 7 | 7 | 7 | 8 | 7 |
| 四　川 | 21 | 18 | 18 | 17 | 18 | 17 | 18 |
| 贵　州 | 17 | 14 | 19 | 19 | 16 | 19 | 16 |
| 云　南 | 26 | 26 | 28 | 26 | 26 | 25 | 27 |
| 陕　西 | 9 | 7 | 12 | 12 | 11 | 10 | 11 |
| 甘　肃 | 27 | 28 | 29 | 29 | 29 | 30 | 30 |
| 青　海 | 28 | 29 | 27 | 28 | 28 | 29 | 28 |
| 宁　夏 | 25 | 21 | 20 | 23 | 21 | 24 | 23 |
| 新　疆 | 20 | 24 | 22 | 25 | 27 | 27 | 25 |

资料来源：赛迪智库整理，2019 年 2 月。

表 6-3　2012—2017 年 30 个省（区、市）工业发展质量时序指数

| | 2012 年 | 2013 年 | 2014 年 | 2015 年 | 2016 年 | 2017 年 | 2012—2017 年年均增速 | 年均增速排名 |
|---|---|---|---|---|---|---|---|---|
| 全　国 | 100.0 | 108.2 | 112.9 | 115.0 | 120.0 | 124.0 | 4.40% | — |
| 北　京 | 100.0 | 103.5 | 111.8 | 116.3 | 119.2 | 131.5 | 5.64% | 12 |
| 天　津 | 100.0 | 104.3 | 108.3 | 113.0 | 114.0 | 115.1 | 2.85% | 28 |
| 河　北 | 100.0 | 112.6 | 120.1 | 126.4 | 125.9 | 133.5 | 5.94% | 6 |
| 山　西 | 100.0 | 100.2 | 100.5 | 99.8 | 110.2 | 125.1 | 4.58% | 19 |
| 内蒙古 | 100.0 | 114.9 | 117.1 | 109.8 | 114.1 | 124.8 | 4.53% | 20 |
| 辽　宁 | 100.0 | 112.2 | 114.7 | 106.0 | 118.6 | 120.6 | 3.82% | 26 |
| 吉　林 | 100.0 | 106.1 | 116.9 | 112.9 | 116.0 | 120.6 | 3.82% | 25 |
| 黑龙江 | 100.0 | 123.2 | 122.8 | 127.0 | 126.2 | 119.2 | 3.58% | 27 |
| 上　海 | 100.0 | 103.6 | 109.4 | 112.6 | 123.0 | 127.2 | 4.92% | 17 |
| 江　苏 | 100.0 | 106.5 | 109.0 | 114.9 | 119.8 | 121.4 | 3.96% | 24 |
| 浙　江 | 100.0 | 112.6 | 120.6 | 125.9 | 132.8 | 135.1 | 6.20% | 5 |
| 安　徽 | 100.0 | 114.7 | 114.7 | 124.7 | 138.6 | 141.8 | 7.23% | 1 |
| 福　建 | 100.0 | 103.6 | 106.4 | 108.8 | 109.5 | 111.5 | 2.20% | 29 |
| 江　西 | 100.0 | 109.3 | 114.6 | 119.9 | 123.0 | 132.2 | 5.74% | 10 |
| 山　东 | 100.0 | 105.2 | 112.2 | 113.4 | 119.0 | 123.7 | 4.35% | 22 |
| 河　南 | 100.0 | 119.6 | 124.9 | 124.1 | 134.7 | 135.2 | 6.22% | 4 |
| 湖　北 | 100.0 | 110.9 | 113.7 | 114.1 | 127.4 | 130.3 | 5.44% | 13 |
| 湖　南 | 100.0 | 106.5 | 107.4 | 117.1 | 120.3 | 124.1 | 4.42% | 21 |
| 广　东 | 100.0 | 105.0 | 110.4 | 113.4 | 122.2 | 130.1 | 5.41% | 14 |
| 广　西 | 100.0 | 113.8 | 117.7 | 125.6 | 125.5 | 127.4 | 4.96% | 16 |
| 海　南 | 100.0 | 105.9 | 107.6 | 102.4 | 106.0 | 101.5 | 0.29% | 30 |
| 重　庆 | 100.0 | 114.3 | 118.3 | 128.9 | 128.8 | 141.3 | 7.16% | 3 |
| 四　川 | 100.0 | 111.0 | 113.7 | 111.8 | 117.7 | 126.5 | 4.82% | 18 |
| 贵　州 | 100.0 | 104.1 | 108.1 | 118.2 | 126.7 | 141.5 | 7.19% | 2 |
| 云　南 | 100.0 | 104.5 | 103.8 | 109.1 | 120.5 | 132.2 | 5.74% | 11 |
| 陕　西 | 100.0 | 110.7 | 110.1 | 118.3 | 127.2 | 133.3 | 5.92% | 7 |
| 甘　肃 | 100.0 | 105.6 | 106.9 | 100.7 | 115.2 | 122.7 | 4.18% | 23 |
| 青　海 | 100.0 | 105.4 | 113.6 | 113.2 | 128.5 | 128.8 | 5.20% | 15 |
| 宁　夏 | 100.0 | 110.8 | 119.8 | 116.5 | 131.7 | 132.2 | 5.74% | 9 |
| 新　疆 | 100.0 | 113.0 | 129.6 | 130.2 | 132.7 | 132.2 | 5.74% | 8 |

资料来源：赛迪智库整理，2019 年 2 月。

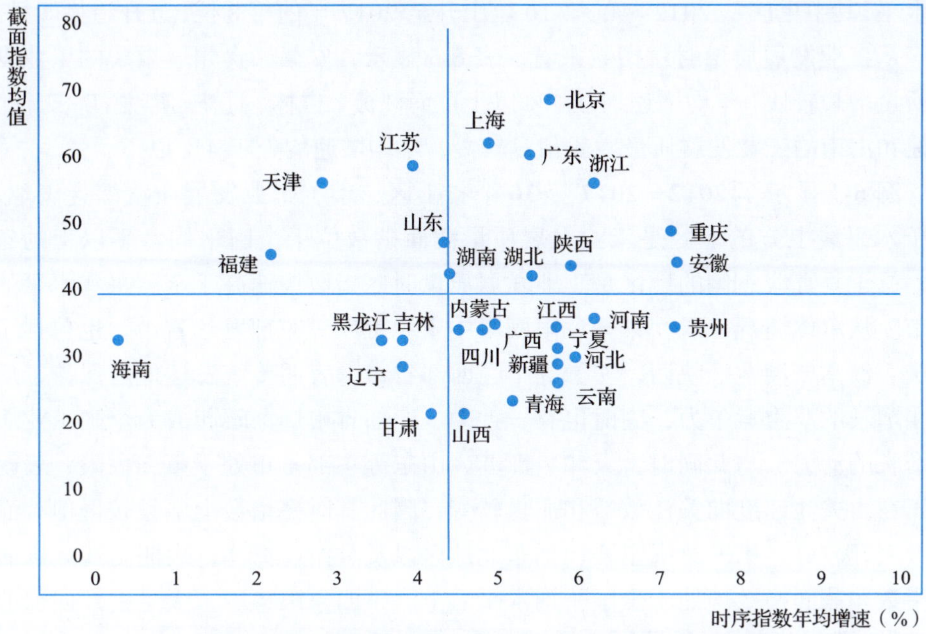


图 6-1　30 个省（区、市）工业发展质量的综合表现

（资料来源：赛迪智库整理，2019 年 2 月）

从工业发展质量截面指数来看，表 6-2 显示，北京、上海、广东、江苏是我国工业发展质量较好的地区，2012—2017 年始终处于全国前五名。

北京工业发展质量六年来始终处于全国首位，从分类指数看，北京在技术创新、资源环境、两化融合和人力资源四个方面也一直处于全国首位，速度效益和结构调整则位于第 5 名（见表 6-4）。

上海工业发展质量连续四年保持在全国第 2 位，主要得益于其技术创新、资源环境、两化融合三个方面的良好表现，这三个方面均处于全国前五名以内，但人力资源表现较差，仅排在全国第 22 名。

广东工业发展质量连续四年保持在全国第 3 位。其在结构调整、技术创新、资源环境、两化融合和人力资源五个方面表现较好，均处于全国前五名以内。

江苏工业发展质量处于全国第 4 位，较上一年提升一个名次，主要由于其在结构调整和两化融合两个方面的良好表现，这两个指数在 2012—2017 年的均值分别位居全国第 2 位和第 3 位。

整体来看方面，除北上广等东部沿海地区省市保持了较强的竞争力，西部的重庆和陕西、中部的安徽、湖南、湖北、河南也表现较好，均处于全国中上游水平，其中重庆从 2012 年的第 10 位上升至 2017 年的第 8 位，上升趋势明显。

从工业发展质量时序指数来看，表 6-3 显示，安徽、贵州、重庆的工业发展质量增长较快，年均增速均在 7% 以上。而江苏、吉林、辽宁、黑龙江、天津、福建和海南的工业发展质量增长相对较慢，年均增速均处于 4% 以下。

图 6-1 显示了 2012—2017 年 30 个省（区、市）工业发展质量综合表现，位于水平线上方的地区是工业发展质量截面指数位于全国平均水平以上的省市，位于垂直线右侧的地区是工业发展质量时序指数增速高于全国平均水平的省市。从总体情况来看，第一象限既集中了北上广等东部发达省市，也包括了重庆、湖南、湖北、陕西、安徽等中、西部省市，表明传统发达地区保持了质量和增长的双重竞争力，同时也有一批中、西部省市逐渐崛起成为全国工业质量增长的动力。与此同时，天津、江苏、山东等东部省市处于第二象限，表明其正在由关注速度向关注效益和质量转变，因此其时序指数上增长较慢但截面指数表现较好。第三象限主要包括东北地区以及甘肃、海南，表明上述地区时序指数和截面指数均处于全国平均水平之下。第四象限集中了大量中、西部地区省市，如宁夏、青海、贵州、新疆、江西等地区，表明时序指数快速增长但截面指数处于全国下游水平，未来工业发展质量仍有待提高，其中内蒙古、四川由前一年的第三象限进入到第四象限，表明其时序指数进步较大。

## 第二节　分类指数分析

根据 2012—2017 年全国 30 个省（区、市）工业发展质量截面指数的六大分类指数的均值，分别进行排序，并计算分类指数的离散程度，计算结果如表 6-4 所示。

表 6-4　2012—2017 年全国工业发展质量分类指数各省表现

| 排名 | 速度效益 | | 结构调整 | | 技术创新 | | 资源环境 | | 两化融合 | | 人力资源 | |
|---|---|---|---|---|---|---|---|---|---|---|---|---|
| | 省（区、市） | 指数 | 省（区、市） | 指数 | 省（区、市） | 指数 | 省（区、市） | 指数 | 省（区、市） | 指数 | 省（区、市） | 指数 |
| 1 | 陕西 | 83.6 | 广东 | 69.9 | 北京 | 85.0 | 北京 | 62.0 | 北京 | 87.1 | 北京 | 72.1 |
| 2 | 贵州 | 71.5 | 江苏 | 61.3 | 浙江 | 76.5 | 上海 | 57.4 | 上海 | 85.2 | 内蒙古 | 63.1 |
| 3 | 河南 | 70.1 | 浙江 | 54.5 | 天津 | 75.3 | 浙江 | 55.4 | 江苏 | 77.6 | 上海 | 57.6 |
| 4 | 江西 | 68.9 | 山东 | 48.4 | 上海 | 74.8 | 天津 | 54.5 | 广东 | 74.6 | 天津 | 54.1 |
| 5 | 北京 | 67.1 | 北京 | 41.2 | 广东 | 70.1 | 广东 | 51.9 | 重庆 | 57.8 | 吉林 | 47.5 |

续表

| 排名 | 速度效益 | | 结构调整 | | 技术创新 | | 资源环境 | | 两化融合 | | 人力资源 | |
|---|---|---|---|---|---|---|---|---|---|---|---|---|
| | 省（区、市） | 指数 | 省（区、市） | 指数 | 省（区、市） | 指数 | 省（区、市） | 指数 | 省（区、市） | 指数 | 省（区、市） | 指数 |
| 6 | 内蒙古 | 66.1 | 上　海 | 40.5 | 江　苏 | 61.0 | 江　苏 | 50.9 | 浙　江 | 56.6 | 陕　西 | 43.5 |
| 7 | 天　津 | 65.5 | 重　庆 | 39.5 | 安　徽 | 59.2 | 山　东 | 48.6 | 福　建 | 56.1 | 辽　宁 | 43.2 |
| 8 | 福　建 | 65.5 | 天　津 | 32.5 | 重　庆 | 51.5 | 安　徽 | 47.4 | 山　东 | 54.0 | 新　疆 | 42.2 |
| 9 | 新　疆 | 62.7 | 四　川 | 32.4 | 湖　南 | 50.3 | 福　建 | 45.8 | 湖　北 | 49.7 | 江　苏 | 41.0 |
| 10 | 重　庆 | 62.3 | 福　建 | 30.5 | 湖　北 | 43.7 | 重　庆 | 45.1 | 安　徽 | 48.9 | 广　东 | 39.7 |
| 11 | 上　海 | 60.4 | 湖　北 | 28.4 | 福　建 | 38.9 | 宁　夏 | 45.0 | 湖　南 | 47.9 | 青　海 | 38.4 |
| 12 | 江　苏 | 60.3 | 贵　州 | 27.8 | 山　东 | 38.5 | 河　南 | 37.7 | 天　津 | 46.6 | 湖　北 | 38.1 |
| 13 | 湖　北 | 59.2 | 江　西 | 27.8 | 陕　西 | 35.1 | 湖　南 | 35.5 | 广　西 | 46.4 | 宁　夏 | 37.1 |
| 14 | 湖　南 | 58.5 | 陕　西 | 27.1 | 海　南 | 33.9 | 吉　林 | 34.2 | 四　川 | 40.7 | 海　南 | 36.6 |
| 15 | 山　东 | 58.4 | 安　徽 | 26.4 | 黑龙江 | 32.9 | 陕　西 | 32.1 | 黑龙江 | 40.0 | 浙　江 | 35.6 |
| 16 | 安　徽 | 57.9 | 河　南 | 25.9 | 辽　宁 | 30.9 | 广　西 | 31.1 | 江　西 | 39.4 | 湖　南 | 34.9 |
| 17 | 四　川 | 57.4 | 河　北 | 24.9 | 四　川 | 28.4 | 湖　北 | 30.7 | 辽　宁 | 37.8 | 广　西 | 34.6 |
| 18 | 海　南 | 56.7 | 广　西 | 23.7 | 贵　州 | 28.3 | 山　西 | 28.8 | 河　南 | 36.2 | 重　庆 | 34.3 |
| 19 | 广　西 | 54.9 | 湖　南 | 23.2 | 宁　夏 | 28.1 | 甘　肃 | 28.3 | 河　北 | 32.9 | 福　建 | 34.2 |
| 20 | 吉　林 | 53.1 | 云　南 | 20.3 | 云　南 | 22.5 | 海　南 | 27.5 | 陕　西 | 28.2 | 山　东 | 33.9 |
| 21 | 广　东 | 52.9 | 吉　林 | 20.2 | 河　北 | 22.0 | 内蒙古 | 26.3 | 吉　林 | 25.4 | 黑龙江 | 31.8 |
| 22 | 浙　江 | 51.0 | 宁　夏 | 18.6 | 山　西 | 21.0 | 江　西 | 25.9 | 山　西 | 18.6 | 湖　北 | 29.6 |
| 23 | 云　南 | 49.7 | 青　海 | 18.0 | 甘　肃 | 20.7 | 黑龙江 | 25.8 | 贵　州 | 17.9 | 江　西 | 26.7 |
| 24 | 河　北 | 48.5 | 海　南 | 17.8 | 河　南 | 19.8 | 贵　州 | 25.2 | 宁　夏 | 17.4 | 四　川 | 26.6 |
| 25 | 黑龙江 | 47.0 | 新　疆 | 16.7 | 内蒙古 | 19.1 | 云　南 | 21.8 | 新　疆 | 16.9 | 山　西 | 24.7 |
| 26 | 青　海 | 43.6 | 山　西 | 16.1 | 广　西 | 18.6 | 新　疆 | 20.7 | 内蒙古 | 13.8 | 甘　肃 | 23.5 |
| 27 | 宁　夏 | 37.5 | 甘　肃 | 15.9 | 江　西 | 14.8 | 青　海 | 19.4 | 海　南 | 11.5 | 贵　州 | 23.2 |
| 28 | 辽　宁 | 29.4 | 黑龙江 | 15.6 | 吉　林 | 13.7 | 河　北 | 18.2 | 青　海 | 10.5 | 云　南 | 22.8 |
| 29 | 甘　肃 | 25.4 | 辽　宁 | 15.6 | 新　疆 | 10.1 | 辽　宁 | 16.9 | 甘　肃 | 9.2 | 河　南 | 20.0 |
| 30 | 山　西 | 20.3 | 内蒙古 | 9.5 | 青　海 | 6.2 | 四　川 | 13.7 | 云　南 | 8.1 | 安　徽 | 17.9 |
| 离散系数 | 速度效益 | 0.25 | 结构调整 | 0.5 | 技术创新 | 0.59 | 资源环境 | 0.39 | 两化融合 | 0.57 | 人力资源 | 0.34 |

资料来源：赛迪智库整理，2019 年 2 月。

速度效益方面，陕西、贵州和河南为全国前三名，三个省份的速度效益指数分别为 83.6、71.5 和 70.1，辽宁、甘肃、山西位于全国最后三位，分别为 29.4、25.4 和 20.3。由计算结果可知，速度效益指数表现较好的主要为中、西部地区，而东部发达地区省市中只有北京与天津相对较高，分别为 67.1 和 65.5。同时，速度效益指数的离散系数仅为 0.25，在六大分类指数的离散系数中最低，表明速度效益方面各地区差距较小。

结构调整方面，广东、江苏和浙江位于全国前三名，三个省份的结构调整指数分别为 69.9、61.3 和 54.5，黑龙江、辽宁、内蒙古位于全国最后三位，分别为 15.6、15.6 和 9.5。结构调整方面排名比较靠前的主要为东部发达省市，中、西部地区在结构调整方面进展缓慢，仅有重庆和四川进入了前 10 名。同时，结构调整指数的离散系数为 0.5，表明结构调整方面各地方差异较大。

技术创新方面，北京、浙江和天津位于全国前三名，三个省市的技术创新指数分别为 85、76.5 和 75.3，吉林、新疆和青海位于全国最后三位，分别为 13.7、10.1 和 6.2。技术创新前六名均为东部地区省市，安徽、重庆、湖南、湖北四个中、西部地区省市处于第 7 至第 10 名。技术创新离散系数为 0.59，为六大分类指数中离散程度最高的，表明区域之间差异较大。

资源环境方面，北京、上海、浙江位于全国前三名，三个省市的资源环境指数分别为 62、57.4 和 55.4，河北、辽宁和四川位于全国最后三位，分别为 18.2、16.9 和 13.7。从全国整体来看，各地区资源环境指数的差距并不大，离散系数为 0.39。

两化融合方面，北京、上海和江苏位于全国前三名，三个省市的两化融合指数分别为 87.1、85.2 和 77.6，青海、甘肃、云南位于全国最后三位，分别为 10.9、9.2 和 8.1。同时，两化融合的离散系数高达 0.57，表明两化融合方面区域之间存在较大差距。

人力资源方面，北京、内蒙古、上海位于全国前三名，三个省市的人力资源指数分别为 72.1、63.1 和 57.6；云南、河南、安徽位于全国最后三位，分别为 22.8、20 和 17.9。同时，人力资源离散系数为 0.34，意味着各地区之间差异不大。

从上述六大分类指数的地区分析可以看到，当前速度效益、资源环境、人力资源三个方面区域之间差距较小；结构调整、技术创新和两化融合方面区域之间差距较大，离散系数均不低于 0.5。

# 第三节　地区分析

## 一、北京

### （一）总体情况

#### 1. 宏观经济总体情况

2018 年，北京实现地区生产总值 30320 亿元，同比增速为 6.6%。其中，第一、二、三产业增加值分别为 118.7 亿元、5647.7 亿元和 24553.6 亿元，同比增速分别为 -2.3%、4.2% 和 7.3%。全市常住人口人均 GDP 为 14 万元。三次产业结构为 0.4 ∶18.6 ∶81.0，与上年相比，工业比重略有下降。全年高技术产业实现增加值 6976.8 亿元，战略性新兴产业实现增加值 4893.4 亿元，信息产业实现增加值 4940.7 亿元，按现价计算，分别较上年增长 9.4%、9.2% 和 14.3%。

2018 年，北京市全社会固定资产投资较上年下降 9.9%。其中，基础设施投资下降 10.7%。从基础设施投资投向上看，交通运输投资实现了增长，增幅为 1.1%。分产业看，软件和信息技术服务业投资、科学研究和技术服务业投资增长明显，分别达到 31.2% 和 7.7%。全年北京地区进出口总值为 27182.5 亿元，同比增速为 23.9%，出口、进口增速相当，增速分别为 23.0% 和 24.1%。

#### 2. 工业经济运行情况

2018 年，北京实现工业增加值 4464.6 亿元，同比增长 4.5%。其中，规模以上工业增加值同比增长 4.6%。规模以上工业中，高技术制造业、战略性新兴产业呈正增长，增速分别为 13.9% 和 3.8%。规模以上工业销售产值为 18876.7 亿元，同比增长 3.7%。其中，出口增速远大于内销，增速分别为 21.0% 和 2.6%。

## （二）指标分析

### 1. 时序指数（见图 6-2 和表 6-5）

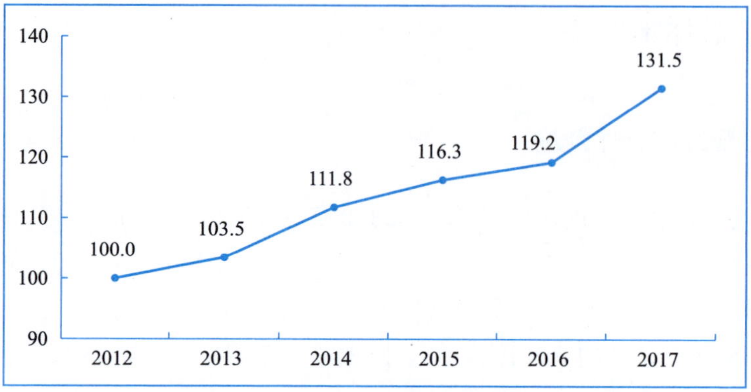


图 6-2　北京工业发展质量时序指数

（资料来源：赛迪智库整理，2019 年 2 月）

表 6-5　2012—2017 年北京工业发展质量时序指数

| | 2012 | 2013 | 2014 | 2015 | 2016 | 2017 | 2012—2017 年年均增速 |
|---|---|---|---|---|---|---|---|
| 速度效益 | 100.0 | 97.8 | 105.8 | 113.3 | 113.3 | 126.8 | 4.9% |
| 结构调整 | 100.0 | 99.5 | 96.6 | 89.6 | 87.8 | 88.9 | -2.3% |
| 技术创新 | 100.0 | 99.0 | 102.0 | 99.9 | 101.7 | 104.6 | 0.9% |
| 资源环境 | 100.0 | 118.6 | 150.8 | 174.3 | 183.8 | 223.7 | 17.5% |
| 两化融合 | 100.0 | 102.9 | 108.4 | 108.6 | 110.4 | 124.8 | 4.5% |
| 人力资源 | 100.0 | 107.1 | 114.6 | 122.1 | 130.6 | 138.3 | 6.7% |
| 时序指数 | 100.0 | 103.5 | 111.8 | 116.3 | 119.2 | 131.5 | 5.6% |

资料来源：赛迪智库整理，2019 年 2 月。

纵向来看，北京工业发展质量时序指数从 2012 年的 100.0 升至 2017 年的 131.5，年均增速为 5.6%，高于全国增速 1.2 个百分点。

北京在资源环境方面的改善最为显著，年均增速达到 17.5%，人力资源发展也快于工业发展质量整体增速，年均增速达到 6.7%。资源环境方面，工业污染治理投资强度与单位工业增加值能耗增长明显，增速分别高达 29.7% 和 15.9%。人力资源方面，尽管就业人员平均受教育年限指标增速仅为 0.2%，但工业城镇单位就业人员平均工资增速和第二产业全员劳动生产率增速分别达到 10.8% 和 7.9%，是人力资源指标增速高于工业发展质量整体增速的主要原因。

除上述两个方面外，其他方面增速均低于总体增速，速度效益、技术创新、两化融合三项指标增速分别只有 4.9%、0.9% 和 4.5%，结构调整指标则出现了负增长，增速为 -2.3%。

速度效益方面，工业成本费用利润率表现最好，为 5.6%，工业主营业务收入利润率和工业增加值增速其次，分别为 5.4% 和 5.0%。技术创新方面，工业企业 R&D 人员投入强度、工业企业 R&D 经费投入强度和工业企业新产品销售收入占比三项指标均为低速增长，分别为 3.5%、2.2% 和 0.3%，工业企业单位 R&D 经费支出发明专利数则为负增长，增速为 -5.3%。两化融合方面，工业应用信息化水平表现较好，增速为 5.7%，电子信息产业占比指标增速尽管低于整体增速，但也实现了正增长，增速达到 3.3%。结构调整方面，高技术制造业主营业务收入占比与小型工业企业主营业务收入增速两项指标实现了低速正增长，增速分别为 1.0% 和 0.1%，500 强企业占比、工业制成品出口占比则呈现负增长，增速分别为 -2.4% 和 -10.6%。

### 2. 截面指数（见表 6-6）

表 6-6 2012—2017 年北京工业发展质量截面指数排名

| | 2012 | 2013 | 2014 | 2015 | 2016 | 2017 | 2012—2017 年均值排名 |
|---|---|---|---|---|---|---|---|
| 速度效益 | 18 | 17 | 10 | 4 | 1 | 2 | 5 |
| 结构调整 | 5 | 5 | 7 | 7 | 5 | 5 | 5 |
| 技术创新 | 1 | 1 | 1 | 2 | 3 | 3 | 1 |
| 资源环境 | 6 | 1 | 1 | 1 | 1 | 1 | 1 |
| 两化融合 | 2 | 2 | 1 | 2 | 2 | 2 | 1 |
| 人力资源 | 1 | 1 | 1 | 1 | 1 | 2 | 1 |
| 截面指数 | 1 | 1 | 1 | 1 | 1 | 1 | 1 |

资料来源：赛迪智库整理，2019 年 2 月。

横向来看，北京工业发展质量截面指数连续多年排名全国第 1，2012—2017 年平均截面指数为 68.4，排名为全国第 1 位。

2017 年，北京在速度效益、技术创新、资源环境、两化融合和人力资源方面表现依旧突出，均处于全国前三位。

速度效益方面，资产负债率指标排在全国第1位；工业主营业务收入利润率和工业成本费用利润率也处于全国领先位置，这两项指标均排在全国第3位；工业增加值增速指标的排名尽管较之前年份有所上升，但仍表现欠佳，排在全国第21位。

技术创新方面，工业企业R&D人员投入强度连续三年排在全国第2位；工业企业R&D经费投入强度、工业企业单位R&D经费支出发明专利数和工业企业新产品销售收入占比分别位于全国第6位、第4位和第8位，但这三个方面相较之前年份排名均有所下降。

资源环境方面，单位工业增加值能耗处于全国第1位，是资源环境总体排名较高的主要因素；工业污染治理投资强度指标仅排在全国第19位，处于中下游水平。

两化融合方面，电子信息产业占比表现抢眼，位于全国第1位；但工业应用信息化水平却位于全国第8位，尽管相较往年有较大提升，仍有优化空间。

人力资源方面，就业人员平均受教育年限连续多年位于全国第1位；第二产业全员劳动生产率、工业城镇单位就业人员平均工资增速两项指标同样表现不俗，分别位于全国第4位和第9位。

此外，北京在结构调整方面也处于全国领先水平，且该指标相较于之前年份稳中有升，其中，高技术制造业主营业务收入占比位居全国第2位，500强企业占比、小型工业企业主营业务收入增速也表现突出，分别排在全国第6位和第8位；但工业制成品出口占比表现欠佳，排在全国第17位，成为制约结构调整发展的不利因素。

### 3. 原因分析

近年来，尽管北京在环境治理及产业疏解的大环境下发展速度受到一定程度的影响，但技术创新、两化融合、资源环境和人力资源等方面的优势仍然明显。

速度效益方面，北京全面落实京津冀协同发展战略，着力推进供给侧结构性改革，加快推动疏解非首都功能，工业加速转型升级，全年规模以上工业同比增长4.6%，新经济增加值实现同比增长9.3%，占全市比重达到33.2%。企业劳动生产率进一步提高，达到45.6万元/人，较上年提高4.7万元/人。

资源环境方面，近年来北京一直将节能减排作为转变发展方式、调整经济结构的重要抓手，鼓励企业通过技术革新，挖掘节能减排潜力，提高用能效率。2018年全市万元地区生产总值能耗为0.254吨标准煤/万元，万元地区生产总值水耗为 12.9 立方米 / 万元，分别较上年下降了 3.8% 和 7.1%。

人力资源方面，北京继续加大人才就业和生活环境改善力度。重点聚焦高端人才，实施中关村国际人才 20 条新政，为 2300 多名人才办理引进落户手续，积极营造适合国际人才的“类海外”环境，开展 7 家国际医院试点，办理港澳台居民居住证 5895 张，618 名外籍高层次人才获得在华永久居留权。。

### （三）结论与展望

综合时序指数和截面指数来看，北京工业发展质量处于全国首位。六大分类指数均处于全国领先位置，反映出近年来北京市在加快发展高精尖产业的背景下，不断补足短板，实现均衡发展。此外，京津冀协同发展战略的深入推进、城市副中心（通州）的建设、北京与雄安新区的互动发展，以及北京冬奥会、中关村国家自主创新示范区等带来的机遇将在未来几年显现。

未来，北京可以从以下几个方面着手，推动高质量发展：

一是继续加大结构调整力度，加快建设现代经济体系。聚焦人工智能、先进制造、现代服务等领域，支持相关企业“瘦身健体”，加快推进产业高端化、智能化、绿色化、服务化、融合化发展。

二是继续深化“放管服”改革，取消下放行政审批事项，加强公共数据对外开放，打造良好的营商环境。

三是借助城市副中心（通州）、北京冬奥会和雄安新区建设发展机遇，在京津冀协同发展中发挥带动作用。将非首都功能疏解与产业提升有机结合起来，积极培育“四新”经济，在疏解功能中谋求发展，严格执行新增产业禁止和限制目录，打造世界级先进制造业产业集群。

## 二、天津

### （一）总体情况

#### 1. 宏观经济总体情况

2018 年，天津实现地区生产总值 18809.64 亿元，同比增速为 3.6%。其中，第一、二、三产业增加值分别为 172.71 亿元、7609.81 亿元和 11027.12 亿元，分别同比增长 0.1%、1.0% 和 5.9%。三次产业结构为 0.9∶40.5∶58.6。

### 2. 工业经济运行情况

2018 年，天津实现全部工业增加值为 6962.71 亿元，同比增长 2.6%。其中，规模以上工业增加值同比增长 2.4%。分行业看，采矿业增加值增速不佳，增速为 -1.4%；制造业，电力、热力、燃气及水生产和供应业实现正增长，增速 分别为 3.2% 和 5.4%。

## （二）指标分析

### 1. 时序指数（见图 6-3 和表 6-7）

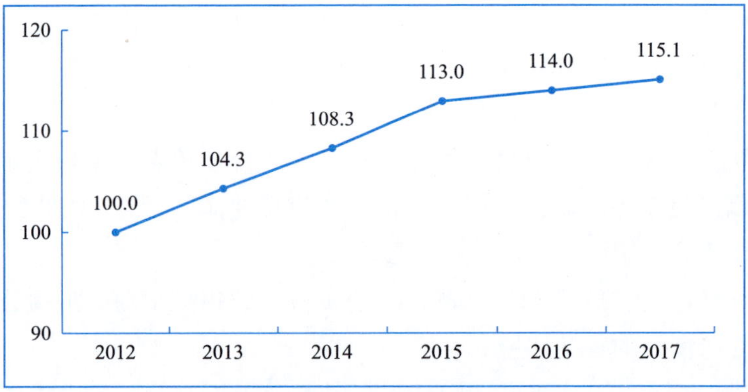


图 6-3　天津工业发展质量时序指数

（资料来源：赛迪智库整理，2019 年 2 月）

表 6-7　2012—2017 年天津工业发展质量时序指数

| | 2012 | 2013 | 2014 | 2015 | 2016 | 2017 | 2012—2017 年年均增速 |
|---|---|---|---|---|---|---|---|
| 速度效益 | 100.0 | 100.5 | 102.4 | 105.5 | 109.1 | 102.9 | 0.6% |
| 结构调整 | 100.0 | 99.6 | 97.1 | 96.6 | 97.4 | 80.7 | -4.2% |
| 技术创新 | 100.0 | 107.1 | 111.9 | 117.2 | 124.2 | 135.8 | 6.3% |
| 资源环境 | 100.0 | 104.2 | 121.4 | 130.4 | 104.0 | 101.8 | 0.4% |
| 两化融合 | 100.0 | 111.2 | 106.3 | 106.5 | 121.1 | 140.6 | 7.0% |
| 人力资源 | 100.0 | 105.8 | 113.3 | 124.6 | 131.1 | 138.0 | 6.6% |
| 时序指数 | 100.0 | 104.3 | 108.3 | 113.0 | 114.0 | 115.1 | 2.9% |

资料来源：赛迪智库整理，2019 年 2 月。

纵向来看，天津工业发展质量时序指数自 2012 年的 100.0 上涨至 2017 年的 115.1，年均增速为 2.9%，低于全国平均增速 1.5 个百分点。

天津在技术创新、两化融合和人力资源方面提升较快，年均增速分别为 6.3%、7.0% 和 6.6%。技术创新方面，工业企业 R&D 人员投入强度增长最快，增速达 7.8%，工业企业 R&D 经费投入强度和工业企业新产品销售收入占比增速同样表现不俗，年均增速分别为 6.7% 和 6.1%，工业企业单位 R&D 经费支出发明专利数增速最慢，为 3.7%。两化融合方面，工业应用信息化水平与电子信息产业占比增速相差不大，且均高于平均增速，分别为 7.6% 和 6.5%。人力资源方面，第二产业全员劳动生产率增长最快，为 11.0%，工业城镇单位就业人员平均工资增速也超过了天津工业发展质量整体增速，年均增速为 7.0%。

除上述三项指标之外，速度效益、结构调整、资源环境等指标均低于整体增速，结构调整还出现了负增长。速度效益方面，仅有资产负债率指标实现了正增长，为 1.3%；工业成本费用利润率、工业主营业务收入利润率两项指标均为负增长，增速分别为 -6.3% 和 -5.8%。资源环境方面，工业固体废物综合利用率、工业污染治理投资强度均为负增长，分别为 -0.2% 和 -11.1%；单位工业增加值能耗指标则实现了快速增长。结构调整方面，所有指标均为负增长，其中 500 强企业占比表现最差，为 -10.8%。

### 2. 截面指数（见表 6-8）

表 6-8　2012—2017 年天津工业发展质量截面指数排名

| | 2012 | 2013 | 2014 | 2015 | 2016 | 2017 | 2012—2017 年均值排名 |
|---|---|---|---|---|---|---|---|
| 速度效益 | 6 | 5 | 6 | 3 | 5 | 23 | 7 |
| 结构调整 | 7 | 7 | 10 | 8 | 8 | 19 | 8 |
| 技术创新 | 4 | 3 | 4 | 3 | 4 | 2 | 3 |
| 资源环境 | 2 | 4 | 5 | 3 | 4 | 4 | 4 |
| 两化融合 | 10 | 9 | 15 | 14 | 11 | 8 | 12 |
| 人力资源 | 3 | 5 | 5 | 2 | 6 | 4 | 4 |
| 截面指数 | 2 | 4 | 6 | 5 | 6 | 6 | 5 |

资料来源：赛迪智库整理，2019 年 2 月。

横向来看，2017 年天津工业发展质量截面指数为 50，排在全国第 6 名。2012—2017 年平均截面指数为 55.9，排名为全国第 5。

2017年，天津工业发展质量的六个方面指标整体发展差异较大。技术创新是天津表现最好的指标，2017年排在全国第2位，且近年来一直处于前5。工业企业R&D人员投入强度、工业企业R&D经费投入强度与工业企业新产品销售收入占比分别排在全国第1位、第2位和第5位，是支撑技术创新整体良好表现的有利因素；工业企业单位R&D经费支出发明专利指标表现仍不尽如人意，排在全国第13位。

资源环境和人力资源指标均排在全国第4位。资源环境方面，工业固体废物综合利用率指标延续了之前的优良表现，仍排在全国首位；单位工业增加值能耗也居于全国前列，排在全国第5位；工业污染治理投资强度较上年度略有下降，从2016年的第25位降至2017年的第27位。人力资源方面，第二产业全员劳动生产率、就业人员平均受教育年限两项指标均排在全国第3位，工业城镇单位就业人员平均工资增速指标尽管较2016年有了较大提升，但仍排在全国第20位。

此外，速度效益、结构调整和两化融合方面也处于全国中上游水平，分别为第7名、第8名和第12名。

速度效益方面，工业成本费用利润率与工业主营业务收入利润率两项指标处于全国中游，均排在全国第17位；工业增加值增速、资产负债率两项指标则表现较差，分别排在全国第28位、第20位。

结构调整方面，高技术制造业主营业务收入占比、工业制成品出口占比和500强企业占比处于全国上游水平且比较稳定，2017年分别排在第7、9、11位；小型工业企业主营业务收入增速排名全国第28，较2016年排名下降了4位。

两化融合方面，电子信息产业占比指标表现较好，近年来排名处于全国上游水平且相对稳定，2017年排在全国第6位；工业应用信息化水平连续两年处于全国中游水平，排在第15位。

### 3. 原因分析

资源环境方面，天津不断深入推进“四清一绿”行动，制订实施了蓝天、碧水、净土保卫战和柴油货车污染治理、城市黑臭水体治理、渤海综合治理、水源地保护、农业农村面源污染治理攻坚战等8个“作战计划”。持续整治“小散乱污”企业，2018年完成煤改电、煤改气和集中供热补建23.8万户；新增垃圾处理能力1500吨/日；机动车全部改用乙醇汽油；PM2.5年均浓度为52

微克 / 立方米，同比下降 16.1%；重污染天数同比减少 13 天，达到 2013 年监测以来的最好水平。

技术创新方面，天津不断加快创新型城市和产业创新中心建设，创新能力显著提升；引进了中国原子能科学研究院、人工智能军民融合创新中心等十多家国家级科研院所，以及大型地震工程模拟研究设施、中国核工业大学、血液病和中医针灸国家临床医学研究中心等多家国家级创新平台。2018 年，全市新增市级科技型企业 7000 家，科技领军企业达到 55 家，国家高新技术企业超过 5000 家，万人发明专利拥有量达到 20.2 件，全市综合科技创新水平位居全国前列。

### （三）结论与展望

综合时序指数和截面指数来看，天津在所有方面均表现良好，增长速度位于全国前列，发展潜力突出。

未来，天津可以从以下几个方面着手：

一是依托京津冀协同发展“大格局”，主动谋划，并以此为契机，加快宝坻京津中关村科技城、国家产城融合示范区等平台建设，重视制造业发展，形成一批具有国际竞争力的先进制造业集群。

二是继续加强创新体系建设，充分发挥国家自主创新示范区引领作用，打造一批中试平台和科技成果转移转化平台，重点解决科技成果转化率偏低的问题；大力培育高新技术产业和战略性新兴产业集群，加快产业转型升级跨越发展。

三是加大技术改造支持力度，推进“互联网 + 智能制造”，促进冶金、石化、轻纺等传统工业企业智能化水平从单项应用阶段向集成阶段提升，打响“天津制造”品牌。

## 三、河北

### （一）总体情况

#### 1．宏观经济总体情况

2018 年，河北实现生产总值 36010.3 亿元，同比增长 6.6%。其中，第一、

二、三产业增加值分别为3338.0亿元、16040.1亿元和16632.2亿元，分别同比增长3.0%、4.3%和9.8%；三次产业比例调整为9.3∶44.5∶46.2。

2018年，河北全社会固定资产投资同比增长5.7%。其中，工业技改投资同比增长8.7%，占工业投资的比重为39.5%。

2018年，河北实现社会消费品零售总额16537.1亿元，同比增长9.0%。其中，乡镇消费增长水平快于城镇消费增长水平，分别同比增长10.6%和8.5%。

2018年，河北进出口总值达到3551.6亿元，同比增长5.1%。其中，出口贡献较大，全年出口总值达到2243.0亿元。

### 2. 工业经济运行情况

2018年，河北实现工业增加值13698.0亿元，同比增长4.2%；规模以上工业增加值同比增长5.2%。分主要行业看，保持较快速增长的行业包括装备制造业和化学原料及医药工业，增加值同比增速分别达到8.3%和13.2%；钢铁工业同比增长4.6%，略高于工业整体增速。受益于供给侧结构性改革，六大高耗能行业增加值同比增长4.2%。

## （二）指标分析

### 1. 时序指数（见图6-4和表6-9）

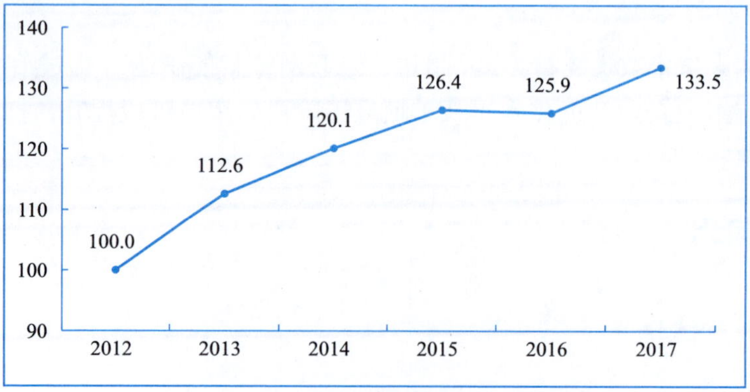


图6-4　河北工业发展质量时序指数

（资料来源：赛迪智库整理，2019年2月）

表 6-9 2012—2017 年河北工业发展质量时序指数

| | 2012 | 2013 | 2014 | 2015 | 2016 | 2017 | 2012—2017 年年均增速 |
|---|---|---|---|---|---|---|---|
| 速度效益 | 100.0 | 103.3 | 102.4 | 100.9 | 109.9 | 114.3 | 2.7% |
| 结构调整 | 100.0 | 106.8 | 113.9 | 118.2 | 115.7 | 115.0 | 2.8% |
| 技术创新 | 100.0 | 111.1 | 121.4 | 128.8 | 138.7 | 160.4 | 9.9% |
| 资源环境 | 100.0 | 143.1 | 152.7 | 166.5 | 137.4 | 142.3 | 7.3% |
| 两化融合 | 100.0 | 112.8 | 130.8 | 142.5 | 142.7 | 147.4 | 8.1% |
| 人力资源 | 100.0 | 103.4 | 108.4 | 114.3 | 117.8 | 125.4 | 4.6% |
| 时序指数 | 100.0 | 112.6 | 120.1 | 126.4 | 125.9 | 133.5 | 5.9% |

资料来源：赛迪智库整理，2019 年 2 月。

纵向来看，河北工业发展质量时序指数自 2012 年的 100.0 上涨至 2017 年的 133.5，年均增速为 5.9%，高于全国平均增速 1.5 个百分点。

河北在技术创新、资源环境和两化融合方面增速均高于整体增速，年均增速分别为 9.9%、7.3% 和 8.1%。

技术创新方面，工业企业新产品销售收入占比增速最快，为 14.6%；工业企业 R&D 经费投入强度、工业企业 R&D 人员投入强度两项指标也实现了正增长，增速分别达到 9.6% 和 1.9%。

资源环境方面，单位工业增加值能耗、工业固体废物综合利用率两项指标增速均高于整体增速，分别达到 7.7% 和 8.5%；工业污染治理投资强度增速略低于整体增速，为 5.7%。

两化融合方面，电子信息产业占比表现较好，年均增速达 9.7%；工业应用信息化水平也表现不俗，实现了 6.3% 的增长。

除此上述三项指标之外，速度效益、结构调整、人力资源等三项指标也都实现了低速正增长。

速度效益方面，工业增加值增速指标表现最好，年均增速达 5.2%，但是资产负债率、工业成本费用利润率和工业主营业务收入利润率指标均为低速增长，年均增速分别为 0.6%、1.9% 和 2.0%。

结构调整方面，只有高技术制造业主营业务收入占比高于整体增速，为 8.9%；500 强企业占比、小型工业企业主营业务收入增速以及工业制成品出口占比三项指标则为低速或负增长，年均增速分别为 1.2%、0.3% 和 -1.6%。

人力资源方面，工业城镇单位就业人员平均工资增速、第二产业全员劳动生产率和就业人员平均受教育年限三项指标均实现了正增长，年均增速分别为 7.7%、4.7% 和 1.0%。

### 2．截面指数（见表6-10）

表6-10　2012—2017年河北工业发展质量截面指数排名

| | 2012 | 2013 | 2014 | 2015 | 2016 | 2017 | 2012—2017年均值排名 |
|---|---|---|---|---|---|---|---|
| 速度效益 | 23 | 23 | 25 | 22 | 17 | 21 | 24 |
| 结构调整 | 18 | 15 | 19 | 14 | 17 | 20 | 17 |
| 技术创新 | 26 | 24 | 22 | 21 | 20 | 20 | 21 |
| 资源环境 | 30 | 29 | 30 | 26 | 24 | 19 | 28 |
| 两化融合 | 20 | 20 | 14 | 18 | 19 | 18 | 19 |
| 人力资源 | 24 | 27 | 26 | 19 | 26 | 5 | 22 |
| 截面指数 | 30 | 27 | 26 | 20 | 23 | 16 | 24 |

资料来源：赛迪智库整理，2019年2月。

横向来看，2012—2017年，河北工业发展质量截面指数平均值为29.7，排在全国第24名。2017年河北省工业发展质量截面指数为32.7，排在全国第16名，河北省工业发展质量六项指标大多排在全国中下游，但总体和具体指标较上年大都略有上升。

速度效益方面，资产负债率指标表现最好，排在全国第16位，工业增加值增速、工业成本费用利润率和工业主营业务收入利润率三项指标较上年有所下降，分别排在第26位、第18位和第18位。

结构调整方面，500强企业占比近年来始终位于全国前列，2017年排在全国第4位，较上年上升1位；高技术制造业主营业务收入占比、小型工业企业主营业务收入增速、工业制成品出口占比均处于全国中下游水平，分别排在第26位、第25位和第15位。

技术创新方面，工业企业新产品销售收入占比、工业企业R&D经费投入强度、工业企业R&D人员投入强度三项指标多年来表现稳定，2017年分别排在全国第15位、第16位和第18位；工业企业单位R&D经费支出发明专利数则排名靠后，排在第29位。

资源环境方面，工业污染治理投资强度、工业固体废物综合利用率和单位工业增加值能耗三项指标均处于全国中下游水平，分别排在第12位、第14位和第22位。

两化融合方面，工业应用信息化水平和电子信息产业占比两项指标差别较大，工业应用信息化水平表现较好，排在全国第14位，电子信息产业占比表现不佳，排在全国第24位。

人力资源方面，工业城镇单位就业人员平均工资增速表现最好，排在全国第1位；就业人员平均受教育年限和第二产业全员劳动生产率两项指标排名分别位于全国第11位和第28位。

#### 3. 原因分析

近年来，河北全面推进供给侧结构性改革，且在京津冀协同发展、雄安新区规划建设、冬奥会筹办等国家重大战略、事务的推动下，在结构调整、创新发展、绿色发展、高质量发展方面成效显著。2018年共压减退出炼钢产能1230万吨、水泥产能313万吨、煤炭产能1401万吨、平板玻璃产能810万重量箱，钢铁"僵尸企业"全部出清。压减旧动能的同时，大力改造提升传统产业，培育壮大新兴产业，促使一批优质企业和项目落地发展。

### （三）结论与展望

综合时序指数和截面指数来看，尽管河北各项指标排名比较偏后，但速度效益、技术创新等指标较往年均有所好转，未来随着京津冀协同发展、雄安新区建设发展、冬奥会配套设施建设等方面的带动，以及供给侧结构性改革的持续深入，河北将获得前所未有的发展机遇。

未来，河北应从以下两个方面着手：

一是以制造业为重点，加快建设现代化经济体系，增强制造业核心竞争力，聚焦新技术、新产业、新业态、新模式，大力发展新一代信息技术、人工智能、智能装备等战略性新兴产业，打造新兴产业链。

二是坚持市场化改革方向，深化国资国企改革，重点增强微观市场主体活力，破除制约制造业高质量发展的体制机制障碍。深入推进重点领域改革，加快"互联网＋政务服务"体系建设，打造良好的营商环境。

## 四、山西

### （一）总体情况

#### 1. 宏观经济总体情况

2018年，山西实现地区生产总值16818.1亿元，其中第一、第二、第三产业增加值分别达到 740.6 亿元、7089.2 亿元和 8988.3 亿元，同比增速分别达到 2.1%、4.5% 和 8.8%。

全省固定资产投资（不含农户、不含跨省）同比增长 5.7%。分产业看，第二产业投资增长 8.2%，其中工业投资增长 7.7%。

全省社会消费品零售总额达 7338.5 亿元，同比增长 8.2%，城镇消费品零售额增速与乡村消费品零售额增速相当，分别达到 8.2% 和 8.4%。

### 2. 工业经济运行情况

2018 年，山西全省规模以上工业增加值同比增长 4.1%；战略性新兴产业增长 14.0%，较规模以上工业增速快近 10 个百分点。其中，新能源汽车产业、高端装备制造业、新一代信息技术产业增长最快，增速分别达到 38.6%、25.0% 和 21.2%。全省 24 种主要工业产品产量“14 增 10 降”，其中，新能源汽车产量同比增长 167.9%，光伏电池产量同比增长 71.1%，布产量同比下降 34.9%，纱产量同比下降 32.1%。规模以上工业企业每百元主营业务收入中的成本为 79.18 元，较上年减少 0.99 元。

## （二）指标分析

### 1. 时序指数（见图 6-5 和表 6-11）

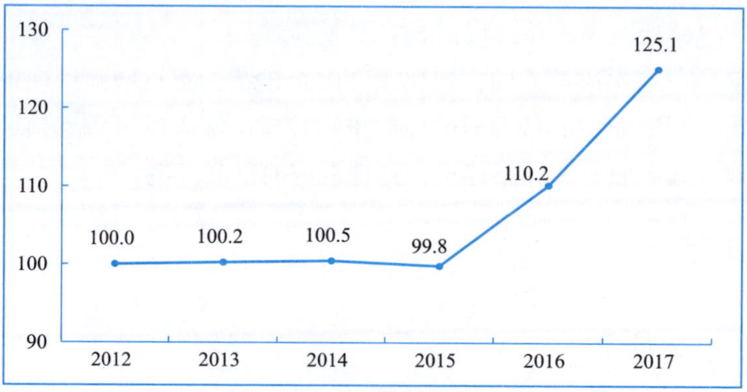


图 6-5 山西工业发展质量时序指数

（资料来源：赛迪智库整理，2019 年 2 月）

表 6-11　2012—2017 年山西工业发展质量时序指数

| | 2012 | 2013 | 2014 | 2015 | 2016 | 2017 | 2012—2017 年年均增速 |
|---|---|---|---|---|---|---|---|
| 速度效益 | 100.0 | 82.1 | 65.7 | 50.0 | 70.5 | 107.3 | 1.4% |
| 结构调整 | 100.0 | 98.1 | 104.0 | 110.6 | 127.9 | 144.4 | 7.6% |
| 技术创新 | 100.0 | 110.7 | 113.2 | 107.4 | 119.0 | 122.8 | 4.2% |
| 资源环境 | 100.0 | 103.8 | 102.5 | 103.3 | 105.9 | 111.9 | 2.3% |
| 两化融合 | 100.0 | 110.2 | 124.4 | 144.6 | 147.4 | 162.9 | 10.3% |
| 人力资源 | 100.0 | 101.5 | 104.3 | 103.8 | 104.9 | 111.8 | 2.3% |
| 时序指数 | 100.0 | 100.2 | 100.5 | 99.8 | 110.2 | 125.1 | 4.6% |

资料来源：赛迪智库整理，2019 年 2 月。

纵向来看，山西工业发展质量时序指数自 2012 年的 100.0 上涨至 2017 年的 125.1，年均增速为 4.6%，高于全国平均增速 0.2 个百分点。

山西在结构调整、两化融合两个方面表现较好，年均增速分别达到 7.6% 和 10.3%。

结构调整方面，各指标增速差异较大，高技术制造业主营业务收入占比年均增速最快，为 15.7%，工业制成品出口占比年均增速也达到了 5.6%，500 强企业占比和小型工业企业主营业务收入增速分别为 3.7% 和 1.9%。

两化融合方面，电子信息产业占比年均增速高达 16.6%，表现较为突出，工业应用信息化水平年均增速为 1.9%，为低速增长。

山西在速度效益、技术创新、资源环境和人力资源年均增速分别为 1.4%、4.2%、2.3%、2.3%，均保持低速增长态势。

速度效益方面，除资产负债率年均增速为 -1.3%，为负增长外，其余三项指标均实现了正增长，其中工业增加值增速表现最好，年均增速为 3.9%。

技术创新方面，工业企业新产品销售收入占比表现最好，年均增速达到 11.0%，工业企业 R&D 经费投入强度、工业企业 R&D 人员投入强度、工业企业单位 R&D 经费支出发明专利数三项指标也实现了稳步增长，年均增速分别为 3.8%、1.3%、3.3%。

资源环境方面，工业污染治理投资强度年均增速高于整体增速，达到 10.7%，单位工业增加值能耗年均增速达到 3.4%；但工业固体废物综合利用率年均增速却呈现负增长，为 -12.5%。

人力资源方面，三项指标均实现了正增长，其中第二产业全员劳动生产率表现最好，年均增速达到 4.3%。

### 2. 截面指数（见表 6-12）

表 6-12　2012—2017 年山西工业发展质量截面指数排名

| | 2012 | 2013 | 2014 | 2015 | 2016 | 2017 | 2012—2017 年均值排名 |
|---|---|---|---|---|---|---|---|
| 速度效益 | 29 | 30 | 30 | 30 | 29 | 24 | 30 |
| 结构调整 | 26 | 29 | 27 | 28 | 25 | 13 | 26 |
| 技术创新 | 22 | 21 | 20 | 24 | 24 | 25 | 22 |
| 资源环境 | 18 | 22 | 23 | 20 | 20 | 13 | 18 |
| 两化融合 | 23 | 25 | 22 | 22 | 24 | 25 | 22 |
| 人力资源 | 14 | 28 | 30 | 29 | 30 | 6 | 25 |
| 截面指数 | 29 | 30 | 30 | 30 | 30 | 21 | 29 |

资料来源：赛迪智库整理，2019 年 2 月。

横向来看，2012—2017 年山西工业发展质量截面指数平均数为 21.4，排在全国第 29 名。2017 年山西工业发展质量截面指数为 30.4，排在全国第 21 名，较 2016 年上升了 9 名。

山西工业发展质量截面指数所有指标年均排名都处于全国下游水平，速度效益、结构调整、技术创新、资源环境、两化融合、人力资源各指标分别排在全国第 30 位、第 26 位、第 22 位、第 18 位、第 22 位和第 25 位。

速度效益方面整体表现较差，除工业增加值增速外所有指标均处于全国下游，其中资产负债率、工业成本费用利润率、工业主营业务收入利润率年均增速分别排在全国第 30 位、第 21 位和第 21 位。

结构调整方面，小型工业企业主营业务收入增速表现最好，排在全国第 1 位，高技术制造业主营业务收入占比、500 强企业占比、工业制成品出口占比三项指标排名分别在全国第 22 位、第 18 位和第 20 位。

技术创新方面，四项指标均处于全国下游水平，工业企业 R&D 经费投入强度、工业企业 R&D 人员投入强度、工业企业单位 R&D 经费支出发明专利数和工业企业新产品销售收入占比分别排在全国第 22 位、第 27 位、第 28 位和第 20 位。

资源环境方面，工业污染治理投资强度表现突出，排在全国第 1 位；但单位工业增加值能耗、工业固体废物综合利用率两项指标差强人意，分别排在全国第 28 位和第 29 位。

两化融合方面，山西整体表现有待提升，工业应用信息化水平、电子信息产业占比两项指标分别处于全国第 29 位和第 20 位。

人力资源方面，工业城镇单位就业人员平均工资增速、就业人员平均受教育年限两项指标表现较好，分别排在全国第 3 位和第 7 位；第二产业全员劳动生产率则相对较差，排在全国第 25 位。

#### 3．原因分析

山西工业经济发展长期积累的结构性、体制性矛盾远未从根本上解决，以能源原材料生产为主的超重特征较为突出，创新能力不足，新兴产业支撑能力偏弱，实体经济抵御市场风险能力有待加强。与此同时，近年来，山西在产业结构优化、资源环境改善等方面实现了良好发展。太原国家可持续发展议程创新示范区开始建设，军民融合科技成果转化和知识产权交易平台上线运行，新能源汽车、新一代信息技术、高端装备制造等高新技术产业保持两位数以上高速增长；制定完善相关法规政策及量化考核办法，高质量推进蓝天保卫战、黑臭水体歼灭战、柴油货车污染治理攻坚战，2018 年全省环境空气质量综合指数同比下降 10.8%，PM2.5 和优良水质断面指标超额完成国家考核目标。

### （三）结论与展望

综合时序指数和截面指数来看，尽管山西的个别发展指标有所改善，但相对来说，工业发展质量总体仍有待提升。

未来，山西省应从以下几个方面着手：

一是加快融入“一带一路”建设，加强与京津冀、长三角、粤港澳大湾区等区域合作，重点聚焦新兴产业领域合作。

二是加快新旧动能转换，继续加大传统产业改造提升力度，大力推广应用绿色技术，推动传统产业质效“革命”；推动实施创新驱动，提升创新能力，聚合产业链、创新链、资金链、人才链、政策链，打造现代煤化工、高端装备、轨道交通、新能源汽车等先进制造业集群。

## 五、内蒙古

### （一）总体情况

#### 1. 宏观经济总体情况

2018 年，内蒙古实现生产总值 1.73 万亿元，同比增长 5.3%，经济运行处于合理区间。其中，第一产业增加值同比增长 3.2%，第二产业增加值同比增长 5.1%，第三产业增加值同比增长 6.0%。

2018 年，全区实现进出口总值 1034.4 亿元，同比增长 9.9%，其中，出口 378.6 亿元，同比增长 14.4%，进口 655.7 亿元，同比增长 7.5%；全区加工贸易进出口总值同比增长 82.1%。

2018 年，全区居民消费价格同比上涨 1.8%，其中，城市同比上涨 1.8%，农村、牧区同比上涨 1.9%。全区工业生产者出厂价格同比上涨 3.2%，工业生产者购进价格同比上涨 2.4%。

#### 2. 工业经济运行情况

2018 年，全区规模以上工业增加值同比增长 7.1%，增速较上年同期提高 4.0 个百分点，其中，规模以上工业战略性新兴产业增加值同比增长 8.7%，高新技术工业增加值同比增长 17.1%，产业结构不断改善。

2018 年 1—11 月份，全区规模以上工业企业实现利润总额达到 1332.8 亿元，同比增长 16.2%，高于全国平均水平 4.4 个百分点；规模以上工业企业主营业务收入利润率为 10.6%，高于全国平均水平 4.1 个百分点，工业经济效益水平保持良好。

投资结构持续优化，2018 年全区制造业投资占固定资产投资总额的 18.1%，比上年提高 0.5 个百分点，工业技改投资占全部工业投资的比重为 14.0%，比上年提高 1.2 个百分点。

## （二）指标分析

### 1. 时序指数（见图 6-6 和表 6-13）

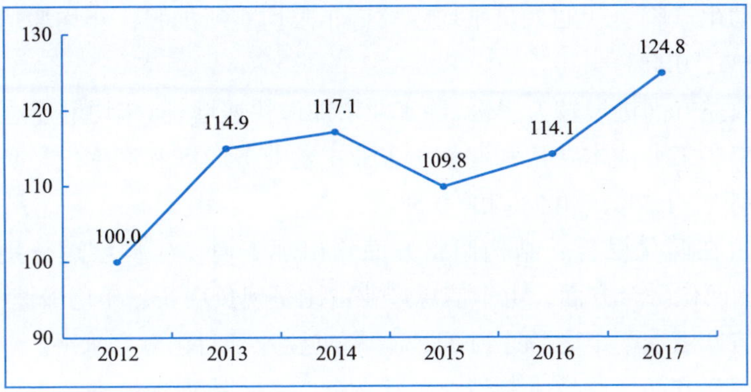


图 6-6　2012—2017 年内蒙古工业发展质量时序指数

（资料来源：赛迪智库整理，2019 年 2 月）

表 6-13　2012—2017 年内蒙古工业发展质量时序指数

| | 2012 | 2013 | 2014 | 2015 | 2016 | 2017 | 2012—2017 年年均增速 |
|---|---|---|---|---|---|---|---|
| 速度效益 | 100.0 | 99.7 | 86.2 | 84.2 | 92.5 | 111.1 | 2.1% |
| 结构调整 | 100.0 | 99.3 | 91.0 | 93.8 | 93.9 | 71.2 | -6.6% |
| 技术创新 | 100.0 | 111.3 | 111.5 | 123.8 | 133.3 | 151.6 | 8.7% |
| 资源环境 | 100.0 | 184.0 | 218.2 | 154.7 | 154.2 | 184.7 | 13.1% |
| 两化融合 | 100.0 | 98.7 | 102.8 | 91.9 | 87.0 | 99.3 | -0.1% |
| 人力资源 | 100.0 | 102.8 | 107.3 | 114.2 | 123.2 | 131.9 | 5.7% |
| 时序指数 | 100.0 | 114.9 | 117.1 | 109.8 | 114.1 | 124.8 | 4.5% |

资料来源：赛迪智库整理，2019 年 2 月。

纵向来看，从 2012 年到 2017 年，内蒙古工业发展质量时序指数由 100.0 上涨至 124.8，年均增速达到 4.5%，高于全国 4.4% 的平均增速。

内蒙古在技术创新、资源环境、人力资源三个方面增长较快，年均增速分别达到 8.7%、13.1% 和 5.7%。

构成技术创新的各个指标中，工业企业 R&D 经费投入强度、工业企业 R&D 人员投入强度、工业企业单位 R&D 经费支出发明专利数、工业企业新产品销售收入占比均有所改善，年均增速分别达到 10.3%、9.0%、7.2%、7.0%。

构成资源环境的各项指标中，单位工业增加值能耗、工业污染治理投资强度均有较大提高，年均增速分别达到 6.2%、27.4%；但工业固体废物综合利用率有所下降，年均增速呈现负增长，为 -3.7%。

构成人力资源各个指标中，工业城镇单位就业人员平均工资增速、第二产业全员劳动生产率、就业人员平均受教育年限均有所加强，年均增速分别达到 7.7%、8.3%、0.4%。

速度效益方面进展较为缓慢，除工业增加值快速增长，年均增速达 7.9% 外，资产负债率、工业成本费用利润率、工业主营业务收入利润率均呈负增长，年均增速分别为 -1.3%、-0.7% 和 -0.5%。

内蒙古在两化融合、结构调整方面均出现下滑，年均增速分别为 -0.1% 和 -6.6%。两化融合方面，电子信息产业占比呈现负增长，年均增速为 -3.9%，工业应用信息化水平年均增速为 3.2%，相应拉升了两化融合水平。

结构调整方面，高技术制造业主营业务收入占比表现较好，年均增速高达 7.3%，但 500 强企业占比、小型工业企业主营业务收入增速和工业制成品出口占比年均增速均出现下滑，年均增速分别为 -19.7%、14.7% 和 -10.9%，成为阻碍内蒙古结构调整指数增长的主要因素。

### 2. 截面指数（见表 6-14）

表 6-14　2012—2017 年内蒙古工业发展质量截面指数排名

| | 2012 | 2013 | 2014 | 2015 | 2016 | 2017 | 2012—2017 年均值排名 |
|---|---|---|---|---|---|---|---|
| 速度效益 | 4 | 3 | 14 | 20 | 14 | 5 | 6 |
| 结构调整 | 29 | 30 | 29 | 27 | 29 | 30 | 30 |
| 技术创新 | 27 | 26 | 26 | 23 | 22 | 21 | 25 |
| 资源环境 | 27 | 21 | 19 | 23 | 23 | 12 | 21 |
| 两化融合 | 25 | 23 | 24 | 27 | 28 | 27 | 26 |
| 人力资源 | 2 | 2 | 3 | 4 | 2 | 1 | 2 |
| 截面指数 | 16 | 16 | 23 | 21 | 19 | 14 | 19 |

资料来源：赛迪智库整理，2019 年 2 月。

横向来看，2017 年内蒙古工业发展质量截面指数为 36.2，排在全国第 14 名，较 2016 年排名上升 5 位。

2017 年，内蒙古在人力资源方面处于全国领先水平，排在全国第 1 名。其中，第二产业全员劳动生产率是促进内蒙古人力资源方面全国领先的主要支撑指标，2012 年以来一直处于全国领先水平；2017 年内蒙古工业城镇单位就业人员平均工资增速指标表现优异，排名从上年度第 16 位快速抬升至第 2 位；但是就业人员平均受教育年限仍然处于中游水平，全国排名第 14 位，对人力资源指数增长起到了负面影响。

2017 年，内蒙古在速度效益方面延续了 2016 年的上升态势，比 2016 年上升了 9 个名次，位居全国第 5 名。其中，工业成本费用利润率与工业主营业务收入利润率两个指标全国领先，有效拉动了速度效益方面的表现；但是工业增加值增速下滑较大，由 2016 年的第 13 位降为 2017 年的第 25 位，资产负债率也由 2016 年的第 22 位降为 2017 年的第 27 位。

2017 年，内蒙古在资源环境方面的排名有所提升，从上年的第 23 位抬升至第 12 位，其中工业污染治理投资强度 2017 年排在全国第 2 名，比上年排名抬升 3 个位次；但单位工业增加值能耗、工业固体废物综合利用率排名分别为第 24 位、第 27 位，均处于相对下游水平，成为制约资源环境指数排名的主要影响因素。

2017 年，内蒙古工业发展质量截面指数排名靠后主要是受到结构调整、技术创新、两化融合三个方面影响，这三个指标分别排在全国第 30 名、第 21 名和第 27 名。

结构调整方面，高技术制造业主营业务收入占比、500 强企业占比、小型工业企业主营业务收入增速、工业制成品出口占比四项指标均处于全国中下游，排名分别为第 29 名、第 28 名、第 30 名和第 25 名。

技术创新方面，仅有工业企业 R&D 人员投入强度指标排名位于全国前列，排在第 13 位，但工业企业 R&D 经费投入强度、工业企业单位 R&D 经费支出发明专利数、工业企业新产品销售收入占比在全国排名分别是第 17 位、第 30 位和第 27 位。

两化融合方面，工业应用信息化水平、电子信息产业占比分别位于全国第 25 位、第 30 位。

### 3．原因分析

内蒙古工业结构偏重于能源、冶金等传统行业，近年去产能工作的深入开展，在清退过剩低质产能的同时，也有效提高了行业企业的利润水平，因而 2017 年内蒙古工业企业的利润相关指标有了明显的改善。但应注意，作为西部后发省份，全区工业发展还处于高速增长阶段，如何确保企业债务杠杆保持合理水平，如何避免工业增速大幅波动，是该区需要关注的宏观风险点。未来该区工业要向高质量发展阶段迈进，需要强化技术创新、培育高质量龙头企业，推动产业创新资源与能力的积累培育。

### （三）结论与展望

综合时序指数和截面指数来看，内蒙古在结构调整、两化融合、技术创新等方面还需要大力改进，继续推动工业提质增效，为经济发展注入新动能。

内蒙古今后还需在以下几个方面加大工作力度：

一是要深入推进供给侧结构性改革，坚决贯彻国家产业政策及节能环保政策，加大落后技术改造力度，稳扎稳打调整产业结构。

二是切实推动制造业高质量发展，以产业人才招引与高质量龙头企业培育为抓手，加大科技创新投入力度，构建以企业为主体的产学研一体化创新机制，重点加强蒙药中药、生物医药、石墨烯新材料制造创新中心等平台建设。

## 六、辽宁

### （一）总体情况

#### 1. 宏观经济总体情况

2018 年，辽宁全省地区生产总值为 25315.4 亿元，同比增长 5.7%；全省固定资产投资同比增长 3.7%；社会消费品零售总额达到 14142.8 亿元，同比增长 6.7%；进出口总额达到 7545.9 亿元，同比增长 11.8%，其中出口总额达到 3214.9 亿元，同比增长 5.7%，进口总额达到 4331 亿元，同比增长 16.8%。

2018 年，全省一般公共预算收入 2616 亿元，同比增长 9.3%，一般公共预算支出 5323.6 亿元，同比增长 9.1%。

2018 年，全省居民消费价格比上年上涨 2.5%，工业生产者购进价格比上年上涨 4.5%，工业生产者出厂价格比上年上涨 4.8%。

#### 2. 工业经济运行情况

2018 年，辽宁全省规模以上工业增加值同比增长 9.8%，增速位于全国第三位。其中，装备制造业增加值同比增长 9.4%，占规模以上工业增加值的

27.4%，石化工业增加值同比增长 15.1%，占规模以上工业增加值的 30.5%，冶金工业增加值同比增长 7%。

2018 年，全省新动能快速发展，规模以上高技术制造业增加值同比增长 19.8%，高技术制造业投资同比增长 8.2%。

2018 年 1—11 月，规模以上工业企业主营业务收入达到 23954.1 亿元，同比增长 17.6%，实现利润总额 1406.5 亿元，同比增长 41.2%，企业效益持续改善。

## （二）指标分析

### 1. 时序指数（见图 6-7 和表 6-15）

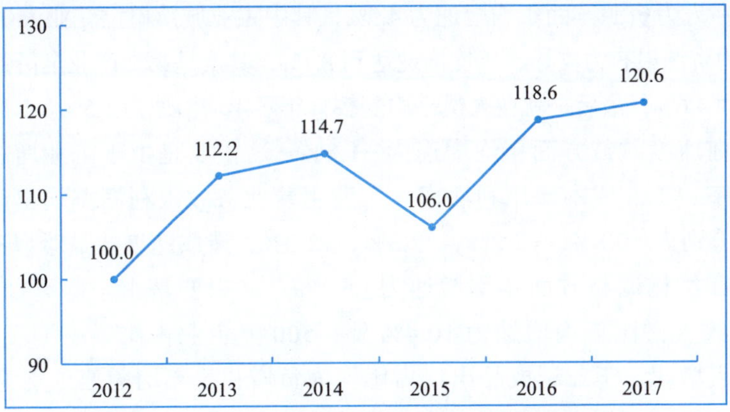


图 6-7　2012—2017 年辽宁工业发展质量时序指数

（资料来源：赛迪智库整理，2019 年 2 月）

表 6-15　2012—2017 年辽宁工业发展质量时序指数

| | 2012 | 2013 | 2014 | 2015 | 2016 | 2017 | 2012—2017 年年均增速 |
|---|---|---|---|---|---|---|---|
| 速度效益 | 100.0 | 109.7 | 96.6 | 82.9 | 71.1 | 91.4 | -1.8% |
| 结构调整 | 100.0 | 97.2 | 91.2 | 82.7 | 76.5 | 77.0 | -5.1% |
| 技术创新 | 100.0 | 110.6 | 117.6 | 126.9 | 173.6 | 185.4 | 13.1% |
| 资源环境 | 100.0 | 144.3 | 165.6 | 115.9 | 157.1 | 126.4 | 4.8% |
| 两化融合 | 100.0 | 111.2 | 117.9 | 118.3 | 118.0 | 111.5 | 2.2% |
| 人力资源 | 100.0 | 104.2 | 109.9 | 117.1 | 121.3 | 127.0 | 4.9% |
| 时序指数 | 100.0 | 112.2 | 114.7 | 106.0 | 118.6 | 120.6 | 3.8% |

资料来源：赛迪智库整理，2019 年 2 月。

纵向来看，辽宁工业发展质量时序指数自 2012 年的 100.0 上涨至 2017 年的 120.6，年均增速为 3.8%，低于全国平均增速 0.6 个百分点。

辽宁在技术创新方面年均增速为 13.1%，其中工业企业 R&D 经费投入强度、工业企业 R&D 人员投入强度、工业企业单位 R&D 经费支出发明专利数、工业企业新产品销售收入占比年均增速分别为 12.5%、13.7%、6.0%、18.9%。

辽宁在资源环境方面年均增速达到 4.8%，工业污染治理投资强度年均增速为 11.7%，单位工业增加值能耗与工业固体废物综合利用率年均增速分别为 2.1% 和 -1.0%。

辽宁在两化融合方面年均增速为 2.2%，其中工业应用信息化水平逐年上升，年均增速为 4.7%，是促进两化融合快速发展的主要因素，电子信息产业占比年均增速为 -0.5%。

辽宁在人力资源方面年均增速为 4.9%，其中工业城镇单位就业人员平均工资增速是人力资源最有力支撑，年均增速达到 8.1%，其次是第二产业全员劳动生产率年均增速为 4.6%，最后是就业人员平均受教育年限年均增速为 1.5%。

辽宁在速度效益方面年均增速为 -1.8%，这主要是由于工业增加值增速、资产负债率、工业成本费用利润率、工业主营业务收入利润率均出现负增长，年均增速分别为 -0.8%、-2.2%、-2.3%、-2.2%，造成速度效益难以有所发展。

辽宁在结构调整方面年均增速为 -5.1%。这主要是由于除高技术制造业主营业务收入占比年均增速为 10.4% 外，500 强企业占比、小型工业企业主营业务收入增速、工业制成品出口占比均为负增长，年均增速分别为 -14.6%、-25.1%、-9.3%，成为结构调整的主要阻力。

### 2. 截面指数（见表 6-16）

表 6-16　2012—2017 年辽宁工业发展质量截面指数排名

| | 2012 | 2013 | 2014 | 2015 | 2016 | 2017 | 2012—2017 年均值排名 |
|---|---|---|---|---|---|---|---|
| 速度效益 | 25 | 25 | 27 | 28 | 30 | 29 | 28 |
| 结构调整 | 14 | 25 | 26 | 30 | 30 | 24 | 29 |
| 技术创新 | 19 | 20 | 19 | 18 | 11 | 11 | 16 |
| 资源环境 | 25 | 27 | 28 | 30 | 29 | 27 | 29 |
| 两化融合 | 16 | 17 | 13 | 15 | 17 | 19 | 17 |
| 人力资源 | 9 | 7 | 10 | 8 | 5 | 10 | 7 |
| 截面指数 | 24 | 25 | 25 | 27 | 25 | 22 | 26 |

资料来源：赛迪智库整理，2019 年 2 月。

横向来看，2017年辽宁工业发展质量截面指数为29.8，排在全国第22名，处于全国中下游水平。

2017年，辽宁在人力资源、技术创新方面表现相对较好，分别排在全国第10位、第11位，处于全国中上游水平。

人力资源方面，工业城镇单位就业人员平均工资增速、第二产业全员劳动生产率、就业人员平均受教育年限的全国排名分别为第17位、第7位、第8位。

技术创新方面，工业企业R&D经费投入强度与工业企业新产品销售收入占比表现较好，年均排名分别位于全国第9位、第11位，成为促进技术创新的主要推动因素；但工业企业R&D人员投入强度、工业企业单位R&D经费支出发明专利数却成为技术创新主要阻力，年均排名分别位于第16位和第23位。

2017年，辽宁在两化融合方面排在全国第19位，较上年下降2个位次。其中，电子信息产业占比和工业应用信息化水平分别排在第14位和第18位，处于全国中下游水平。

2017年，辽宁在结构调整方面排在全国第24位。其中，500强企业占比和工业制成品出口占比分别排在第16位、第13位，表现相对较好；而高技术制造业主营业务收入占比与小型工业企业主营业务收入增速表现较差，处于全国下游水平，分别排在第21位和第24位。

2017年，辽宁在资源环境方面排在全国第27位，处于全国下游水平。其中，工业污染治理投资强度、单位工业增加值能耗、工业固体废物综合利用率的全国排名分别位于第17位、第19位、第23位。

2017年，辽宁在速度效益方面全国排名第29位。其中，工业增加值增速、资产负债率、工业成本费用利润率、工业主营业务收入利润率分别排在全国第23位、第25位、第28位和第28位，均排名靠后。

### 3. 原因分析

近年来辽宁全省不断推进供给侧结构性改革，加速新动能培育，经济运行总体较为平稳。辽宁具有较高水平的工业基础、技术创新能力积淀与产业人才储备，但该省工业发展的结构问题依然突出，主要表现在产业结构与企业结构两方面，核心问题是体制机制瓶颈，制约了该省要素资源效能的高效发挥。

产业结构上，虽然近年来该省新技术、新产业、新模式及新业态正快速形成，但是成效并没有完全发挥出来，工业企稳回升基础不牢，还有待于进一步加快提质增效步伐。

企业结构上，该省具有大中小企业发展不均衡、国企与民企发展不平衡的特点，从指标看，小型工业企业主营业务收入增速表现不佳，社会资本活力未得到充分发挥，这也一定程度上制约了产业结构调整的步伐。

### （三）结论与展望

综合时序指数和截面指数结果，辽宁在速度效益、资源环境与结构调整等方面还需要进一步加大改进力度。

辽宁今后还需在以下几个方面加大工作力度：

一是继续加大供给侧改革力度，以深化国有企业改革为切入点，加大企业科研创新投入力度，提高企业产品质量、产品科技含量、产品附加值，在调结构、转方式、提质量等方面取得新进展。

二是以市场经济体制机制建设为主要改革内容，为民营企业创新创业营造良好的社会营商环境，激发社会力量广泛参与新动能培育。

三是妥善处理国企账款拖欠问题，切实减轻民营企业压力，树立民营企业投资信心，激发社会资本活力。

## 七、吉林

### （一）总体情况

#### 1. 宏观经济总体情况

2018年，吉林完成地区生产总值15074.62亿元，同比增长4.5%。其中，第一产业同比增长2.0%，第二产业同比增长4.0%，第三产业同比增长5.5%。2018年，全省实现社会消费品零售总额同比增长4.8%，其中消费品零售额同比增长4.8%，农村消费品零售额同比增长4.9%。

2018年，全省固定资产投资额同比增长1.6%，第一产业同比下降12.5%，第二产业同比下降4.6%，其中工业投资同比下降3.8%，第三产业投资同比增长5.4%。

2018年，全省进出口总额1362.80亿元，同比增长8.6%，其中，出口

325.81 亿元，同比增长 8.8%，进口 1036.98 亿元，同比增长 8.5%。

### 2. 工业经济运行情况

2018 年，吉林规模以上工业增加值同比增长 5.0%。其中汽车制造、医药、能源、纺织行业分别同比增长 14.5%、13.2%、20.7%、12.2%；石油化工、食品、信息、冶金建材产业分别同比下降 0.7%、0.8%、2.5%、0.2%。

2018 年，全省规模以上工业战略性新兴产业产值同比增长 8.2%，增速比规模以上工业快 1.4 个百分点；高技术产业增加值同比增长 14.5%，增速比规模以上工业快 9.5 个百分点。

2018 年，全省规模以上工业企业实现利润总额同比增长 10.7%，高于全国平均水平 0.4 个百分点。

## （二）指标分析

### 1. 时序指数（见图 6-8 和表 6-17）

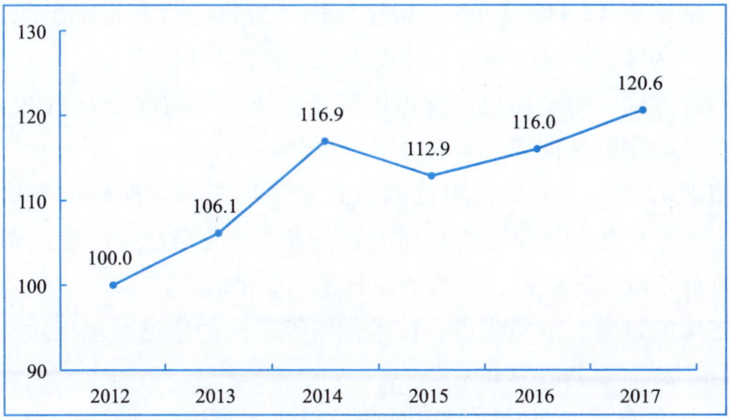


图 6-8　2012—2017 年吉林工业发展质量时序指数

（资料来源：赛迪智库整理，2019 年 2 月）

表 6-17　2012—2017 年吉林工业发展质量时序指数

| | 2012 | 2013 | 2014 | 2015 | 2016 | 2017 | 2012—2017 年年均增速 |
|---|---|---|---|---|---|---|---|
| 速度效益 | 100.0 | 99.6 | 105.4 | 100.4 | 103.5 | 101.1 | 0.2% |

续表

| | 2012 | 2013 | 2014 | 2015 | 2016 | 2017 | 2012—2017年年均增速 |
|---|---|---|---|---|---|---|---|
| 结构调整 | 100.0 | 117.2 | 132.5 | 120.3 | 116.4 | 114.1 | 2.7% |
| 技术创新 | 100.0 | 85.0 | 94.5 | 94.3 | 106.8 | 115.8 | 3.0% |
| 资源环境 | 100.0 | 127.3 | 158.3 | 139.0 | 134.9 | 130.5 | 5.5% |
| 两化融合 | 100.0 | 110.6 | 106.9 | 118.3 | 121.3 | 147.4 | 8.1% |
| 人力资源 | 100.0 | 105.1 | 110.1 | 114.8 | 121.4 | 129.8 | 5.3% |
| 时序指数 | 100.0 | 106.1 | 116.9 | 112.9 | 116.0 | 120.6 | 3.8% |

资料来源：赛迪智库整理，2019年2月。

纵向来看，吉林工业发展质量时序指数自2012年的100.0上涨至2017年的120.6，年均增速为3.8%，低于全国平均增速0.6个百分点。

吉林在资源环境、两化融合和人力资源方面增长相对较快，年均增速分别为5.5%、8.1%和5.3%。

资源环境方面，单位工业增加值能耗和工业污染治理投资强度改善较好，年均增速分别达到12.4%、7.9%，但工业固体废物综合利用率出现显著下滑，年均增速为-7.9%，成为影响资源环境指数改善的不利因素。

两化融合方面，电子信息产业占比增长较快，年均增速为11.2%，工业应用信息化水平增速相对较缓，年均增速为4.5%。

人力资源方面，工业城镇单位就业人员平均工资增速较快，年均增速为10.2%，是支撑人力资源发展的有利因素；第二产业全员劳动生产率和就业人员平均受教育年限增速较慢，年均增速分别为3.9%和1.2%。

吉林在速度效益、结构调整、技术创新等方面的增速表现相对一般，年均增速分别为0.2%、2.7%、3.0%。

速度效益方面，工业增加值相对增长较快，年均增速达到6.4%；但资产负债率、工业成本费用利润率和工业主营业务收入利润率均出现负增长，年均增速分别为-0.7%、-4.0%、-3.8%。

结构调整方面，高技术制造业主营业务收入占比指标的年均增速为11.0%，是促进结构调整指数快速增长的主要支撑要素；小型工业企业主营业务收入增速、工业制成品出口占比两指标的年均增速均为1.9%；而500强企业占比表现欠佳，年均增速为-7.8%。

技术创新方面，工业企业 R&D 经费投入强度、工业企业 R&D 人员投入强度、工业企业单位 R&D 经费支出发明专利数、工业企业新产品销售收入占比等指标的年均增速分别为 3.8%、0.8%、3.1%、4.6%。

## 2．截面指数（见表 6-18）

表 6-18　2012—2017 年吉林工业发展质量截面指数排名

| | 2012 | 2013 | 2014 | 2015 | 2016 | 2017 | 2012—2017 年均值排名 |
|---|---|---|---|---|---|---|---|
| 速度效益 | 12 | 18 | 21 | 21 | 18 | 22 | 20 |
| 结构调整 | 20 | 22 | 23 | 20 | 21 | 25 | 21 |
| 技术创新 | 25 | 28 | 28 | 29 | 28 | 26 | 28 |
| 资源环境 | 15 | 12 | 13 | 17 | 15 | 17 | 14 |
| 两化融合 | 19 | 19 | 23 | 23 | 22 | 20 | 21 |
| 人力资源 | 6 | 6 | 4 | 10 | 10 | 7 | 5 |
| 截面指数 | 15 | 20 | 21 | 22 | 22 | 23 | 21 |

资料来源：赛迪智库整理，2019 年 2 月。

横向来看，吉林工业发展质量截面指数连续多年处于全国中下游水平，2017 年截面指数为 28.6，排在第 23 位，与 2016 年排名相比下降 1 位。

2017 年，吉林的人力资源指标排名处于全国中上游水平，排在第 7 位。其中，工业城镇单位就业人员平均工资增速、第二产业全员劳动生产率分别排在全国第 7 位、第 6 位；就业人员平均受教育年限排在第 15 位，与 2016 年持平。

2017 年，吉林的资源环境指标排在全国第 17 名，处于全国中游偏下水平，较上年提升 2 个位次。其中单位工业增加值能耗表现较好，排在第 4 位；工业固体废物综合利用率、工业污染治理投资强度分别排在全国第 20 位和第 18 位，对吉林资源环境的排名产生一定负面影响。

2017 年，吉林在速度效益方面排在全国第 22 位。其中，工业增加值增速排全国第 21 位，较 2016 年前进 1 位；资本负债率排在全国第 13 位，较 2016 年下降 5 个位次；工业成本费用利润率和工业主营业务收入利润率排名有所下降，均处于全国第 25 位。

2017 年，吉林在结构调整方面排在全国第 25 位。小型工业企业主营业务收入增速出现较大幅度下滑，从 2016 年的第 15 位下降至 2017 年的第 26 位；高技术制造业主营业务收入占比和 500 强企业占比指标排名较上年有所抬升，分别排在全国第 17 位和第 24 位；工业制成品出口占比排名与上年持平，为第 21 位。

2017 年，吉林在两化融合方面排在全国第 20 位，工业应用信息化水平、电子信息产业占比指标均处于全国中下游水平，分别排在第 16 位和第 21 位，直接影响了吉林两化融合指数的排名。

2017 年，吉林在技术创新方面排在全国第 26 位，处于全国下游水平，较上年上升了 2 个名次。其中，新产品销售收入占比表现较好，排在全国第 12 位；但是工业企业 R&D 经费投入强度、工业企业 R&D 人员投入强度和工业企业单位 R&D 经费支出发明专利数均处于相对落后水平，排名分别为第 30 位、第 25 位和第 27 位，影响了技术创新指数的排名。

#### 3. 原因分析

吉林人力资源指标 2017 年度表现优异，得益于产业结构特征与产业人才政策等多方面因素。装备制造业等资本密集型、技术密集型产业极大拉动了吉林第二产业全员劳动生产率，该项指标长期居于全国前列。此外，近年来《吉林省重大科技项目研发人才团队支持计划实施办法》《中共吉林省、吉林省人民政府关于加快发展吉林特色现代职业教育的实施意见》《关于进一步激发人才活力服务创新驱动发展战略的若干意见》等相关政策的落实，也有效推动了产业人才待遇的提升，2017 年吉林工业城镇单位就业人员平均工资增速进入全国前列，对产业人才的吸引力提高。

### （三）结论与展望

综合时序指数和截面指数结果，吉林在人力资源、资源环境两方面发展水平相对较好，今后应着重加强结构调整、技术创新等方面的改革力度。

吉林今后还应致力于新动能培育。一是要加快科教优势向“双创”优势转变，整合创新资源，探索关键共性技术领域攻关的多方参与协同创新机制，强化产业人才优势，促进人才链与创新链、产业链、资金链、信息链、价值链等深度融合。

二是要加快国有企业向多层次混合所有制转变，抓好地方国有企业开展混合所有制改革或股权多元化改革，从体制机制入手提高企业效能。

三是继续深入推进营商环境建设，以政府体制机制改革为切入点，厘清政府权责，打造“法治政府”“数字政府”“诚信政府”，优化完善市场经济体制机制。

## 八、黑龙江

### （一）总体情况

#### 1．宏观经济总体情况

2018年，黑龙江地区生产总值（亿元）达到16361.6亿元，同比增长4.7%。其中，第一产业达到3001亿元，同比增长3.7%，第二产业达到4030.9亿元，同比增长2.1%，第三产业达到9329.7亿元，同比增长6.4%。

2018年，黑龙江固定资产投资同比下降4.7%；社会消费品零售总额同比增长6.3%；进出口总值1747.7亿元，同比增长36.4%，出口294亿元，延续下降态势，但降幅减缓，同比下降16.7%；实际利用外资达到59.48亿美元，同比增长1.5%。

2018年，全省公共财政收入达到1282.5亿元，同比增长3.2%；公共财政支出达到4675.7亿元，同比增长0.8%。

2018年，城镇常住居民人均可支配收入达到29191元，同比增长6.4%；农村常住居民人均可支配收入达到13804元，同比增长9.0%，显著高于城镇常住居民人均可支配收入增长。

#### 2．工业经济运行情况

2018年，黑龙江规模以上工业增加值同比增长3.0%，高于上年同期增速。规模以上工业综合能源消费量达到5202.2万吨标准煤，同比增长1.3%，工业用电量达到571.5亿千瓦时，同比增长2.3%。

## （二）指标分析

### 1. 时序指数（见图 6-9 和表 6-19）

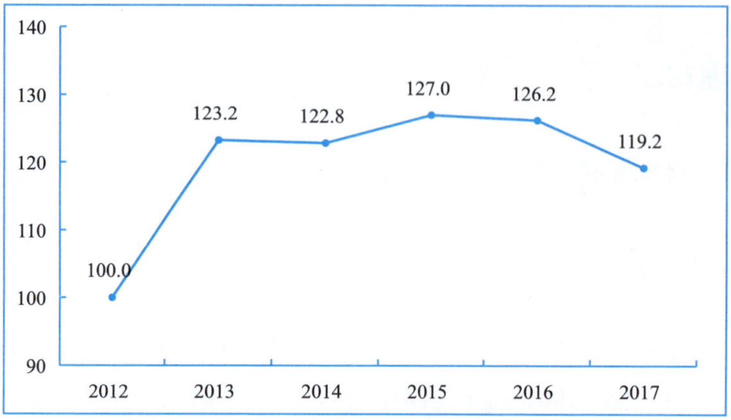


图 6-9　2012—2017 年黑龙江工业发展质量时序指数

（资料来源：赛迪智库整理，2019 年 2 月）

表 6-19　2012—2017 年黑龙江工业发展质量时序指数

| | 2012 | 2013 | 2014 | 2015 | 2016 | 2017 | 2012—2017 年年均增速 |
|---|---|---|---|---|---|---|---|
| 速度效益 | 100.0 | 91.9 | 87.7 | 71.5 | 66.2 | 76.3 | -5.3% |
| 结构调整 | 100.0 | 102.3 | 104.5 | 93.9 | 79.2 | 66.1 | -7.9% |
| 技术创新 | 100.0 | 103.1 | 105.9 | 107.3 | 114.0 | 131.9 | 5.7% |
| 资源环境 | 100.0 | 248.6 | 237.1 | 282.9 | 280.4 | 187.6 | 13.4% |
| 两化融合 | 100.0 | 106.1 | 112.4 | 122.9 | 131.2 | 153.6 | 9.0% |
| 人力资源 | 100.0 | 105.3 | 108.3 | 114.3 | 120.9 | 127.3 | 4.9% |
| 时序指数 | 100.0 | 123.2 | 122.8 | 127.0 | 126.2 | 119.2 | 3.6% |

资料来源：赛迪智库整理，2019 年 2 月。

纵向来看，黑龙江工业发展质量时序指数自 2012 年的 100.0 上涨至 2017 年的 119.2，年均增速为 3.6%，比全国平均增速少 0.8 个百分点。

黑龙江在资源环境方面快速增长，年均增速为 13.4%。其中，工业污染治理投资强度表现相对优异，年均增速达到 29.6%；单位工业增加值能耗年均增速达到 6.5%，促进了资源环境指数的增长；但工业固体废物综合利用率表现欠佳，年均增速仅为 -9.5%。

黑龙江在技术创新方面，年均增速为 5.7%。其中，工业企业新产品销售收入占比比 2017 年显著提升，拉动年均增速达到 11.8%；工业企业单位 R&D 经费支出发明专利数表现较稳定，年均增速为 6.9%；工业企业 R&D 经费投入强度 2017 年快速提升，年均增速达到 5.7%；工业企业 R&D 人员投入强度增速表现欠佳，年均增速为 -0.4%。

黑龙江在两化融合方面，年均增速为 9.0%。其中，电子信息产业占比、工业应用信息化水平年均增速分别达到 12.4% 和 5.0%。

黑龙江在人力资源方面，年均增速为 4.9%。其中，工业城镇单位就业人员平均工资快速增长，年均增速为 7.9%；第二产业全员劳动生产率也保持较快增长，年均增速为 4.5%；就业人员平均受教育年限增长较慢，年均增速仅为 2.0%。

黑龙江在结构调整方面，年均增速为 -7.9%。其中，高技术制造业主营业务收入占比、500 强企业占比、小型工业企业主营业务收入增速、工业制成品出口占比四项指标在 2012—2017 年间均呈现负增长，年均增速分别为 -0.1%、-16.7%、-8.8%、-9.7%，阻碍了结构调整指标的优化。

黑龙江在速度效益方面，年均增速为 -5.3%。其中，工业增加值年均增速为 3.2%，但资产负债率、工业成本费用利润率和工业主营业务收入利润率均呈负增长，年均增速分别为 -0.5%、-16.1% 和 -14.7%。

### 2. 截面指数（见表 6-20）

表 6-20　2012—2017 年黑龙江工业发展质量截面指数排名

| | 2012 | 2013 | 2014 | 2015 | 2016 | 2017 | 2012—2017 年均值排名 |
|---|---|---|---|---|---|---|---|
| 速度效益 | 5 | 15 | 22 | 25 | 27 | 28 | 25 |
| 结构调整 | 16 | 17 | 30 | 24 | 26 | 29 | 28 |
| 技术创新 | 14 | 16 | 15 | 15 | 16 | 14 | 15 |
| 资源环境 | 24 | 19 | 20 | 19 | 21 | 24 | 23 |
| 两化融合 | 12 | 15 | 17 | 19 | 16 | 14 | 15 |
| 人力资源 | 18 | 23 | 27 | 20 | 13 | 13 | 21 |
| 截面指数 | 14 | 15 | 24 | 24 | 24 | 26 | 22 |

资料来源：赛迪智库整理，2019 年 2 月。

横向来看，黑龙江工业发展质量截面指数呈下滑趋势。2017 年截面指数为 27.0，排在全国第 26 名，较 2016 年下降 2 个位次。

黑龙江在人力资源、技术创新和两化融合三个方面均处于全国中游水平，

2017 年分别排在全国第 13 位、第 14 位、第 14 位。

人力资源方面，第二产业全员劳动生产率一直处于全国中下游位置，2017 年排在第 21 名，较 2016 年上升了 1 个名次；工业城镇单位就业人员平均工资增速表现相对较好，排名第 8 位；就业人员平均受教育年限排名处于第 13 位。

技术创新方面，工业企业 R&D 经费投入强度、工业企业 R&D 人员投入强度处于全国中游水平，均排在全国第 14 名；工业企业单位 R&D 经费支出发明专利数、工业企业新产品销售收入占比表现不佳，处于全国中下游水平，分别排在第 19 位、第 21 位。

黑龙江在速度效益、结构调整、资源环境等方面发展相对滞后，2017 年全国排名分别为第 28 位、第 29 位和第 24 位。

速度效益方面，工业增加值增速 2017 年排在全国第 27 名，与 2016 年持平；资产负债率 2017 年排名第 18 位，较上年下降 3 个位次；工业成本费用利润率和工业主营业务收入利润率 2017 年分别排在全国第 26 位、第 27 位，均较 2016 年提升 1 个位次。

结构调整方面，高技术制造业主营业务收入占比、500 强企业占比、小型工业企业主营业务收入增速和工业制成品出口占比都处于下游水平，2017 年分别排在第 27 位、第 24 位、第 29 位和第 26 位。

资源环境方面，工业污染治理投资强度表现好，2017 年排在第 10 位；单位工业增加值能耗、工业固体废物综合利用率表现欠佳，全国排名均为第 21 位。

#### 3. 原因分析

结构问题是东北三省老工业基地的共同问题，面临过去计划经济遗留的体制机制弊端，企业结构失衡，市场经济体制机制建设有待进一步完善，经济韧性有待强化。部分地区民营经济发育不足，且多围绕国有企业开展业务，老工业基地“一城一业一企”的结构特征导致区域经济受行业宏观影响较大。

打造新的增长引擎、培育新动能需要时间，近年来黑龙江在工业机器人、数控机床等技术密集型产业发力，新动能不断增强，但结构调整不会一蹴而就，既不能因结构调整的阵痛而丧失信心，也不能因宏观经济与行业表现回暖而迟滞改革进程，在高质量发展的道路上坚定前行，未来可期。

### （三）结论与展望

综合时序指数和截面指数结果，黑龙江在技术创新、两化融合、人力资源方面取得一定成效，但在速度效益、结构调整、资源环境等方面还需加快改进和提升。

黑龙江未来应重点在以下几方面提升发展能力：

一是大力优化营商环境，推动“法治龙江”和“诚信龙江”建设，为吸引社会力量参与建设、激发民营经济活力提供良好的市场经济竞争环境。

二是深化供给侧结构性改革，持续淘汰落后产能，有效处置“僵尸企业”，挖掘资源要素配置潜力。

三是提升科技创新能力，发挥好哈尔滨工业大学、哈尔滨工程大学等高校的创新优势，搭建“产学研用”平台，加快科技成果转化。

四是加速新动能培育步伐，继续深入推进两化融合，利用新一代信息技术发展浪潮，加快推进智能制造，促进两化融合，实现制造业高质量发展。

## 九、上海

### （一）总体情况

#### 1. 宏观经济总体情况

2018 年，上海地区生产总值达到 32679.87 亿元，同比增长 6.6%。其中，第一、第二和第三产业增加值分别达到 104.37 亿元、9732.54 亿元和 22842.96 亿元，分别同比增长 -6.9%、1.8% 和 8.7%。

整体来看，上海经济结构不断优化，发展质量与效益持续提升。突出表现为，上海第三产业增加值占全市 GDP 比重达到 69.9%，成为推动上海经济增长的主要驱动力。与此同时，新动能培育不断加快，制造业中战略性新兴产业产值增速高出全市规模以上工业增速 2.4 个百分点，上海在新一代信息技术、高端智能装备、生物医药等领域发展势头良好。

2018 年，上海一般公共预算收入同比增长 7%，全社会固定资产投资同比增长 5.2%，其中工业投资同比增长 17.7%，表现较为强劲。

#### 2. 工业经济运行情况

2018 年，上海工业总产值达到 36451.84 亿元，同比增长 1.3%。其中，规模以上工业总产值 34841.84 亿元，同比增长 1.4%。

从工业体系中的六大重点行业来看，电子信息产品制造业实现总产值6450.23亿元，同比增长1.9%；汽车制造业实现总产值6832.07亿元，同比增长0.8%；成套设备制造业实现总产值4171.70亿元，同比增长4.8%；石油化工及精细化工制造业实现总产值4006.76亿元，同比增长-1.5%；精品钢材制造业实现总产值1233.42亿元，同比增长-6.5%；生物医药制造业实现总产值1176.60亿元，同比增长9.8%。

## （二）指标分析

### 1. 时序指数（见图6-10和表6-21）

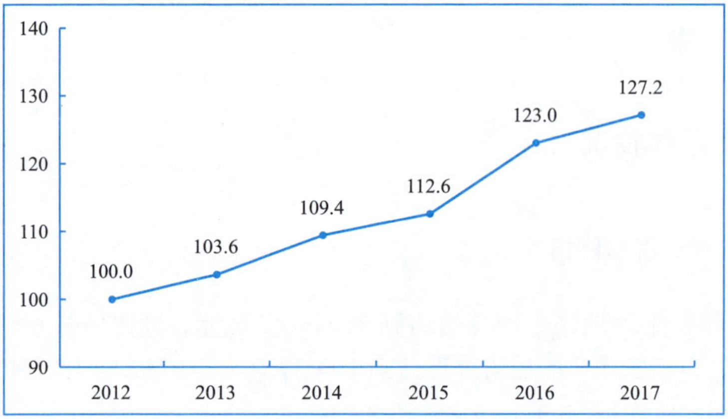


图6-10 上海工业发展质量时序指数

（资料来源：赛迪智库整理，2019年2月）

表6-21 2012—2017年上海工业发展质量时序指数

| | 2012 | 2013 | 2014 | 2015 | 2016 | 2017 | 2012—2017年年均增速 |
|---|---|---|---|---|---|---|---|
| 速度效益 | 100.0 | 106.8 | 112.9 | 117.0 | 122.6 | 125.5 | 4.6% |
| 结构调整 | 100.0 | 94.2 | 92.0 | 87.4 | 89.9 | 93.6 | -1.3% |
| 技术创新 | 100.0 | 108.2 | 115.0 | 115.0 | 125.8 | 123.9 | 4.4% |
| 资源环境 | 100.0 | 106.4 | 119.9 | 130.5 | 170.9 | 182.9 | 12.8% |
| 两化融合 | 100.0 | 102.1 | 105.6 | 111.4 | 109.9 | 111.1 | 2.1% |
| 人力资源 | 100.0 | 103.1 | 110.8 | 116.8 | 122.5 | 131.1 | 5.6% |
| 时序指数 | 100.0 | 103.6 | 109.4 | 112.6 | 123.0 | 127.2 | 4.9% |

资料来源：赛迪智库整理，2019年2月。

纵向来看，上海工业发展质量时序指数自 2012 年的 100.0 增长到 2017 年的 127.2，年均增速达到 4.9%，高出全国平均增速 0.5 个百分点。

从细分指标来看，上海在资源环境、人力资源、速度效益、技术创新等方面增长较快，年均增速分别达到 12.8%、5.6%、4.6% 和 4.4%。

资源环境方面，其分项指标工业污染治理投资强度年均增长达到 26.7%，成为促进资源环境指标快速增长的主要原因。

人力资源方面，其分项指标工业城镇单位就业人员平均工资年均增速达到 10.4%，成为促进人力资源指标快速增长的主要原因。

速度效益方面，其分项指标工业成本费用利润率和工业主营业务收入利润率年均增速分别达到 6.9% 和 6.3%，成为促进速度效益指标快速增长的主要原因。

技术创新方面，其分项指标工业企业 R&D 人员投入强度和工业企业 R&D 经费投入强度年均增速分别达到 6.8% 和 5.5%，成为促进技术创新指标快速增长的主要原因。

两化融合方面，增速较缓，年均增速为 2.1%。其中工业应用信息化水平有所提升，年均增速达到 3.6%；电子信息产业占比增长缓慢，年均增速为 0.5%。

结构调整方面则无进展，年均增速为 -1.3%。其中，小型工业企业主营业务收入增速和高技术制造业主营业务收入占比实现了正增长，年均增速为 4.6% 和 0.2%；而其余 2 项指标均为负增长，尤其是 500 强企业占比年均增速为 -7.8%。

### 2．截面指数（见表 6-22）

表 6-22　2012—2017 年上海工业发展质量截面指数排名

| | 2012 | 2013 | 2014 | 2015 | 2016 | 2017 | 2012—2017 年均值排名 |
|---|---|---|---|---|---|---|---|
| 速度效益 | 24 | 24 | 15 | 9 | 2 | 3 | 11 |
| 结构调整 | 6 | 6 | 6 | 6 | 7 | 6 | 6 |
| 技术创新 | 3 | 2 | 2 | 4 | 2 | 5 | 4 |
| 资源环境 | 1 | 3 | 4 | 4 | 2 | 2 | 2 |
| 两化融合 | 1 | 1 | 2 | 1 | 3 | 4 | 2 |
| 人力资源 | 7 | 4 | 2 | 3 | 3 | 3 | 3 |
| 截面指数 | 4 | 3 | 2 | 2 | 2 | 2 | 2 |

资料来源：赛迪智库整理，2019 年 2 月。

横向对比来看，上海工业发展质量截面指数近年来在全国处于领先地位，6年来均排在全国前4位，且平均排名为全国第2位。

从分项指标来看，上海在资源环境与两化融合方面表现突出，6年来的平均排名均位列全国第2位。

资源环境方面，工业固体废物综合利用率和单位工业增加值能耗两项指标均位于全国前列；工业污染治理投资强度指标进步显著，排名从第17位提高到第5位。

两化融合方面，电子信息产业占比和工业应用信息化水平两项指标6年来均排在全国前5位，尤其是工业应用信息化水平还多年位列全国第1位。

上海在人力资源和技术创新方面表现同样强劲，6年来全国平均排名位列第3位和第4位。

人力资源方面，就业人员平均受教育年限指标表现抢眼，6年来均位列全国第2位。

技术创新方面，工业企业新产品销售收入占比和工业企业R&D经费投入强度表现较为突出，6年来均排名位列全国前3位。

上海在结构调整与速度效益方面表现一般，6年来平均排名分别为全国第6位和第11位。

结构调整方面，高技术制造业主营业务收入占比和工业制成品出口占比两项指标排名较为靠前，2017年分别排全国第4位和第5位。

速度效益方面，资产负债率、工业主营业务收入利润率和工业成本费用利润率三项指标排名较为靠前，2017年分别排全国第3位、第4位和第5位；但工业增加值增速指标排名靠后，2017年仅位列全国第19位，成为拖累速度效益快速增长的主要原因。

### 3. 原因分析

2012—2017年期间，上海在全国工业发展质量排名体系中始终位列前茅，是其有效发挥其全国创新中心优势、坚持产业结构调整、吸纳培育高端人才等多方面因素共同形成的良好发展局面。具体来看有以下三方面原因：

一是上海持续推动供给侧结构性改革，在确保工业经济稳定运行的基础上，聚焦科创中心建设，积极培育创新主体，重点布局建设制造业创新中心，实现制造业高端化发展；传统产业通过信息化改造推动高端发展。

二是以工业化信息化深度融合为主线，推动智能化发展取得新突破。近年来上海在智能制造应用模式和机制创新方面取得重大进展，智能城市建设步伐加快。

三是大力推进产业结构调整，绿色发展显成效。近年来上海加大产业结构调整，强化“互联网”智慧能源管理，打造绿色发展大数据生态系统，优化绿色技术产品选推制度，推动绿色发展的综合成效集中体现。

### （三）结论与展望

从时序指数和截面指数两方面的排名结果来看，上海整体表现优异，除了速度效益和结构调整两项指标外，其余均位列全国前列。未来，上海应加强新动能培育和龙头企业打造，弥补在速度效益和结构调整方面的短板。

具体来看，上海应坚持创新驱动发展、经济转型升级，充分发挥产业创新作为科创中心建设立足点的作用，加快创新驱动产业转型升级。与此同时，坚持全面实施制造强国战略，注重充分发挥制造业作为实体经济发展主战场作用，加快结构优化，增强产业发展动力。

## 十、江苏

### （一）总体情况

#### 1. 宏观经济总体情况

2018 年，江苏省地区生产总值达到 92595.4 亿元，突破 9 万亿元大关，同比增长 6.7%。从分产业来看，第一产业增加值规模达到 4141.7 亿元，同比增长 1.8%；第二产业增加值规模达到 41248.5 亿元，同比增长 5.8%；第三产业增加值规模达到 47205.2 亿元，同比增长 7.9%。

全省经济结构持续优化，突出表现为战略性新兴产业及高新技术产业增长迅速，上述两类产业产值分别同比增长达到 8.8% 和 11%，占规模以上工业总比重分别提高至 32% 和 43.8%。

2018 年，全省固定资产投资同比增长 5.5%，其中，工业投资、工业技改投资、民间投资分别同比增长 8%、10.7%、10.8%，全年共实施 228 个省重大实施项目，总投资额达到 5300 亿元。

2018 年，全省社会消费品零售总额同比增长 8.2%，限额以上网上零售额同比增长 25%。

### 2．工业经济运行情况

2018 年，全省工业经济运行总体稳定，中高端产业增长迅速。全省规模以上工业增加值同比增长 5.1%，在 41 个工业大类行业类别中有 30 个类别实现了正增长，其中电子、医药、汽车、专用设备等先进制造业增加值分别同比增长 11.3%、10.4%、7.2%、12.5%。

整体来看，高技术制造业、装备制造业增加值分别同比增长 11.1% 和 8%，比规模以上工业增加值增速分别高出 6 个和 2.9 个百分点。从具体产品来看，新能源汽车、城市轨道车辆、3D 打印设备、智能电视、服务器等新产品产量同比增长分别达到 139.9%、107.1%、51.4%、36.4% 和 26.2%。

## （二）指标分析

### 1．时序指数（见图 6-11 和表 6-23）

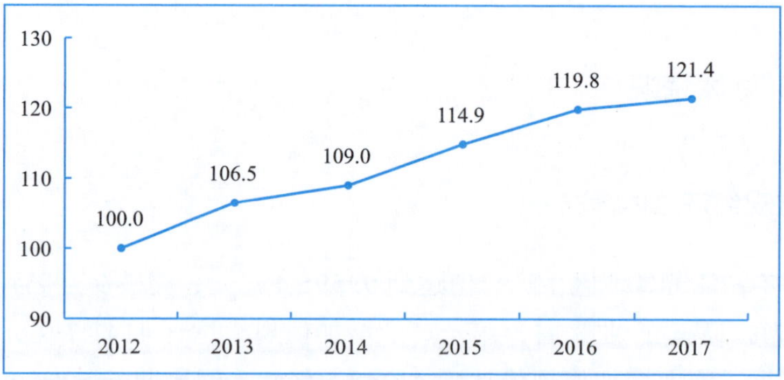


图 6-11　江苏工业发展质量时序指数

（资料来源：赛迪智库整理，2019 年 2 月）

表 6-23　2012—2017 年江苏工业发展质量时序指数

| | 2012 | 2013 | 2014 | 2015 | 2016 | 2017 | 2012—2017 年年均增速 |
|---|---|---|---|---|---|---|---|
| 速度效益 | 100.0 | 104.9 | 109.2 | 114.6 | 119.1 | 121.9 | 4.0% |
| 结构调整 | 100.0 | 99.1 | 98.3 | 100.9 | 106.1 | 108.0 | 1.5% |
| 技术创新 | 100.0 | 104.3 | 112.7 | 115.2 | 121.6 | 129.5 | 5.3% |
| 资源环境 | 100.0 | 118.6 | 109.9 | 121.0 | 126.5 | 107.6 | 1.5% |
| 两化融合 | 100.0 | 102.2 | 106.7 | 113.5 | 114.9 | 122.0 | 4.1% |

续表

| | 2012 | 2013 | 2014 | 2015 | 2016 | 2017 | 2012—2017年年均增速 |
|---|---|---|---|---|---|---|---|
| 人力资源 | 100.0 | 111.8 | 117.6 | 126.6 | 132.2 | 139.6 | 6.9% |
| 时序指数 | 100.0 | 106.5 | 109.0 | 114.9 | 119.8 | 121.4 | 4.0% |

资料来源：赛迪智库整理，2019 年 2 月。

纵向对比，江苏工业发展质量时序指数增速较慢，从 2012 年的 100.0 增长到 2017 年的 121.4，年均增速为 4.0%，比全国平均增速低 0.4 个百分点。

从分项指标来看，江苏在人力资源和技术创新两方面表现突出，年均增速分别达到 6.9% 和 5.3%，成为推动江苏工业发展质量提升的主要动力。

人力资源方面，工业城镇单位就业人员平均工资增速和第二产业全员劳动生产率两项指标表现较好，年均增速分别达到 10.4% 和 7.8%，这表明江苏工业发展的成果较多分享到一线工人这个群体。

技术创新方面，工业企业 R&D 经费投入强度和工业企业 R&D 人员投入强度增长较快，年均增速分别达到 6.3% 和 7.1%，表明企业研发投入较多，重视创新驱动发展；但工业企业单位 R&D 经费支出发明专利数增长较慢，年均增速仅为 0.8%，表明企业发展成果转化率还有待进一步提升。

两化融合与速度效益两方面表现较好，年均增速分别达到 4.1% 和 4.0%，也是促进全省工业发展质量稳步提升的主要因素。

两化融合方面，工业应用信息化水平增长较快，年均增速达到 6%；但电子信息产业占比指标增长缓慢，年均增速仅为 2%。

速度效益方面，工业增加值增速增长较快，年均增速达到 8.2%，高出全国平均水平 1.6 个百分点，表明江苏省近年来工业增长势头强劲；但资产负债率、工业成本费用利润率和工业主营业务收入利润率三项指标表现一般，年均增速均在 2% 左右，表明工业经济效益有待进一步提升。

结构调整及资源环境两方面表现一般，年均增速均为 1.5%。

结构调整方面，工业制成品出口占比增速为负，成为拖累工业结构调整的主要原因；此外，高技术制造业主营业务收入占比和 500 强企业占比两项指标增速较慢，年均增速分别为 1.1% 和 1.2%，表明新动能培育和龙头企业打造进展缓慢。

资源环境方面，工业污染治理投资强度增速为负，年均增速为 -4.2%，成为拖累资源环境改善的主要原因，全省工业经济绿色转型发展压力较大。

### 2. 截面指数（见表6-24）

表6-24　2012—2017年江苏工业发展质量截面指数排名

| | 2012 | 2013 | 2014 | 2015 | 2016 | 2017 | 2012—2017年均值排名 |
|---|---|---|---|---|---|---|---|
| 速度效益 | 22 | 14 | 13 | 6 | 9 | 11 | 12 |
| 结构调整 | 1 | 2 | 2 | 2 | 2 | 2 | 2 |
| 技术创新 | 6 | 6 | 6 | 6 | 7 | 7 | 6 |
| 资源环境 | 7 | 5 | 7 | 6 | 6 | 6 | 6 |
| 两化融合 | 3 | 3 | 3 | 3 | 4 | 3 | 3 |
| 人力资源 | 11 | 3 | 20 | 7 | 12 | 16 | 9 |
| 截面指数 | 3 | 2 | 4 | 4 | 5 | 5 | 4 |

资料来源：赛迪智库整理，2019年2月。

横向对比来看，江苏工业发展质量截面指数始终位列全国前茅，2017年排名全国第5位，6年来综合排名为全国第4位。

从分项指标表现来看，江苏在结构调整与两化融合方面表现最为突出，近6年均值排名分别位列全国第2位和第3位。

结构调整方面，工业制成品出口占比和500强企业占比两项指标排名靠前，2017年分别位列全国第2位和第3位，表明江苏省工业经济对外出口较多，拥有众多行业龙头企业；但小型工业企业主营业务收入增速表现较差，2017年仅位列全国第18位，表明近年来中小企业发展活力相对不足。

两化融合方面，工业应用信息化水平和电子信息产业占比两项指标2017年分别位列全国第4位和第5位，表明江苏充分利用电子信息产业发展促进两化融合。

技术创新和资源环境两方面表现较好，近6年均值排名均位列全国第6位。

技术创新方面，工业企业R&D人员投入强度2017年位列全国第4位，成为促进全省工业经济技术创新的主要因素。

资源环境方面，工业固体废物综合利用率表现较好，2017年位列全国第3位，表明全省循环经济发展势头较好；但工业污染治理投资强度表现较差，2017年仅位列全国第22位，表明近年来对工业污染的重视程度不足。

人力资源和速度效益两方面表现较为一般，近6年均值排名分别位列全国第 9 位和第 12 位，成为拖累江苏工业发展质量进一步提升的主要原因。

人力资源方面，就业人员平均受教育年限表现突出，2017 年位列全国第 4 位，这与江苏省教育资源丰富有关；但第二产业全员劳动生产率和工业城镇单位就业人员平均工资增速两项指标表现较差，2017 年仅位列全国第 13 位和第 21 位。

速度效益方面，工业成本费用利润率和工业主营业务收入利润率两项指标表现一般，2017 年仅位列全国第 14 位和第 13 位。

### 3. 原因分析

整体来看，2012—2017 年江苏工业经济表现较为优异且稳定，主要是全省工业经济结构调整和促进两化融合发展取得较大成绩。但不可忽视的是，在人力资源和速度效益方面仍有较大提升空间。

结构调整方面，江苏近年来加大了对先进制造业发展的引导与扶持力度，着力推动新旧动能加速转换，在电子信息、能源化工等传统优势产业基础之上，不断挖掘新经济增长点，在新能源汽车、城市轨道车辆、3D 打印设备、智能电视、服务器等新产业与新产品方面取得显著发展成效。

两化融合方面，构建省级两化融合服务平台，制定两化融合管理体系，对全省 2 万家规模以上企业开展了两化融合的自评估、自诊断、自对标。

从短板方面来看，工业城镇单位就业人员平均工资增速成为拖累人力资源指标发展的主要原因，表明工业发展对一线产业工人的成果分享不够充分，此外第二产业全员劳动生产率还有待进一步提升。速度效益方面主要是工业企业成本上升导致盈利不足，以及企业主营业务增长乏力。

## （三）结论与展望

从时序指数和截面指数两方面来看，江苏整体表现优异，未来应进一步稳定工业发展速度，提升发展质量，着重在创新驱动、企业降成本与减负方面开展工作。

以创新驱动发展助力江苏工业经济高质量发展，加快推进产业链向中高端领域与环节迈进。应围绕产业链部署创新链，充分发挥行业龙头企业支撑引领作用，加大力度培育发展一批“专精特新”隐形冠军企业，发挥产业创新与应用优势，着力突破一批“卡脖子”关键核心技术，助力制造强国战略实施。

以企业社保费率为重要突破点，研究制定降低企业社保费率的具体办法，特别是养老缴费率的降低，为企业发展减轻负担，助力企业更好更快发展。

## 十一、浙江

### （一）总体情况

#### 1. 宏观经济总体情况

2018年，浙江省地区生产总值达到56197亿元，同比增长7.1%，稳居全国第4位。人均GDP为98643元，同比增长5.7%。从三大产业结构来看，第一产业、第二产业和第三产业比重由上年的3.7∶43.0∶53.3调整为3.5∶41.8∶54.7，产业结构不断优化，三大产业增加值分别为1967亿元、23506亿元和30724亿元，同比增长分别达到1.9%、6.7%和7.8%。

2018年，浙江固定资产投资同比增长7.1%，其中交通投资、高新技术产业投资、民间投资增长较快，分别同比增长25.8%、22.6%和17.8%。全省全年社会消费品零售总额达到25008亿元，同比增长9.0%。全年进出口、出口以及进口额分别达到28519、21182和7337亿元，分别同比增长11.4%、9.0%和19.0%。

#### 2. 工业经济运行情况

2018年，浙江规模以上工业增加值为14714亿元，同比增长7.3%。全省规模以上工业利润总额达到4452亿元，同比增长5.3%。从规模以上工业具体分类来看，时尚、高端装备、节能环保制造业等增长较快，分别同比增长9.7%、9.2%和7.2%。高新技术、装备制造业、战略性新兴产业发展增速均高于规模以上工业的增速，并且占规模以上工业的比重分别达到51.3%、40.7%和29.6%，对拉动规模以上工业增加值的效果显著，贡献率分别达到5.1%、4.0%和3.1%。

## （二）指标分析

### 1. 时序指数（见图 6-12 和表 6-25）

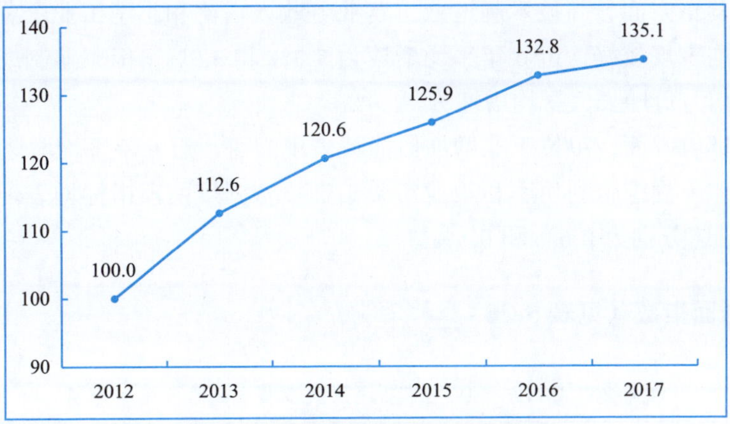


图 6-12　浙江工业发展质量时序指数

（资料来源：赛迪智库整理，2019 年 2 月）

表 6-25　2012—2017 年浙江工业发展质量时序指数

| | 2012 | 2013 | 2014 | 2015 | 2016 | 2017 | 2012—2017 年年均增速 |
|---|---|---|---|---|---|---|---|
| 速度效益 | 100.0 | 106.5 | 109.1 | 114.2 | 124.4 | 129.1 | 5.2% |
| 结构调整 | 100.0 | 105.9 | 112.0 | 112.8 | 114.5 | 117.4 | 3.3% |
| 技术创新 | 100.0 | 112.6 | 119.8 | 131.4 | 138.8 | 146.6 | 8.0% |
| 资源环境 | 100.0 | 135.4 | 146.3 | 138.1 | 135.7 | 112.6 | 2.4% |
| 两化融合 | 100.0 | 110.8 | 128.9 | 144.4 | 164.2 | 177.9 | 12.2% |
| 人力资源 | 100.0 | 107.4 | 115.1 | 122.7 | 129.7 | 137.3 | 6.6% |
| 时序指数 | 100.0 | 112.6 | 120.6 | 125.9 | 132.8 | 135.1 | 6.2% |

资料来源：赛迪智库整理，2019 年 2 月。

纵向来看，近 6 年浙江工业发展质量保持平稳快速增长，年均增速为 6.2%，比全国平均增速高 1.8 个百分点，加速提升的发展态势明显。

从分类指标来看，浙江在两化融合、技术创新两方面表现最突出，年均增速分别达到 12.2% 和 8.0%。但结构调整与资源环境两方面表现一般，年均增速仅为 3.3% 和 2.4%。

两化融合方面，工业应用信息化水平和电子信息产业占比两项指标增长势头明显，近 6 年来的平均增速均达到 12.2%，远远高出全国平均增速。

技术创新方面，工业企业新产品销售收入占比、工业企业 R&D 人员投入强度和工业企业 R&D 经费投入强度三项指标增长较快，近 6 年平均增速分别达到 10.5%、9.4% 和 9.0%。

结构调整方面，高技术制造业主营业务收入占比和小型工业企业主营业务收入增速均表现较好，近 6 年平均增速为 7.3% 和 3.9%；但工业制成品出口占比近 6 年均为负增长，平均增速为 -1.0%。

资源环境方面，单位工业增加值能耗表现尚可，近 6 年平均增速为 5.7%；但工业固体废物综合利用率和工业污染治理投资强度两项指标均表现不佳，近 6 年平均增速分别为 0.6% 和 0.5%。

### 2. 截面指数（见表 6-26）

表 6-26　2012—2017 年浙江工业发展质量截面指数排名

| | 2012 | 2013 | 2014 | 2015 | 2016 | 2017 | 2012—2017 年均值排名 |
|---|---|---|---|---|---|---|---|
| 速度效益 | 30 | 28 | 23 | 19 | 11 | 10 | 22 |
| 结构调整 | 4 | 3 | 3 | 3 | 3 | 3 | 3 |
| 技术创新 | 5 | 4 | 3 | 1 | 1 | 1 | 2 |
| 资源环境 | 4 | 2 | 3 | 2 | 3 | 3 | 3 |
| 两化融合 | 13 | 14 | 6 | 6 | 5 | 5 | 6 |
| 人力资源 | 19 | 18 | 15 | 15 | 9 | 20 | 15 |
| 截面指数 | 7 | 6 | 5 | 6 | 4 | 4 | 6 |

资料来源：赛迪智库整理，2019 年 2 月。

横向对比来看，浙江工业发展质量水平始终位列全国前茅，近 6 年来的均值排名为全国第 6 位，且近两年来均位列全国第 4 位。

从分项指标来看，技术创新、结构调整与资源环境三项指标表现优异，近 6 年来的均值排名分别为全国第 2 位、第 3 位和第 3 位。但人力资源和速度效益两项指标表现一般，在全国排名较为落后，仅分别位列第 15 位和第 22 位。

技术创新方面，工业企业新产品销售收入占比与工业企业 R&D 经费投入强度两项指标 2017 年的全国排名均为第 1 位；但工业企业单位 R&D 经费支出发明专利数仅位列全国第 15 位，成为制约工业发展质量进一步提升的主要瓶颈。

结构调整方面，500 强企业占比 2017 年排在全国第 1 位，工业制成品出口占比 2017 年排在第 3 位，且这两项指标近年来一直排名靠前；但小型工业企业主营业务收入增速和高技术制造业主营业务收入占比两项指标仅位列全国第14位和第16位。

资源环境方面，工业固体废物综合利用率指标表现优异，2017年位列全国第2位；但工业污染治理投资强度2017年仅位列全国第16位，成为拖累工业发展质量的主要原因。

人力资源方面，工业城镇单位就业人员平均工资增速和第二产业全员劳动生产率两项指标2017年排名均位列全国第23位，严重制约了工业发展质量的提升。

速度效益方面，工业增加值增速、工业主营业务收入利润率、资产负债率、工业成本费用利润率四项指标排名均处于全国中游水平，2017年，前两项和后两项分别位列第9位和第11位。

### 3．原因分析

浙江工业发展质量之所以能始终处于全国前列，是因其在技术创新方面的持续发力，最终实现了创新驱动发展，尤其是浙江近年来始终将数字经济作为经济发展的重要抓手与催化剂，极大激活了经济发展活力。

一方面，浙江省积极利用数字技术发展催生新产业快速发展，2018年，全省数字经济核心产业增加值达到5548亿元，同比增长13.1%，占全省GDP比重为9.9%，同比增长0.4%。另一方面，又积极利用数字技术推动传统产业改造提升，全省17大传统制造业增加值均实现同比增长。再者，全省的数字产品、智能产品和高新技术产品等出口增长较快。

2018年，全省规模以上工业新产品产值实现同比增长17.6%，新产品生产率达到36.4%，同比增长1.9%。碳纤维增强复合材料、光纤、太阳能电池、城市轨道车辆、新能源汽车、智能手机等新产品产量实现了较快增长。

但我们也应清醒看到，浙江在人力资源与速度效益两方面仍有较大提升空间，尤其是工业城镇单位就业人员平均工资增速和第二产业全员劳动生产率两项指标排名落后，表明浙江在提升工业从业人员的全员生产率方面仍有较大空间。

## （三）结论与展望

整体来看，浙江工业发展质量近年来始终处于全国前列，工业经济规模稳步增长，在技术创新尤其是发展数字经济、实现两化融合方面有较多成功经验可供全国其他地区借鉴。与此同时，浙江未来提升工业发展质量也面临一些迫在眉睫的任务。

一是要稳投资。2018 年全省规模以上工业增加值增速已出现回落，同时中美经贸摩擦带来的外贸增长不确定性增大，出口下行压力较大，应提前研判并做好政策应对。

二是全省工业发展的节能降耗、生态环境保护任务仍然较重，在践行绿色发展方面有较多提升空间，尤其是要加大工业污染治理投资强度。

## 十二、安徽

### （一）总体情况

#### 1. 宏观经济总体情况

2018 年，安徽省地区生产总值达到 30006.8 亿元，同比增长 8.02%，首次突破 3 万亿元大关。产业结构不断优化，第一、二、三产业比重由 2017 年的 9.5∶49∶41.5 调整为 2018 年的 8.8∶46.1∶45.1。从规模数值来看，第一产业增加值达到 2638 亿元，同比增长 3.2%；第二产业增加值达到 13842.1 亿元，同比增长 8.5%；第三产业增加值达到 13526.7 亿元，同比增长 8.6%。

2018 年，全省全年固定资产投资同比增长 11.8%，增幅比上年提高 0.8 个百分点，比全国平均水平高出 5.9 个百分点，仍保持了较快增长态势，增速位列全国第 2 位、中部地区第 1 位。从分产业投资情况来看，2018 年，第一产业投资同比增长 33%，第二产业投资同比增长 24.6%，第三产业投资同比增长 5.6%。其中，工业投资增长 24.8%，比 2017 年增速提高 12.1 个百分点，并且实现高技术产业投资同比增长 24.5%。

#### 2. 工业经济运行情况

2018 年，安徽全年规模以上工业增加值同比增长 9.3%，比 2017 年增速提高了 0.3 个百分点，比全国平均水平高出 3.1 个百分点，增速排名中部地区第 1 位、全国第 4 位。

从不同经济类型来看，国有企业增加值同比增长 13.7%，股份制企业同比增长 8.6%，外商及港澳台商投资企业同比增长 12.3%。

从工业门类来看，主要工业产品产量中，钢材产量同比增长 7.2%，家用洗衣机、电冰箱、房间空调器、彩色电视机等产量分别同比增长 2.7%、7.2%、

3.2% 和 47.7%，电子计算机整机产量同比增长 28.3%，工业机器人产量同比增长 18.3%，新能源汽车产量同比增长 100%。

## （二）指标分析

### 1. 时序指数（见图 6-13 和表 6-27）

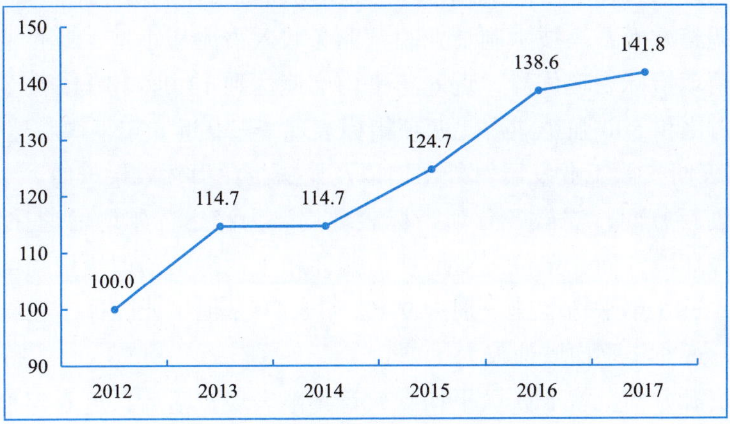


图 6-13　安徽工业发展质量时序指数

（资料来源：赛迪智库整理，2019 年 2 月）

表 6-27　2012—2017 年安徽工业发展质量时序指数

| | 2012 | 2013 | 2014 | 2015 | 2016 | 2017 | 2012—2017 年年均增速 |
|---|---|---|---|---|---|---|---|
| 速度效益 | 100.0 | 102.3 | 98.7 | 100.7 | 106.0 | 111.1 | 2.1% |
| 结构调整 | 100.0 | 103.8 | 130.3 | 143.5 | 156.0 | 158.2 | 9.6% |
| 技术创新 | 100.0 | 104.8 | 115.9 | 122.6 | 130.9 | 142.8 | 7.4% |
| 资源环境 | 100.0 | 170.6 | 114.3 | 120.4 | 168.4 | 138.2 | 6.7% |
| 两化融合 | 100.0 | 114.1 | 126.0 | 163.3 | 173.0 | 195.8 | 14.4% |
| 人力资源 | 100.0 | 102.0 | 107.0 | 110.3 | 114.4 | 121.9 | 4.0% |
| 时序指数 | 100.0 | 114.7 | 114.7 | 124.7 | 138.6 | 141.8 | 7.2% |

资料来源：赛迪智库整理，2019 年 2 月。

从纵向发展时序来看，安徽工业发展质量近年来稳步快速增长，近 6 年来平均增速达到 7.2%，比全国水平高出 2.8 个百分点。工业发展质量的绝对值从 2012 年的 100.0 增长到 2017 年的 141.8。

从细分指标来看，安徽在两化融合、结构调整两方面表现突出，近 6 年来平均增速分别达到 14.4% 和 9.6%。技术创新和资源环境两方面表现尚可，近 6 年来平均增速分别达到 7.4% 和 6.7%。人力资源与速度效益两方面则表现一般，近 6 年来平均增速分别为 4.0% 和 2.1%。

两化融合方面，电子信息产业占比指标表现优异，近 6 年平均增速达到 19.5%，高出全国 6.4% 的平均水平 13.1 个百分点；工业应用信息化水平近 6 年平均增速为 8.1%，高出全国 5.9% 的平均水平 2.2 个百分点。

结构调整方面，高技术制造业主营业务收入占比和小型工业企业主营业务收入增速两项指标表现优异，近 6 年平均增速达到 13.0% 和 11.7%；但工业制成品出口占比和 500 强企业占比两项指标表现一般，近 6 年平均增速仅为 8.6% 和 4.6%，表明安徽工业发展对外出口以及龙头企业引领效果一般。

技术创新方面，安徽各分项指标表现均较为稳定，年均增速在 5% 至 9% 之间。资源环境方面，单位工业增加值能耗和工业污染治理投资强度两项指标表现尚可，近 6 年平均增速分别为 9.4% 和 8.4%；但工业固体废物综合利用率表现一般，近 6 年平均增速仅为 1.7%。

人力资源方面，就业人员平均受教育年限表现较落后，近 6 年平均增速仅为 0.5%，成为拖累工业发展质量的重要制约因素。

速度效益方面，工业成本费用利润率和工业主营业务收入利润率两项指标均出现负增长，近 6 年平均增速为 -3.6% 和 -3.4%，表明全省工业企业收入经营情况不容乐观。

### 2. 截面指数（见表 6-28）

表 6-28　2012—2017 年安徽工业发展质量截面指数排名

| | 2012 | 2013 | 2014 | 2015 | 2016 | 2017 | 2012—2017 年均值排名 |
|---|---|---|---|---|---|---|---|
| 速度效益 | 15 | 9 | 16 | 17 | 20 | 19 | 16 |
| 结构调整 | 21 | 19 | 12 | 15 | 11 | 14 | 15 |
| 技术创新 | 7 | 7 | 7 | 7 | 6 | 6 | 7 |
| 资源环境 | 10 | 9 | 11 | 11 | 5 | 5 | 8 |
| 两化融合 | 11 | 11 | 19 | 7 | 8 | 6 | 10 |
| 人力资源 | 27 | 30 | 29 | 30 | 29 | 18 | 30 |
| 截面指数 | 12 | 11 | 13 | 10 | 9 | 7 | 10 |

资料来源：赛迪智库整理，2019 年 2 月。

从全国各省工业发展质量水平的横向对比来看，安徽始终处在全国中等偏上水平，2017年排名为第7位，且近年来排名始终处于上升态势，近6年的全国均值排名为第10位。从各方面指标来看，近6年来，安徽在技术创新与资源环境两方面表现尚可；在速度效益及结构调整方面排名中等偏下；而人力资源方面近6年来的排名仅为全国第30位，严重制约了工业发展质量提升。

技术创新方面，安徽近年来表现稳定且有所提升，排名从之前全国第7位提升到全国第6位。从分项指标来看，工业企业单位R&D经费支出发明专利数表现强劲，近年来始终位列全国第1位，成为支撑安徽工业技术创新的主要驱动力；但工业企业R&D经费投入强度排名一般，近年来全国排名均处在中游水平。

资源环境方面，安徽近年来进步显著，排名从2012年的全国第10位提升到2017年的全国第5位。从分项指标来看，工业固体废物综合利用率表现较为稳定且靠前，近年来一直排名全国第5位；单位工业增加值能耗也一直稳定在全国第12位；工业污染治理投资强度进步较快，排名从2014年的第25位提升到2017年的第13位。

速度效益方面，安徽近年来表现一般，始终处在全国中等偏下水平，2017年排名第19位。从分项指标来看，工业成本费用利润率和工业主营业务收入利润率两项指标排名处在全国下游水平，2017年排名分别为第24位和第23位。

结构调整方面，安徽近年来始终处在全国中游水平，2017年排名第14位。从分项指标来看，500强企业占比排名尚可，2017年位列全国第7位；但高技术制造业主营业务收入占比排名靠后，近年来一直位列全国第19位。

人力资源方面，安徽存在较大发展短板，近年来该项指标排名始终位列全国下游，但2017年已有较大提升，排名从前一年的第29位提升到第18位。从分项指标来看，第二产业全员劳动生产率和就业人员平均受教育年限两项指标排名始终靠后，前者近年来排名全国第29位，后者近年来排名全国第28位。

### 3．原因分析

安徽作为中部地区发展速度较快的省份，近年来在工业发展质量方面进步也比较明显。究其原因，主要是因为安徽充分利用自身丰富的科教资源，在技术创新方面狠下功夫，为全省工业经济发展奠定了良好基础。

具体来看，安徽依托中国科学技术大学等重点高校与研究院所，加快推进“产学研用”一体化发展，一大批重大源头创新成果不断涌现，如国内首款完全自主知识产权的量子计算机控制系统、科大讯飞语音合成系统、业界实际运算性能最高的数字信号处理器——“魂芯二号A”等。上述科技成果对工业发展的促进效果明显，2018年，全市高新技术产业增加值、战略性新兴产业产值分别同比增长13.9%和16.3%，战略性新兴产业产值占规模以上工业的比例达29.4%。

但安徽在人力资源发展方面仍存在较多短板：一是就业人员平均受教育水平不高，缺乏创新型产业工人。二是第二产业全员劳动生产率不高，对生产的促进效果发挥不佳。三是工业城镇单位就业人员平均工资水平仍处在全国中下游，对产业工人的吸引力不够。

### （三）结论与展望

近6年来，安徽工业发展质量在全国排名整体处于稳步提升状态。未来应保持良好发展态势，重点做好技术创新、结构调整等重点工作，为实现工业高质量发展奠定坚实基础。

技术创新方面，可结合全省建设“四个一”创新主平台相关工作，加强创建一批国家级研发机构，实施一批科技重大专项和重点研发计划项目，并重点在信息技术、生命健康、新材料、新能源等领域寻求技术突破。

结构调整方面，应持续推进企业优胜劣汰，加快传统制造业改造升级，并着力打造一批“专精特新”隐形冠军。全省工业发展应贯彻绿色发展理念，深化工业节能和清洁生产改造，推动智能化、网络化升级改造。深化工业精品提升行动，推动企业实施先进标准、加强工业品牌建设。

## 十三、福建

### （一）总体情况

#### 1. 宏观经济总体情况

2018年，福建省地区生产总值达到35804.04亿元，同比增长8.3%。分产业来看，第一产业、第二产业和第三产业增加值分别为2379.82亿元、17232.36亿元和16191.86亿元，分别同比增长3.6%、8.5%和8.8%。三次产业增加值占比分别为6.6%、48.1%和45.2%。

2018年，福建全社会固定资产投资同比增长11.5%。分产业看，第一产业、第二产业和第三产业投资分别同比增长 36.8%、17.8% 和 8.5%；其中制造业投资同比增长 22.3%。2018 年社会消费品零售总额为 14317.43 亿元，同比增长 10.8%。2018 年进出口总额达到 12354.29 亿元，同比增长 6.6%。2018 年福建城镇居民和农村居民家庭人均可支配收入分别为 42121 元和 17821 元，分别同比增长 8.0% 和 9.1%，扣除价格因素，分别实际同比增长 6.4% 和 7.5%。

### 2. 工业经济运行情况

2018 年，福建全部工业增加值为 11517.21 亿元，同比增长 7.4%。规模以上工业增加值同比增长 7.6%；从细分行业看，在规模以上工业的 38 个行业大类中，有 15 个行业增速在两位数。

福建的三大主导产业增加值为 3744.42 亿元，同比增长 10.0%；其中，机械装备产业、电子信息产业和石油化工产业增加值分别为 1754.08 亿元、777.02 亿元和 1213.32 亿元，分别同比增长 11.0%、10.6% 和 8.6%。高技术产业增加值为 1116.55 亿元，同比增长 11.7%。

## （二）指标分析

### 1. 时序指数（见图 6-14 和表 6-29）

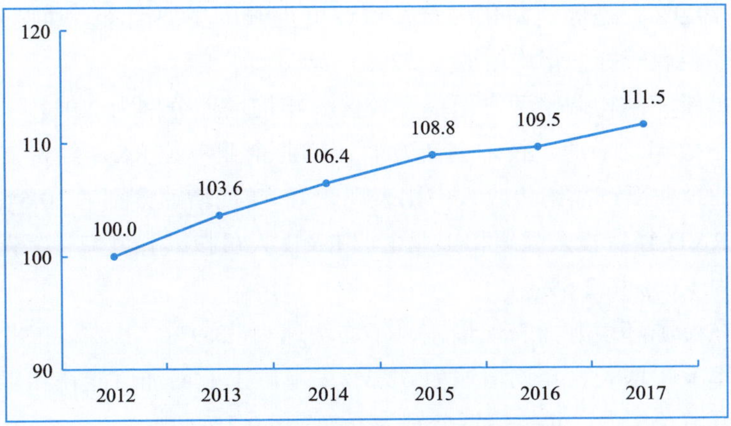


图 6-14　福建工业发展质量时序指数

（资料来源：赛迪智库整理，2019 年 2 月）

表 6-29　2012—2017 年福建工业发展质量时序指数

| | 2012 | 2013 | 2014 | 2015 | 2016 | 2017 | 2012—2017 年年均增速 |
|---|---|---|---|---|---|---|---|
| 速度效益 | 100.0 | 101.9 | 103.2 | 103.6 | 113.2 | 117.0 | 3.2% |
| 结构调整 | 100.0 | 92.3 | 93.1 | 102.0 | 97.9 | 100.9 | 0.2% |
| 技术创新 | 100.0 | 103.1 | 105.6 | 101.1 | 107.1 | 110.2 | 2.0% |
| 资源环境 | 100.0 | 116.8 | 119.6 | 118.7 | 93.6 | 82.1 | -3.9% |
| 两化融合 | 100.0 | 101.8 | 104.3 | 112.8 | 120.8 | 125.8 | 4.7% |
| 人力资源 | 100.0 | 108.2 | 116.0 | 121.2 | 128.6 | 136.3 | 6.4% |
| 时序指数 | 100.0 | 103.6 | 106.4 | 108.8 | 109.5 | 111.5 | 2.2% |

资料来源：赛迪智库整理，2019 年 2 月。

纵向来看，福建工业发展质量时序指数自 2012 年的 100.0 上涨至 2017 年的 111.5，年均增速为 2.2%，显著低于全国平均增速。

人力资源方面提升较快，年均增速达到 6.4%。第二产业全员劳动生产率快速增长，年均增速达到 14.9%，促进了人力资源指数的增长；就业人员平均受教育年限也保持了较快增长，年均增速为 10.1%。

两化融合和速度效益两方面发展速度尚可，年均增速分别达 4.7% 和 3.2%，高于时序指数年均增速。两化融合方面，工业应用信息化水平提升较快，年均增速达到 79.9%，是促使两化融合发展速度提升的主要因素。速度效益方面，资产负债率表现较好，年均增速为 52%。

技术创新和结构调整两方面提升较慢，年均增速分别为 2.0% 和 0.2%，均低于时序指数年均增速。技术创新方面，工业企业单位 R&D 经费支出发明专利数和工业企业新产品销售收入占比表现较好，年均增速分别为 20.5% 和 9.8%，工业企业 R&D 经费投入强度和工业企业 R&D 人员投入强度增长缓慢，年均增速仅分别为 1.0% 和 2.5%。

福建在资源环境方面表现最差，年均增速为 -3.9%。其中，工业固体废物综合利用率大幅增长，年均增速为 62.3%；单位工业增加值能耗和工业污染治理投资强度增长缓慢，年均增速分别为 0.7% 和 0.1%。

## 2. 截面指数（见表 6-30）

表 6-30 2012—2017 年福建工业发展质量截面指数排名

| | 2012 | 2013 | 2014 | 2015 | 2016 | 2017 | 2012—2017 年均值排名 |
|---|---|---|---|---|---|---|---|
| 速度效益 | 8 | 6 | 5 | 11 | 8 | 15 | 8 |
| 结构调整 | 10 | 10 | 11 | 10 | 14 | 9 | 10 |
| 技术创新 | 11 | 11 | 11 | 12 | 13 | 13 | 11 |
| 资源环境 | 5 | 7 | 8 | 7 | 13 | 16 | 9 |
| 两化融合 | 5 | 7 | 8 | 8 | 6 | 7 | 7 |
| 人力资源 | 15 | 19 | 19 | 17 | 14 | 19 | 19 |
| 截面指数 | 8 | 8 | 8 | 9 | 10 | 13 | 9 |

资料来源：赛迪智库整理，2019 年 2 月。

横向来看，福建工业发展质量截面指数连续多年处于全国上游水平，2017 年截面指数为 45.1，排在第 9 位。

两化融合方面，2017 年福建排在第 7 位，处于全国上游水平。其中，工业应用信息化水平和电子信息产业占比分别排在第 9 位和第 7 位，处于上游水平，是推动两化融合指数排名提升的主要因素。

技术创新方面，近年来一直表现稳定，2017 年排在第 13 位，处于全国中游水平。其中，R&D 经费投入强度和 R&D 人员投入强度排名一直比较稳定，处于全国中上游水平，2017 年分别排在第 13 位和第 15 位。

速度效益方面，2017 年福建排在第 15 位，处于全国上游水平。其中，资产负债率表现较好且比较稳定；工业成本费用利润率和工业主营业务收入利润率近年来上升明显，2017 年均排在第 8 位，处于全国上游水平；工业增加值增速表现较差，处于全国下游水平。

结构调整方面，2017 年福建排在第 9 位，处于全国上游水平。其中，工业制成品出口占比一直稳居全国上游水平，2012 年以来一直在全国排名第 6 位；高技术制造业主营业务收入占比全国排名近年来有所下降，2017 年排在第 11 位，居于全国中游水平；500 强企业占比排名 2017 年有所下降，排在第 21 位，居于全国下游水平。

资源环境方面，2017 年福建排在第 16 位，处于全国中游水平。其中，单位工业增加值能耗处于上游水平，2017 年排在第 10 位；工业污染治理投资强度、工业固体废物综合利用率在 2017 年排名下降较明显，分别排在全国的第 26 位和第12位。

人力资源方面，2017年福建排在第19位，处于全国中下游水平。其中，工业就业人员平均工资增速2017年排在全国第16位，处于中游水平；就业人员平均受教育年限和第二产业全员劳动生产率近年来变化不大，排在全国的中下游水平。

### 3. 原因分析

福建近年来在两化融合方面表现较为突出，有力支撑其工业发展质量总体处于全国上游水平。

两化融合方面，2017年福建积极采取多项举措，确保全省两化融合工作落到实处。一是按照《工业和信息化部办公厅关于推荐2017年两化融合管理体系贯标试点企业的通知》要求，积极组织做好2017年两化融合管理体系贯标试点企业申报工作，取得良好效果。二是开展省级两化融合重点项目的跟踪管理和报送工作，这些重点项目包括了设计信息化、电子商务、云平台、产品信息化、管理信息化、生产装备自动化或智能化等以及与其相关联的项目。三是转达《工业和信息化部关于印发信息化和工业化融合发展规划（2016—2020年）的通知》，按照全省实际发展情况，有针对性地提出了制造业与互联网融合工程、智能制造推广工程、企业管理能力提升工程、制造业“双创”培育工程、两化融合重点项目推进工程、两化融合公共技术平台培育工程等七大重点工程。

## （三）结论与展望

2012—2017年期间，福建工业发展质量整体保持在全国上游水平，但人力资源和资源环境等方面尚处于全国中游水平，仍有可挖掘的潜力。

人力资源方面，一是坚决贯彻执行福建省人社厅《关于支持工程技术领域高技能人才与专业技术人才职业贯通发展的通知》等文件精神，加强高技能人才队伍建设，为工业经济发展提供强大人才保障。二是以《关于推进全方位公共就业服务的指导意见》为指导，坚持科学发展理念，建设高效便捷的全方位公共就业服务体系，促进福建省就业增长，支撑实体经济发展。三是大力推行劳动者终身职业技能培训制度，以缓解当前各类技能人才的短缺问题，化解人才供给的结构性矛盾。

资源环境方面，一是加强工业节能降耗和清洁生产改造工作，大力发展节能环保以及循环型绿色产业，提高资源综合利用效率水平，推进大宗工业固体废物无害化、规模化、高附加值利用，将回收与利用、制造与修复、流通与生产有机结合。二是构建工业绿色发展支撑体系，规范健全清洁生产审核评估及备案，建成覆盖全省重点用能企业的能源管理信息平台，制定全省绿色工厂、绿色工业园区、绿色产品认定办法，强化工业绿色管理。

## 十四、江西

### （一）总体情况

#### 1．宏观经济总体情况

2018 年，江西省地区生产总值达到 21984.78 亿元，同比增长 8.7%。分产业来看，第一、二、三产业增加值分别为 1877.33 亿元、10250.21 亿元和 9857.24 亿元，分别同比增长 3.4%、8.3% 和 10.3%。三次产业增加值占比分别为 4.8%、47.4% 和 47.8%。人均 GDP 为 40106 元，同比增长 8.4%。

2018 年，江西全社会固定资产投资同比增长 11.1%。2018 年社会消费品零售总额为 7566.4 亿元，同比增长 11.0%。2018 年进出口总值 3164.9 亿元，同比增长 5.1%；其中出口值为 2224.1 亿元，同比增长 0.7%。2018 年江西城镇居民和农村居民家庭人均可支配收入分别为 33819 元和 14460 元，分别同比增长 8.4% 和 9.2%。

#### 2．工业经济运行情况

2018 年，江西全部工业增加值达到 8113.0 亿元，同比增长 8.7%；规模以上工业增加值同比增长 8.9%。其中，计算机、通信和其他电子设备制造业增加值同比增长 27.3%，电气机械和器材制造业同比增长 15.3%，电力、热力生产和供应业同比增长 13.0%，有色金属冶炼和压延加工业同比增长 12.7%。

全省新产业发展不断加速。高新技术产业增加值同比增长 12.0%，比规模以上工业增加值增速快了 3.1 个百分点，占规模以上工业增加值比重的 33.8%，较上年提高了 2.9 个百分点；装备制造业增加值同比增长 13.8%，比规模以上工业增加值增速快了 4.9 个百分点，占规模以上工业增加值的比重为 26.3%，较上年提高了 0.8 个百分点；战略性新兴产业增加值同比增长 11.6%，比规模以上工业增加值增速快了 2.7 个百分点，占规模以上工业增加值的比重为 17.1%，较上年提高了 2.0 个百分点。

## （二）指标分析

### 1. 时序指数（见图 6-15 和表 6-31）

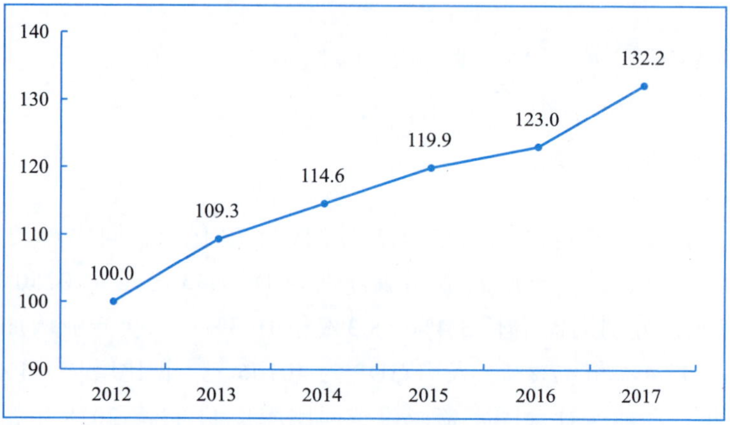


**图 6-15 江西工业发展质量时序指数**

（资料来源：赛迪智库整理，2019 年 2 月）

**表 6-31 2012—2017 年江西工业发展质量时序指数**

| | 2012 | 2013 | 2014 | 2015 | 2016 | 2017 | 2012—2017 年年均增速 |
|---|---|---|---|---|---|---|---|
| 速度效益 | 100.0 | 103.7 | 109.4 | 110.4 | 117.6 | 121.7 | 4.0% |
| 结构调整 | 100.0 | 107.0 | 111.7 | 121.9 | 126.4 | 127.2 | 4.9% |
| 技术创新 | 100.0 | 109.5 | 113.0 | 114.2 | 131.8 | 162.2 | 10.2% |
| 资源环境 | 100.0 | 128.4 | 115.8 | 127.5 | 102.4 | 103.2 | 0.6% |
| 两化融合 | 100.0 | 100.7 | 130.0 | 132.9 | 135.1 | 143.0 | 7.4% |
| 人力资源 | 100.0 | 107.3 | 113.7 | 119.9 | 125.4 | 132.4 | 5.8% |
| 时序指数 | 100.0 | 109.3 | 114.6 | 119.9 | 123.0 | 132.2 | 5.7% |

资料来源：赛迪智库整理，2019 年 2 月。

纵向对比来看，江西工业发展质量时序指数自 2012 年的 100.0 上涨至 2017 年的 132.2，年均增速达到 5.7%，高出全国平均增速 1.3 个百分点。

江西工业发展质量时序指数增长较快，尤其技术创新和两化融合方面增长迅速，年均增速均快于时序指数。

技术创新方面，主要是工业企业新产品销售收入占比增长较快，年均增速达到 14.9%；工业企业 R&D 经费投入强度和工业企业单位 R&D 经费支出发明专利数增长速度也比较快，年均增速分别为 9.8% 和 9.2%。

两化融合方面，电子信息产业占比年均增速为 9.6%，增长较快；工业应用信息化水平增长速度也不慢，年均增速达到 5.1%。

江西在速度效益和结构调整方面提升较慢，年均增速大大低于平均水平，分别为 4.0% 和 4.9%。速度效益方面，工业增加值增速表现相对较好，年均增速达到了 9.9%。结构调整方面，小型工业企业主营业务收入增速表现较好，年均增速达到了 9.1%；而 500 强企业占比年均增速为 -1.6%，是导致结构调整增速提升缓慢的主要原因。

江西在资源环境方面表现最差，年均增速仅为 0.6%。其中，工业固体废物综合利用率和工业污染治理投资强度均为负增长，年均增速为 -7.4% 和 -0.1%，是导致江西资源环境增速降低的主要原因。

### 2. 截面指数（见表 6-32）

表 6-32　2012—2017 年江西工业发展质量截面指数排名

| | 2012 | 2013 | 2014 | 2015 | 2016 | 2017 | 2012—2017 年均值排名 |
|---|---|---|---|---|---|---|---|
| 速度效益 | 14 | 8 | 3 | 2 | 3 | 6 | 4 |
| 结构调整 | 15 | 13 | 14 | 11 | 10 | 15 | 13 |
| 技术创新 | 28 | 27 | 27 | 28 | 27 | 23 | 27 |
| 资源环境 | 22 | 18 | 18 | 18 | 28 | 25 | 22 |
| 两化融合 | 18 | 21 | 5 | 12 | 15 | 17 | 16 |
| 人力资源 | 23 | 24 | 24 | 22 | 25 | 24 | 23 |
| 截面指数 | 23 | 23 | 15 | 16 | 17 | 18 | 17 |

资料来源：赛迪智库整理，2019 年 2 月。

横向对比来看，江西工业发展质量截面指数稳定在全国中游水平，2017 年截面指数为 34.3，排在全国第 18 位。

速度效益是江西表现较为突出的方面，2017 年全国排名第 6 位，处于领先水平。其中，工业增加值增速和资产负债率从 2012 年开始位次不断前移，并稳定在全国第一方阵；工业成本费用利润率和工业主营业务收入利润率表现也相对不错，处于全国上游水平，2017 年全国排名均为第 10 位。

结构调整和两化融合方面表现一般，2017 年排名处于中游水平，分别排在全国的第 15 位和第 17 位。

结构调整方面，高技术制造业主营业务收入占比表现不错，2017 年全国排名第 9 位，处于上游水平。

两化融合方面，工业应用信息化水平和电子信息产业占比在全国均处于中游水平，2017 年在全国排名分别处于第 20 位和第 12 位。

技术创新、资源环境和人力资源方面江西表现较差，在全国处于下游水平。其中，资源环境方面，单位工业增加值能耗表现相对较好，2017 年排名第 20 位；工业固体废物综合利用率和工业污染治理投资强度排名相对靠后，2017 年分别排在全国的第 28 位和第 20 位，提升空间较大。

技术创新方面，工业企业 R&D 经费投入强度、工业企业 R&D 人员投入强度和工业企业单位 R&D 经费支出发明专利数 2017 年表现均较差，在全国处于下游水平；工业企业新产品销售收入占比则处于中游水平。

人力资源方面，工业城镇单位就业人员平均工资增速、第二产业全员劳动生产率和就业人员平均受教育年限表现都不太理想，均处于全国中下游水平。

### 3．原因分析

江西工业经济规模和发展质量在全国均处于中等水平，但工业发展质量较前些年有明显提升，主要是速度效益方面发展水平较高。

速度效益方面，江西省政府千方百计采取多项措施促进实体经济发展，保持了工业经济的快速健康发展势头。一是围绕制约工业经济高质量发展的关键瓶颈问题，有针对性地提出多种解决方案，取得良好效果。二是狠抓重特大项目建设，不断扩大投资，特别是抓好重大基础设施建设和支柱产业发展，如抓好新钢优特钢带、赣江新区伊顿电气产品生产基地一期等重大产业项目建设。三是不断优化实体经济发展环境，帮助企业做大做强。积极实施“三去一降一补”，帮助企业降低成本，出台扶持民营经济发展“30 条”，筹建江西省非公有制企业维权服务中心等，不断优化企业营商环境。

## （三）结论与展望

从时序指数的纵向对比来看，近年来年江西工业发展质量稳步上升，未来应从技术创新和资源环境等方面着重发力，显著提升工业发展质量。

技术创新方面，一是鼓励将现代信息技术等推广应用到工业制造业领域，支持企业积极运用工业应用软件、智能控制系统等对现有生产装备进行适应性改造，提升工业企业智能制造能力。二是提升江西省装备工业技术水平，推动制造业领域内关键核心技术的联合攻关与协同研发，推动生物医药、化工、新能源汽车等重点领域装备制造业创新中心建设，打造相关科技创新公共服务平台。三是围绕制造业高质量发展主题，利用技术创新形成江西新的竞争优势，打造具有江西特色的现代产业体系。

资源环境方面，一是推进加快生态文明建设，打通绿水青山与金山银山双向转换通道，打造工业绿色发展的中国“江西样板”。二是推进制造业绿色转型发展，重点发展绿色产品、绿色工厂、绿色工业园区等。三是做好工业节能降耗工作，实施行业节水改造示范工程和高耗能设备系统改造计划，高标准推进工业领域的清洁生产，积极利用先进技术实现工业领域高污染的治理与防控。

## 十五、山东

### （一）总体情况

#### 1. 宏观经济总体情况

2018 年，山东省地区生产总值 76469.7 亿元，同比增长 6.4%。从三次产业看，第一产业、第二产业和第三产业增加值分别为 4950.5 亿元和 33641.7 亿元和 37877.4 亿元，分别同比增长 2.6%、5.1% 和 8.3%。三次产业增加值占比分别为 6.5%、44.0% 和 49.5%。人均 GDP 达到 76267 元，按年均汇率折算达到 11525 美元。

2018 年，山东完成固定资产投资同比增长 4.1%。第一产业投资同比增长 8.5%，第二产业投资同比下降 0.3%，第三产业投资同比增长 7.1%。2018 年社会消费品零售总额达到 30645.8 亿元，同比增长 10.4%。2016 年进出口总额为 15466.5 亿元，同比增长 3.5%；其中，出口额为 9052.2 亿元，同比增长 1.2%；进口额为 6414.3 亿元，同比增长 6.8%。2018 年山东城镇居民和农村居民家庭人均可支配收入分别为 39549 元和 16297 元，分别同比增长 7.5% 和 7.8%。

### 2. 工业经济运行情况

2018年，山东全部工业增加值达到28897.0亿元，同比增长5.4%；规模以上工业增加值同比增长5.2%。其中，装备制造业同比增长7.5%，高技术产业同比增长9.6%。

全省规模以上工业主营业务收入同比增长5.3%，利润总额同比增长10.3%；主营业务收入利润率为5.26%，较上年提高了0.25个百分点。

## （二）指标分析

### 1. 时序指数（见图6-16和表6-33）

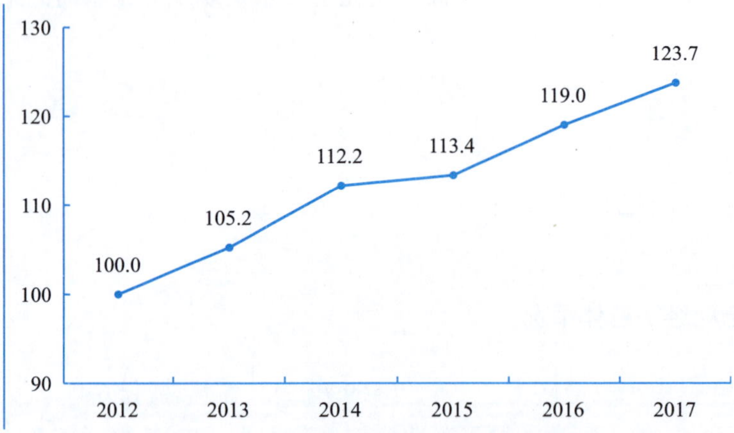


图6-16 山东工业发展质量时序指数

（资料来源：赛迪智库整理，2019年2月）

表6-33 2012—2017年山东工业发展质量时序指数

| | 2012 | 2013 | 2014 | 2015 | 2016 | 2017 | 2012—2017年年均增速 |
|---|---|---|---|---|---|---|---|
| 速度效益 | 100.0 | 101.2 | 101.7 | 102.7 | 104.7 | 106.3 | 1.2% |
| 结构调整 | 100.0 | 102.2 | 108.4 | 116.7 | 119.1 | 121.5 | 4.0% |
| 技术创新 | 100.0 | 105.1 | 105.6 | 110.4 | 117.0 | 134.4 | 6.1% |
| 资源环境 | 100.0 | 108.5 | 135.0 | 114.2 | 123.9 | 118.6 | 3.5% |
| 两化融合 | 100.0 | 109.7 | 116.0 | 124.7 | 135.1 | 135.5 | 6.3% |
| 人力资源 | 100.0 | 107.7 | 113.6 | 117.7 | 122.9 | 131.1 | 5.6% |

续表

| | 2012 | 2013 | 2014 | 2015 | 2016 | 2017 | 2012—2017 年年均增速 |
|---|---|---|---|---|---|---|---|
| 时序指数 | 100.0 | 105.2 | 112.2 | 113.4 | 119.0 | 123.7 | 4.3% |

资料来源：赛迪智库整理，2019 年 2 月。

纵向对比来看，山东工业发展质量时序指数由 2012 年的 100.0 上升至 2017 年的 123.7，年均增速为 4.3%，落后于全国平均水平。

山东省两化融合、技术创新和人力资源方面增长较快，年均增速分别达到 6.3%、6.1% 和 5.6%。

两化融合方面，工业应用信息化水平和电子信息产业占比等指标增速非常快，年均增速分别达到 4.6% 和 7.8%，是促进全省两化融合水平提升的重要因素。

技术创新方面，工业企业 R&D 经费投入强度与工业企业单位 R&D 经费支出发明专利数两项指标增速较快，年均增速分别为 7.5% 和 7.7%。

人力资源方面，第二产业全员劳动生产率和工业城镇单位就业人员平均工资增速这两个指标快速增长，年均增速分别达到 7.1% 和 8.4%，是促进全省人力资源水平提升的重要因素；就业人员平均受教育年限增速相对缓慢，为 0.5%。

山东在速度效益方面表现较差，年均增速仅为 1.2%。该方面的细分指标中，只有工业增加值增速一项表现尚可，年均增速为 8.1%，另外三项细分指标（资产负债率、工业成本费用利润率、工业主营业务收入利润率）均为负增长（分别为 -0.1%、-3.6%、-3.2%），这对速度效益指数的增长起到了很大的抑制作用。

### 2．截面指数（见表 6-34）

表 6-34　2012—2017 年山东工业发展质量截面指数排名

| | 2012 | 2013 | 2014 | 2015 | 2016 | 2017 | 2012—2017 年均值排名 |
|---|---|---|---|---|---|---|---|
| 速度效益 | 17 | 11 | 11 | 12 | 15 | 20 | 15 |
| 结构调整 | 3 | 4 | 5 | 4 | 4 | 4 | 4 |
| 技术创新 | 12 | 14 | 14 | 11 | 12 | 12 | 12 |
| 资源环境 | 8 | 11 | 9 | 8 | 8 | 8 | 7 |
| 两化融合 | 6 | 6 | 11 | 10 | 7 | 9 | 8 |
| 人力资源 | 20 | 17 | 21 | 21 | 19 | 11 | 20 |
| 截面指数 | 6 | 10 | 9 | 8 | 8 | 9 | 8 |

资料来源：赛迪智库整理，2019 年 2 月。

横向对比来看，山东的工业发展质量截面指数一直处于全国上游水平，2017 年截面指数为 46.3，全国排名第 9 位。

结构调整、资源环境与两化融合是山东表现较为突出的方面，2017 年在全国排名为第 4 位、第 8 位和第 9 位，处于上游水平。

结构调整方面，500 强企业占比与工业制成品出口占比两项指标全国排名遥遥领先，分别位列第 2 位与第 4 位，这表明大型企业与出口增长迅速成为全省工业结构调整的重要助推力；但小型工业企业主营业务收入增速与高技术制造业主营业务收入占比两项指标则排名较靠后，分别为全国第 22 位与第 20 位，说明中小企业与科技型企业发展不足。

资源环境方面，工业固体废物综合利用率、工业污染治理投资强度两项指标排名靠前，均为全国第 8 位；单位工业增加值能耗排名处于全国中等水平，排在全国第 14 位。

两化融合方面，工业应用信息化水平排名较高，位列全国第 6 位；但电子信息产业占比在全国排名中游，为全国第 13 位。

除了结构调整、资源环境与两化融合等指标表现强劲之外，山东在其他指标方面表现一般，在技术创新、速度效益以及人力资源方面处于全国中等偏下水平，2017 年全国排名分别为第 12 位、第 20 位和第 11 位。

技术创新方面，工业企业 R&D 经费投入强度和工业企业 R&D 人员投入强度全面排名靠前，均位列第 10 位，表明大中型企业人员研发投入较多；但工业企业新产品销售收入占比、工业企业单位 R&D 经费支出发明专利数处于全国中下游水平，分别为第 13 位、第 22 位。

速度效益方面，工业增加值增速和资产负债率指标排名位居全国中等水平，分别位列全国第 18 位与第 12 位；工业成本费用利润率和工业主营业务收入利润率表现相对较差，均排在全国的第 22 位，处于全国下游水平。

人力资源方面，工业城镇单位就业人员平均工资增速处于全国领先水平，排名第 5 位；就业人员平均受教育年限、第二产业全员劳动生产率排名分别为第 18 位、第 19 位，均位列全国中游水平。

### 3. 原因分析

山东工业经济规模在全国排名较为领先，特别是在结构调整和两化融合方面表现较为突出。

结构调整方面，一是加快新旧动能转换步伐，以推进重点工程建设为抓手，成立五个一线指挥部，实施帮扶“633”工程，大力发展新一代信息技术产业、生物医药产业、高端装备产业、新材料产业、现代海洋产业、绿色低碳产业、数字创意产业等战略性新兴产业，不断推进产业转型升级步伐，实现高质量发展。二是大力发展现代服务业，特别是现代物流、电子商务、商务服务业等生产性服务业，为实体经济发展提供强力支撑。

两化融合方面，一是积极开展两化融合深度行主题活动，包括开展网络安全意识培训、企业信息化专场活动、CIO 智库活动等，为推进企业深度参与学习两化融合提供平台。二是开展两化融合助企公益项目建设，以实现相关信息化产品和服务的对接，大幅降低企业信息化建设的相关成本，提升企业的生产效率。三是引导重点企业开展两化融合自对标、自诊断、自评估，形成以管理标准促发展、促转型、促创新的新格局。

### （三）结论与展望

综合来看，山东工业发展质量在全国处于领先地位，但速度效益和技术创新等的发展空间还有待进一步拓展。

速度效益方面，一是要继续做好招商引资工作，重点围绕山东规划发展的重点产业，特别是未来重点发展的各类战略性新兴产业，有的放矢地做好招商引资工作。二是以重特大项目和重点工业园区建设为抓手、为载体，推进工业经济实现又好又快发展。三是在推进工业经济发展的同时，要坚持质量第一和效益优先的原则，加强质量和品牌建设，实现高质量发展。

技术创新方面，一是加快中国建筑材料科学研究总院山东分院、浙江大学山东工研院等创新平台建设，加快筹建产业创新联盟。二是加快科技创新成果产业化步伐，发挥企业创新主体作用，同时加强知识产权保护，建设一批专业的推进科技成果转化的服务机构，助推科技成果实现快速转化。三是不断优化创新环境，努力营造浓厚的科技创新氛围。

## 十六、河南

### （一）总体情况

#### 1．宏观经济总体情况

2018 年，河南省地区生产总值为 48055.86 亿元，同比增长 7.6%。从三次产业结构来看，第一、二、三产业增加值分别为 4289.38 亿元、22034.83 亿元和 21731.65 元，与上年相比增长率分别为 3.3%、7.2% 和 9.2%。三次产业结构比例分别为 10.7%、47% 和 41.9%。

2018 年，全省完成全社会固定资产投资同比增长 8.1%；第一产业、第二产业和第三产业投资分别增长 16.9%、1.7% 和 10.6%。全年全省社会消费品零售总额为 20594.74 亿元，同比增长 10.3%。

### 2. 工业经济运行情况

2018 年，河南规模以上工业增加值同比增长 7.2%。其中，高技术产业同比增长 16.8%，占规模以上工业的 8.7%。高成长性制造业同比增长 10.6%，占规模以上工业的 48.4%。传统支柱产业同比增长 5.3%，占规模以上工业的 44.5%。六大高能耗产业同比增长 6.1%，占规模以上工业的 32.3%。

2018 年，河南规模以上工业企业主营业务收入同比增长 10.8%，利润总额同比增长 24.5%。

## （二）指标分析

### 1. 时序指数（见图 6-17 和表 6-35）

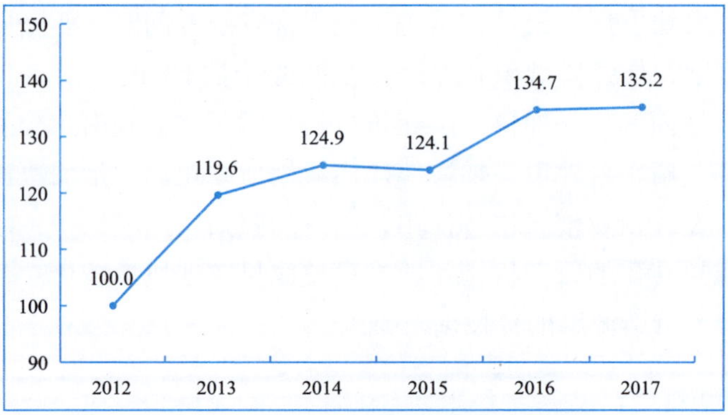


**图 6-17　河南工业发展质量时序指数**

（资料来源：赛迪智库整理，2019 年 2 月）

**表 6-35　2012—2017 年河南工业发展质量时序指数**

| | 2012 | 2013 | 2014 | 2015 | 2016 | 2017 | 2012—2017 年年均增速 |
|---|---|---|---|---|---|---|---|
| 速度效益 | 100.0 | 103.1 | 104.8 | 103.6 | 105.5 | 109.1 | 1.8% |
| 结构调整 | 100.0 | 118.8 | 118.8 | 139.4 | 143.2 | 149.0 | 8.3% |

续表

| | 2012 | 2013 | 2014 | 2015 | 2016 | 2017 | 2012—2017 年年均增速 |
|---|---|---|---|---|---|---|---|
| 技术创新 | 100.0 | 117.6 | 117.1 | 115.5 | 116.8 | 129.2 | 5.3% |
| 资源环境 | 100.0 | 167.8 | 192.8 | 150.1 | 210.5 | 178.4 | 12.3% |
| 两化融合 | 100.0 | 114.4 | 116.2 | 130.3 | 127.2 | 130.3 | 5.4% |
| 人力资源 | 100.0 | 101.3 | 108.9 | 113.5 | 117.4 | 122.3 | 4.1% |
| 时序指数 | 100.0 | 119.6 | 124.9 | 124.1 | 134.7 | 135.2 | 6.2% |

资料来源：赛迪智库整理，2019 年 2 月。

纵向对比来看，河南工业发展质量时序指数自 2012 年的 100.0 上升至 2017 年的 135.2，年均增速达到 6.2%，高于全国 4.4% 的平均增速。

河南在资源环境、结构调整方面表现突出，年均增速为 12.3%、8.3%。其中，资源环境方面，工业固体废物综合利用率增长幅度很大，年均增速达到 73.6%；单位工业增加值能耗增长相对缓慢，年均增速为 0.9%。

结构调整方面，高技术制造业主营业务收入占比成为促进本项指标提升的主要因素，其年均增速达到 10.0%；小型工业企业主营业务收入增速为 -0.4%，表现较差。

两化融合方面，年均增速达到 5.4%，其中电子信息产业占比和工业应用信息化水平保持增长，年均增速分别为 3.4% 和 60.8%。

人力资源和速度效益方面增长相对缓慢，年均增速分别为 4.1% 和 1.8%。其中，人力资源方面，第二产业全员劳动生产率与就业人员平均受教育年限增长相对较快，年均增速分别为 9.8% 和 9.9%；工业城镇单位就业人员平均工资增速相对缓慢，年均增速仅为 7.0%。

### 2．截面指数（见表 6-36）

表 6-36　2012—2017 年河南工业发展质量截面指数排名

| | 2012 | 2013 | 2014 | 2015 | 2016 | 2017 | 2012—2017 年均值排名 |
|---|---|---|---|---|---|---|---|
| 速度效益 | 7 | 7 | 2 | 1 | 4 | 8 | 3 |
| 结构调整 | 22 | 20 | 16 | 12 | 12 | 11 | 16 |
| 技术创新 | 23 | 22 | 23 | 25 | 25 | 24 | 24 |
| 资源环境 | 16 | 13 | 12 | 12 | 11 | 9 | 12 |
| 两化融合 | 14 | 13 | 18 | 17 | 21 | 21 | 18 |
| 人力资源 | 29 | 29 | 23 | 23 | 27 | 27 | 29 |
| 截面指数 | 19 | 19 | 14 | 14 | 14 | 15 | 14 |

资料来源：赛迪智库整理，2019 年 2 月。

横向对比来看，河南工业发展质量截面指数始终处于全国中等水平，2017 年截面指数为 35.7，全国排名为第 15 位。

速度效益和资源环境方面表现优异，位于全国上游水平，分别排名全国第 8 名和第 9 名，是河南工业发展质量截面指数各细分指标中排名最为领先的二项。

速度效益方面，资产负债率连续多年处于全国领先水平。工业增加值增速全国排名第 12 位，工业成本费用利润率、工业主营业务收入利润率两项指标全国排名均为第 15 位，均处于全国中游水平。

资源环境方面，各项指标在全国排名均处于中上等水平。工业固体废物综合利用率 2017 年全国排名均为第 10 位。单位工业增加值能耗全国排名为第 13 位，近年表现都比较稳定。

结构调整方面，工业制成品出口占比指标和 500 强企业占比始终排名较为靠前，2017 年排名分别位于全国第 7 位和第 9 位；高技术制造业主营业务收入占比和小型工业企业主营业务收入增速全国排名分别为第 14 位和第 15 位，在全国位于中游水平。

技术创新、两化融合与人力资源三方面河南省在全国排名均处于下游水平，2017 年全国排名分别为第 24 位、第 21 位与第 27 位。

技术创新方面，工业企业单位 R&D 经费支出发明专利数全国排名仅为第 25 位；工业企业 R&D 经费投入强度、工业企业 R&D 人员投入强度、工业企业新产品销售收入占比等指标排名亦处在中下游水平，分别位列全国第 24 位、第 24 位与第 18 位。

两化融合方面，工业应用信息化水平、电子信息产业占比两项指标排名也不甚理想，均位列全国第 19 位。

人力资源方面，第二产业全员劳动生产率在全国排名处于下游水平，2017 年全国排名第 30 位；就业人员平均受教育年限、工业城镇单位就业人员平均工资增速两项指标排名也不甚理想，均位列全国第 22 位。

### 3．原因分析

从截面指数排名看，河南位居全国第 15 位。近年来河南省在速度效益和资源环境等方面表现优秀。

速度效益方面，一是多措并举，推进工业经济快速平稳增长，推动各类重点资源要素向实体经济倾斜、集聚，千方百计帮助企业解决实际困难，切实减轻企业负担。二是扶持民营经济发展，不断消除歧视非公有制经济行为，不断出台一系列扶持民营经济发展的政策，持续改善营商环境，大力提升实体经济活力。

资源环境方面，一是组织实施污染防治攻坚战三年行动计划，实行依法治污、科学治污、全民治污，大力推进污染防范与治理。二是积极推行河长制、湖长制，实施水生态、水资源、水灾害、水环境“四水同治”，并取得良好效果。三是重视对重点工业污染行业和企业的污染治理与监控，不断加强工业领域的节能减排与清洁生产工作，大力推行绿色制造。

### （三）结论与展望

综合来看，河南在技术创新和人力资源方面还有较大的发展提升空间。

技术创新方面，一是进一步完善科技创新体系，发挥科技创新中龙头企业的骨干引领作用，加快掘进机械国家技术创新中心、国家重点实验室等平台的创建工作，扶持发展各类新型研发机构，实施好“十百千”转型升级等创新专项。二是大力提升科技创新能力，以举办“中国 · 河南开放创新暨跨国技术转移大会”为载体，尝试开展订单式研发与成果转化。三是不断加快财政投入，鼓励企业增加研发投入，建设省级综合科技信息服务平台，努力优化良好创新环境。

人力资源方面，一是不断加大对普通产业工人、高技能技术工人的培训与选拔，为产业发展持续提供人力资源保障。二是应加大对科技创新领军人选、高端人才的引进和培育力度，出台各项优惠政策，以保证高端人才进得来、留得住。三是要为各类人才创造良好的创新和创业环境，使他们能在河南充分发挥聪明才智，为经济发展和科技创新做出贡献。

## 十七、湖北

### （一）总体情况

#### 1．宏观经济总体情况

2018 年，湖北省地区生产总值达到 39366.6 亿元，同比增长 7.8%。其中第一、二、三产业增加值分别为 3547.5 亿元、17089.0 亿元和 18730.1 亿元，同比分别增长 2.9%、6.8% 和 9.9%；三次产业结构比例调整为 9.0：43.4：47.6。服务业对经济增长贡献率达到 54.7%。创新驱动取得新进展，高新技术产业增加值同比增长 12.8%，高新技术企业数量达到 1200 多家。进出口保持较快增长，进出口贸易总额达到 3487.2 亿元，同比增长 11.2%。新设外商投资企业同比增长 53.7%。

2018 年，湖北省固定资产投资总额同比增长 11.0%。其中，工业投资同比增长 15.8%；工业技改投资同比增速高达 24.2%；民间投资保持快速增长，同比增长 11.4%，比去年提高 4.3 个百分点；基础设施投资增长 13.0%，增速明显加快。

### 2. 工业经济运行情况

2018 年，湖北省工业经济保持稳定增长。全省规模以上工业增加值同比增长 7.1%，比上年回落 0.3 个百分点，比全国平均水平高 0.9 个百分点。其中高技术制造业持续保持较快增长，同比增速为 13.2%，比全部规模以上工业增速高出 6.1 个百分点。计算机、通信和其他电子设备制造业，医药制造业，通用设备制造业表现突出，实现较大幅度增长。装备制造业同比增长 7.3%，比全部规模以上工业增速高出 0.2 个百分点，对全省工业增长的贡献率达到 34.3%。电力、热力生产和供应业同比增长 9.5%，非金属矿物制品业同比增长 5.3%，酒、饮料和精制茶制造业同比增长 9.5%，纺织业同比增长 5.5%，橡胶和塑料制品业同比增长 5.4%，以上重点行业均较上年增速加快。

## （二）指标分析

### 1. 时序指数（见图 6-18 和表 6-37）

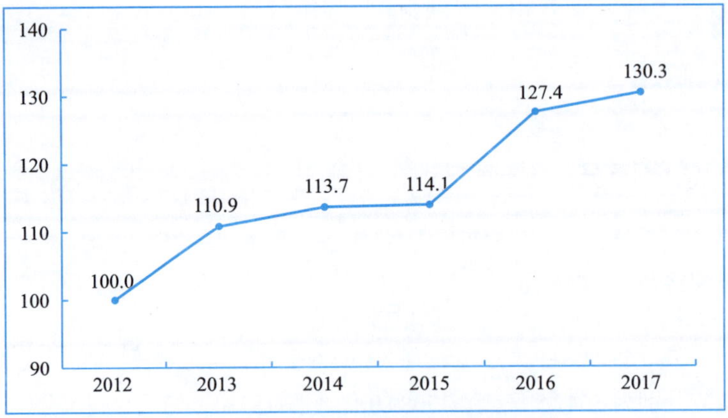


图 6-18 湖北工业发展质量时序指数

（资料来源：赛迪智库整理，2019 年 2 月）

表 6-37　2012—2017 年湖北工业发展质量时序指数

| | 2012 | 2013 | 2014 | 2015 | 2016 | 2017 | 2012—2017 年年均增速 |
|---|---|---|---|---|---|---|---|
| 速度效益 | 100.0 | 105.1 | 103.9 | 106.1 | 111.5 | 115.6 | 2.9% |
| 结构调整 | 100.0 | 112.6 | 119.6 | 129.7 | 134.7 | 133.6 | 6.0% |
| 技术创新 | 100.0 | 103.3 | 104.0 | 107.5 | 119.2 | 132.3 | 5.8% |
| 资源环境 | 100.0 | 121.2 | 121.8 | 98.5 | 130.9 | 99.0 | -0.2% |
| 两化融合 | 100.0 | 123.5 | 128.7 | 128.5 | 155.9 | 183.6 | 12.9% |
| 人力资源 | 100.0 | 106.4 | 112.5 | 118.6 | 124.6 | 132.1 | 5.7% |
| 时序指数 | 100.0 | 110.9 | 113.7 | 114.1 | 127.4 | 130.3 | 5.4% |

资料来源：赛迪智库整理，2019 年 2 月。

纵向对比来看，湖北工业发展质量时序指数自 2012 年的 100.0 上涨至 2017 年的 130.3，年均增速达 5.4%，高出全国平均水平 1.0 个百分点。

湖北两化融合方面增速最快，是湖北工业发展质量时序指数增长的主要原因，年均增速为 12.9%。其中，电子信息产业占比增速较快，年均增速达到 18.8%；工业应用信息化水平增速平稳，年均增速为 5.5%。

结构调整、技术创新和人力资源方面保持稳定增长，年均增速分别为 6.0%、5.8% 和 5.7%。

结构调整方面，高技术制造业主营业务收入占比和小型工业企业主营业务收入增速增长较快，年均增速分别达到 10.3% 和 9.7%，是推动结构调整的主要动力；500 强企业占比出现下滑，年均增速为 -3%，减缓了结构调整的步伐。

技术创新方面，工业企业新产品销售收入占比增速相对较快，年均增速为 8.8%；工业企业 R&D 经费投入强度、工业企业 R&D 人员投入强度、工业企业单位 R&D 经费支出发明专利数年均增速相对较慢，成为阻碍湖北工业企业技术创新指数提升的主要原因。

人力资源方面，就业人员平均受教育年限年均增速仅为 0.5%，成为阻碍人力资源指数提升的主要原因。

湖北在速度效益和资源环境方面表现不佳，年均增速分别为 2.9% 和 -0.2%。

速度效益方面，只有工业增加值增速较高，年均增速为 8.9%；但是工业成本费用利润率、工业主营业务收入利润率两项指标均为负增长，成为拖累湖北工业效益提升的主要原因。

资源环境方面，工业固体废物综合利用率表现不佳，年均增速为 -4.7%；

工业污染治理投资强度年均增速为 -2.7%，也出现了下滑；只有单位工业增加值能耗表现稍好，持续下降。

## 2. 截面指数（见表 6-38）

表 6-38　2012—2017 年湖北工业发展质量截面指数排名

| | 2012 | 2013 | 2014 | 2015 | 2016 | 2017 | 2012—2017 年均值排名 |
|---|---|---|---|---|---|---|---|
| 速度效益 | 19 | 12 | 12 | 10 | 13 | 16 | 13 |
| 结构调整 | 9 | 12 | 13 | 13 | 16 | 16 | 11 |
| 技术创新 | 10 | 10 | 10 | 10 | 10 | 10 | 10 |
| 资源环境 | 14 | 16 | 14 | 22 | 17 | 18 | 17 |
| 两化融合 | 9 | 8 | 9 | 16 | 10 | 10 | 9 |
| 人力资源 | 16 | 16 | 7 | 14 | 11 | 15 | 12 |
| 截面指数 | 13 | 12 | 10 | 13 | 13 | 11 | 13 |

资料来源：赛迪智库整理，2019 年 2 月。

横向对比来看，2017 年湖北工业发展质量截面指数为 40.1，排名为全国第 11 位，近年来一直稳定在全国中上游水平。

湖北在技术创新和两化融合方面表现较好，2017 年均排名全国第 10 位。

技术创新方面，工业企业 R&D 经费投入强度、工业企业 R&D 人员投入强度、工业企业新产品销售收入占比全国排名分别为第 11 位、第 9 位和第 10 位，成为促进湖北工业企业技术创新指数提升的重要原因。

两化融合方面，电子信息产业占比较前几年有进一步提升，2017 年全国排名第 11 位，比 2016 年提高了 2 位，成为促进全省工业企业两化融合水平提升的主要动力。

湖北在速度效益、结构调整、人力资源方面表现均衡，2017 年全国排名分别为第 16 位、第 16 位和第 15 位。

速度效益方面，工业增加值增速全国排名第 12 位，处于中上游水平；但是工业成本费用利润率和工业主营业务收入利润率全国排名都在第 20 位，影响了效益水平的提升。

结构调整方面，高技术制造业主营业务收入占比、500 强企业占比、工业制成品出口占比全国排名分别为第 13 位、第 13 位和第 14 位，是推动结构调整加快的主要原因。

人力资源方面，整体处于全国中游水平，但是近两年连续下滑，2017 年全国排名第15位，比2016年下降了4位。其中，就业人员平均受教育年限在全国排名从2015年的第14位下降到2017年的第19位，下降最为显著。

湖北在资源环境方面表现相对较差，处于全国中下游水平，2017年排名为第18位。其中，单位工业增加值能耗水平2017年全国排名第18位，处于中下游位置；工业污染治理投资强度全国排名第21位，拉低了资源环境的整体水平。

### 3. 原因分析

湖北工业发展质量排名多年保持全国中上游水平，主要得力于在技术创新、两化融合、结构调整方面具有较好的基础并持续提高。

湖北是科教大省、工业大省、创新大省，国家信息光电子创新中心、国家数字化设计与制造创新中心先后落户湖北武汉，湖北成为继北京、上海之后全国第三个拥有“双中心”的省市，有助于进一步发挥湖北科技创新优势，加快制造业转型。

湖北大力推动互联网、大数据、人工智能和实体经济的融合发展，大力支持长江存储、华为、烽火、联想、华星光电、天马微电子等“芯屏端网”新一代信息技术企业发展。2018年实施“万企上云”工程，湖北工业云（用友）平台上线运行，工业互联网标识解析国家顶级节点（武汉）正式上线，出台了《湖北省“万企上云”工程工作方案（2018—2020年）》《湖北省云计算大数据发展“十三五”规划》等政策文件，湖北的“大数据发展指数”和“智能化发展指数”分别居全国第八位、第九位。

湖北大力推动传统产业转型升级，出台了《工业经济稳增长快转型高质量发展三年（2018—2020年）工作方案》，大力实施“万企万亿”技改工程，开展石化行业技术改造和传统石化产业提档升级，建立化工产业转型发展基金，支持电子级化学品、化工新材料等高端化工产业和化工园区改造提升。

湖北推动化工产业绿色发展，实施长江经济带绿色发展“十大战略性举措”，开展沿江化工企业“关改搬转”和危化品企业搬迁改造工作。

## （三）结论与展望

综合来看，湖北只有充分发挥科技、人才、工业基础等方面的优势，在结构调整、技术创新方面不断提高，同时在速度效益、资源环境等方面进一步改善，工业发展质量才能迈入全国上游行列。

第一，湖北应坚持以创新为根本动力，依托国家信息光电子创新中心、国家数字化设计与制造创新中心，加快突破行业共性技术瓶颈，深化创新机制，创新发展模式和商业模式，整合创新资源，补齐创新链的短板和弱项。

第二，应将智能制造作为主攻方向，进一步完善湖北省智能制造的顶层设计，明确智能制造发展战略与实施路径，加快建设智能制造的标准体系，继续改善政策支持环境。

第三，要聚焦传统产业抓改造，继续实施万企万亿技改工程，化解过剩产能，加大传统产业改造升级财政专项资金支持力度。

第四，要加快推动新一代信息技术与制造技术融合发展，推动数字经济和实体经济融合发展。

第五，要全力打好沿江化工企业“关改搬转”攻坚战，要深入贯彻习近平总书记视察湖北重要讲话精神，统一思想认识，聚焦突出问题，积极主动作为，扎实推进工业绿色转型。

## 十八、湖南

### （一）总体情况

#### 1．宏观经济总体情况

2018 年，湖南省地区生产总值达到 36425.78 亿元，同比增长 7.8%。分产业来看，第一、二、三产业增加值分别达到 3083.6 亿元、14453.5 亿元和 18888.7 亿元，分别同比增长 3.5%、7.2% 和 9.2%。产业结构进一步优化，全省第一、二、三次产业比例为 8.5∶39.7∶51.8。第三产业增加值占 GDP 的比重首次突破了 50% 关口，达到 51.8%，比 2017 年提高 2.3 个百分点。第三产业对经济增长的贡献率达 55.1%，比第二产业高出 14.2 个百分点。在规模以上服务业中，软件和信息技术服务业、研究和试验发展业等新兴行业收入增速同比超过 20%。

2018 年全省实现固定资产投资 31328.1 亿元，同比增长 10.0%。第一、二、三产业投资占全部投资的比重分别为 3.4%、33.8% 和 62.8%。其中，工业投资增速较快，同比增长 32.4%。民间投资、装备制造业投资、高新技术产业投资快速增长，增速分别为 25.2%、31.8% 和 51.1%，有效推动全省经济结构进一步优化。

2018 年，全省实现社会消费品零售总额 15638.3 亿元，同比增长 10.0%。消费对经济增长的贡献率不断增强，达到了 56.9%，较上年提高 5.1 个百分点。居民人均可支配收入同比增长 9.3%，高于同期 GDP 增速。

### 2. 工业经济运行情况

2018 年，湖南工业经济稳中有升，规模以上工业增加值同比增长 7.4%，同比提高 0.1 个百分点。全省工业转型升级步伐加快，新动能不断发展壮大。供给侧结构性改革方面，煤炭、有色金属分别同比减产 3.2% 和 12.5%，钢材产量同比下降 6.5 个百分点。落后产能出清成效明显。

2018 年，全省六大高耗能行业增加值同比增长 5.5%，六大高耗能行业比重持续下降，占全部规模以上工业的比重为 29.9%。高技术制造业、高加工度工业、战略性新兴产业增加值分别增长 18.3%、10.1% 和 10.5%。其中，计算机、通信和其他电子设备制造业同比增长 26.3%，比 2017 年提高 6.1 个百分点；装备制造业增长较快，增加值同比增长 11.9%，高于全部规模工业 4.5 个百分点，对全部规模工业增长的贡献率达 45.5%；“三新”经济增加值占地区生产总值的比重为 16.9%，比上年提高 0.8 个百分点，对经济增长的贡献率为 25.4%。

工业重点产品中，中高端产品产量增长显著。电子计算机整机、工业机器人、新能源汽车、光电子器件、建筑工程机械、光缆分别同比增长 227%、156%、110%、44.1%、31.9%、26.7%。

## （二）指标分析

### 1. 时序指数（见图 6-19 和表 6-39）

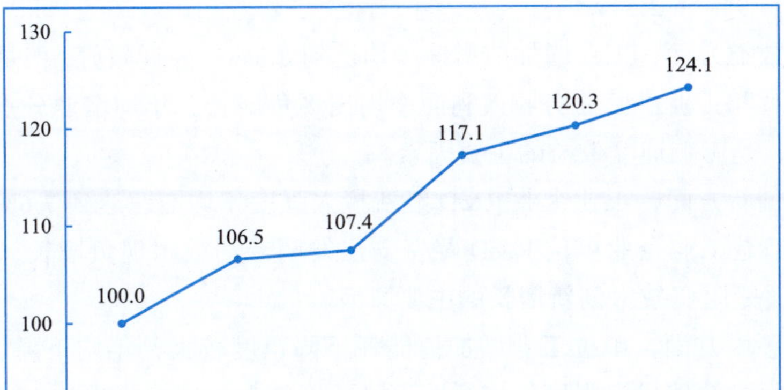


图 6-19　湖南工业发展质量时序指数

（资料来源：赛迪智库整理，2019 年 2 月）

表 6-39　2012—2017 年湖南工业发展质量时序指数

| | 2012 | 2013 | 2014 | 2015 | 2016 | 2017 | 2012—2017 年年均增速 |
|---|---|---|---|---|---|---|---|
| 速度效益 | 100.0 | 103.0 | 96.1 | 100.0 | 102.8 | 108.4 | 1.6% |
| 结构调整 | 100.0 | 107.4 | 110.8 | 124.3 | 143.2 | 136.6 | 6.4% |
| 技术创新 | 100.0 | 99.8 | 103.7 | 110.0 | 110.0 | 121.4 | 3.9% |
| 资源环境 | 100.0 | 115.3 | 106.6 | 125.7 | 112.8 | 113.4 | 2.5% |
| 两化融合 | 100.0 | 111.6 | 119.8 | 131.9 | 133.2 | 134.6 | 6.1% |
| 人力资源 | 100.0 | 106.2 | 114.0 | 120.2 | 127.1 | 136.2 | 6.4% |
| 时序指数 | 100.0 | 106.5 | 107.4 | 117.1 | 120.3 | 124.1 | 4.4% |

资料来源：赛迪智库整理，2019 年 2 月。

纵向对比来看，湖南工业发展质量时序指数由 2012 年的 100.0 增长到 2017 年的 124.1，年均增速为 4.4%，与全国平均增速持平。

湖南在结构调整、两化融合、人力资源方面相对较好，年均增速分别为 6.4%、6.1% 和 6.4%。

结构调整方面，高技术制造业主营业务收入占比、500 强企业占比和小型工业企业主营业务收入增长增速相对较快，只有工业制成品出口占比增速略低。

两化融合方面，电子信息产业占比增速相对较快，年均增速为 7.7%。

人力资源方面，第二产业全员劳动生产率增速较快，年均增速为 10.0%，是带动人力资源增长的主要动力。

湖南在速度效益、技术创新和资源环境方面增长较为缓慢，年均增速分别为 1.6%、3.9% 和 2.5%。

速度效益方面，工业增加值增速年均达到 8.3%，表现较好；但是工业成本费用利润率和工业主营业务收入利润率均出现负增长，年均增速分别为 -3.9% 和 -3.5%，是影响速度效益的主要因素。

技术创新方面，工业企业 R&D 经费投入强度年均增速达到 7.6%，表现相对较好；但是工业企业单位 R&D 经费支出发明专利数出现负增长，年均增速为 -4.6%，是阻碍技术创新增长的主要原因。

资源环境方面，单位工业增加值能耗下降幅度较大，年均下降了 11.7%；但是工业污染治理投资强度年均增速下降幅度较大，年均降幅为 18.1%，成为影响资源环境改善的主要因素。

## 2．截面指数（见表 6-40）

表 6-40　2012—2017 年湖南工业发展质量截面指数排名

| | 2012 | 2013 | 2014 | 2015 | 2016 | 2017 | 2012—2017 年均值排名 |
|---|---|---|---|---|---|---|---|
| 速度效益 | 13 | 10 | 17 | 14 | 19 | 17 | 14 |
| 结构调整 | 24 | 24 | 21 | 19 | 13 | 17 | 19 |
| 技术创新 | 8 | 8 | 8 | 9 | 9 | 9 | 9 |
| 资源环境 | 20 | 17 | 15 | 13 | 12 | 10 | 13 |
| 两化融合 | 8 | 10 | 12 | 9 | 12 | 13 | 11 |
| 人力资源 | 10 | 20 | 8 | 16 | 21 | 22 | 16 |
| 截面指数 | 11 | 13 | 11 | 11 | 12 | 12 | 12 |

资料来源：赛迪智库整理，2019 年 2 月。

横向对比来看，湖南工业发展质量截面指数 2017 年为 40.0，全国排名为第 12 位，近年来一直稳定在全国中上游水平。

湖南在技术创新方面一直处于全国上游水平，2017 年全国排在第 9 位。其中，工业企业新产品销售收入占比和工业企业 R&D 经费投入强度两项指标表现优异是推动技术创新提高的主要原因，2017 年两项指标全国排名分别为第 6 位和第 8 位。

湖南在资源环境和两化融合方面处于全国中上游水平，2017 年全国排名分别为第 10 位和第 13 位。

资源环境方面，单位工业增加值能耗、工业固体废物综合利用率在全国排名均处于上游位置；但是工业污染治理投资强度始终处于全国下游，2017 年落到第 30 位，大大拉低了湖南资源环境指数在全国的位次。

两化融合方面，工业应用信息化水平和电子信息产业占比全国排名分别为第 12 位和第 17 位，特别是工业应用信息化水平在全国的排名近两年下降幅度较大，影响了两化融合指数在全国的位次。

湖南在速度效益和结构调整方面处于全国中下游水平，2017 年排名均为第 17 位。

速度效益方面，工业成本费用利润率和工业主营业务收入利润率表现不佳，2017 年分别排名全国第 23 位和第 24 位。

结构调整方面，几项指标均处于全国中游水平。

湖南在人力资源方面处于全国下游水平。其中，工业城镇单位就业人员平均工资增速较为落后，2017年全国排名为第26位，近几年来呈现下滑态势，是影响人力资源指数在全国排名的主要因素。

### 3．原因分析

湖南工业发展质量稳步提升主要得益于以下各方面的不懈努力。

湖南积极转型承接东南沿海地区产业转移，2018年湘南、湘西承接产业转移示范区获批，提升了吸纳沿海产业集群入驻的能力。

大力推动制造业与互联网融合发展，出台了《深化制造业与互联网融合发展的若干政策措施》《湖南省中小企业"上云"行动计划（2018）》，鼓励企业级工业互联网平台建设，拥有46家云服务机构、7家行业应用云平台。

着力营造发展工业设计的良好环境，推动工业设计与全省新兴优势产业对接，发挥工业设计推动制造业转型升级、实现高质量发展的助推器作用。

大力支持移动互联网产业发展，软件和信息服务业发展态势良好，形成了电子商务产业集群、新媒体产业集群、移动生活产业集群、工业互联网产业集群、大数据产业集群、网络安全产业集群。2018年软件和信息服务业发展指数为67.09，排名全国第十。移动互联网产业营业收入达到1060亿元，同比增长25%。

积极实施"智能制造工程"专项行动，目前，全省已有16家企业入选全国智能制造试点示范项目，27个项目列入工业和信息化部智能制造专项。同时湖南还认定了43个省级智能制造示范企业，46个省级智能制造示范车间。

人力资源开发方面，湖南进一步推进"芙蓉人才计划"，吸引优秀人才回湘创新创业，形成了人才集聚的态势。

## （三）结论与展望

综合来看，湖南工业发展质量在全国处于中上游位置，在结构调整、资源环境等方面取得了较为显著的进步，但是在速度效益和人力资源方面还需进一步加强。

一是继续深入推进信息化和工业化融合，围绕工业互联网创新发展，加快创建"智慧产业集群"和"智慧园区"，推动制造业与大数据集成创新应用，大力发展数字经济，发挥人工智能产业的溢出效应。

二是建设一批世界级产业集群，完善一批新兴优势产业链。重点建设"长株潭衡"制造业高质量发展示范区和军民融合产业发展示范区；建设工程机械、先进轨道交通装备、中小航空发动机世界级产业集群，推动电子信息、新材料等产业集群竞争力进入全国前列。

三是加快省沿江化工企业搬迁改造，推进工业绿色发展。出台《湖南省沿江化工企业搬迁改造实施方案》，制定切实可行的措施，促进全省化工产业转型升级；要继续创建绿色工厂和绿色园区，培育一批绿色制造服务机构，建立低碳、循环的绿色制造体系。

## 十九、广东

### （一）总体情况

#### 1．宏观经济总体情况

2018 年，广东省地区生产总值达 97277.8 亿元，同比增长 6.8%。第一、第二、第三产业增加值分别为 3831.4 亿元、40695.2 亿元和 52751.18 亿元，分别同比增长 4.2%、5.9% 和 7.8%，三次产业结构比例调整为 4.0∶41.8∶54.2。人均地区生产总值达 86412 元，民营经济增加值占地区生产总值比重为 54.1%，新经济增加值占地区生产总值比重为 25.5%，现代服务业增加值占服务业增加值比重为 62.9%，生产性服务业增加值占地区生产总值比重为 27.8%，31 个服务业行业大类中，18 个行业实现两位数增长。

2018 年，广东完成全社会固定资产投资 35286.8 亿元，同比增长 10.7%。在固定资产投资中，第一产业投资同比下降 20.9%、第二产业投资同比增长 0.6%、第三产业投资同比增长 14.9%，其中工业投资同比增长 0.8%，先进制造业、高技术制造业投资分别同比增长 11.0% 和 18.1%，占制造业投资的比重达 56.5% 和 28.5%。

2018 年，广东实现进出口总额 71618.4 亿元，同比增长 5.1%，占全国的 23.5%。民营企业实现进出口总额 35017.8 亿元，同比增长 11.4%。实现社会消费品零售总额 39501.1 亿元，同比增长 8.8%。

#### 2．工业经济运行情况

2018 年，广东规模以上工业增加值为 32305.2 亿元，同比增长 6.3%。分经济类型看，民营企业、国有及国有控股企业、外商及港澳台商投资企业工业增加值同比增速分别为 9.1%、7.2%、2.0%。规模以上制造业同比增长 6.2%，其中先进制造业和高技术制造业发展较快。规模以上先进制造业增加值同比增长 7.8%，占规模以上工业增加值比重为 56.4%；高技术制造业增加值同比增长 9.5%，占规模以上工业增加值比重为 31.5%。计算机、通信和其他电子设备制造业，电气机械和器材制造业，以及汽车制造业三大支柱产业增加值对规模以上工业增长的贡献率达到 56.6%。新能源汽车、碳纤维增强复合材料、服务器、工业机器人和智能电视等新兴工业产品产量快速增长，同比增速分别达到 206.1%、49.4%、35.4%、28.3%、17.0%。

## （二）指标分析

### 1. 时序指数（见图 6-20 和表 6-41）

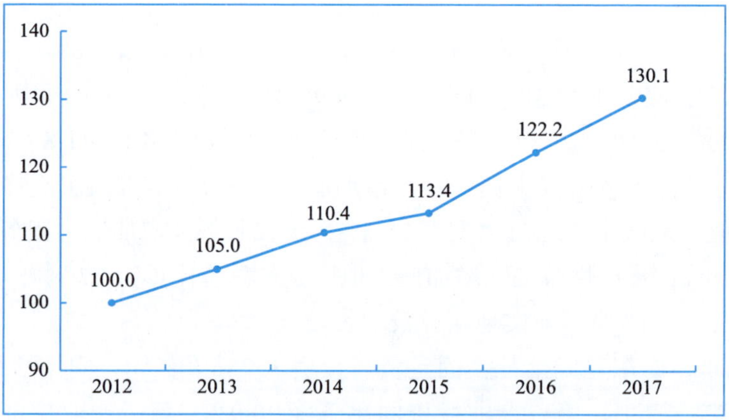


图 6-20　广东工业发展质量时序指数

（资料来源：赛迪智库整理，2019 年 2 月）

表 6-41　2012—2017 年广东工业发展质量时序指数

| | 2012 | 2013 | 2014 | 2015 | 2016 | 2017 | 2012—2017 年年均增速 |
|---|---|---|---|---|---|---|---|
| 速度效益 | 100.0 | 104.9 | 107.1 | 113.5 | 116.4 | 120.2 | 3.7% |
| 结构调整 | 100.0 | 108.8 | 113.4 | 117.3 | 132.7 | 134.1 | 6.0% |
| 技术创新 | 100.0 | 100.0 | 102.7 | 102.6 | 112.1 | 125.7 | 4.7% |
| 资源环境 | 100.0 | 104.9 | 112.1 | 111.7 | 103.0 | 114.7 | 2.8% |
| 两化融合 | 100.0 | 107.3 | 117.4 | 117.3 | 149.2 | 161.1 | 10.0% |
| 人力资源 | 100.0 | 105.5 | 113.8 | 121.9 | 128.5 | 135.2 | 6.2% |

续表

| | 2012 | 2013 | 2014 | 2015 | 2016 | 2017 | 2012—2017 年年均增速 |
|---|---|---|---|---|---|---|---|
| 时序指数 | 100.0 | 105.0 | 110.4 | 113.4 | 122.2 | 130.1 | 5.4% |

资料来源：赛迪智库整理，2019 年 2 月。

纵向来看，广东工业发展质量自 2012 年的 100.0 上涨至 2017 年的 130.1，年均增速为 5.4%，高于全国平均增速 1.0 个百分点。

广东在两化融合方面增长较快，年均增速为 10.0%。其中，工业应用信息化水平增速较高，年均增速达到 14.3%，是推动两化融合水平提高的主要动力。

广东在结构调整和人力资源方面平稳增长，年均增速分别为 6.0% 和 6.2%。

结构调整方面，500 强企业占比年均增速相对较快，达到 8.7%，但工业制成品出口占比年均增速只有 2.8%。

人力资源方面，工业城镇单位就业人员平均工资和第二产业全员劳动生产率年均增速分别为 8.4% 和 8.1%，是人力资源指数增长的主要动力。

广东在速度效益、技术创新和资源环境方面表现一般，年均增速分别为 3.7%、4.7% 和 2.8%。

速度效益方面，工业增加值增速年均达到 7.2%，表现最好；但是工业成本费用利润率和工业主营业务收入利润率两项指标年均增速分别为 2.7% 和 2.6%，影响了速度效益提高。

技术创新方面，工业企业新产品销售收入占比年均增速达到 9.7%，表现最好；但是工业企业 R&D 经费投入强度、工业企业 R&D 人员投入强度、工业企业单位 R&D 经费支出发明专利数年均增速增长缓慢。

资源环境方面，工业污染治理投资强度年均增速只有 1.8%，工业固体废物综合利用率年均增速为 -0.8%，影响了资源环境的改善。

### 2. 截面指数（见表 6-42）

表 6-42 2012—2017 年广东工业发展质量截面指数排名

| | 2012 | 2013 | 2014 | 2015 | 2016 | 2017 | 2012—2017 年均值排名 |
|---|---|---|---|---|---|---|---|
| 速度效益 | 26 | 27 | 19 | 13 | 12 | 13 | 21 |
| 结构调整 | 2 | 1 | 1 | 1 | 1 | 1 | 1 |
| 技术创新 | 2 | 5 | 5 | 5 | 5 | 4 | 5 |
| 资源环境 | 3 | 8 | 6 | 5 | 7 | 7 | 5 |

续表

| | 2012 | 2013 | 2014 | 2015 | 2016 | 2017 | 2012—2017 年均值排名 |
|---|---|---|---|---|---|---|---|
| 两化融合 | 4 | 4 | 4 | 5 | 1 | 1 | 4 |
| 人力资源 | 8 | 21 | 6 | 9 | 8 | 17 | 10 |
| 截面指数 | 5 | 5 | 3 | 3 | 3 | 3 | 3 |

资料来源：赛迪智库整理，2019 年 2 月。

横向来看，广东 2017 年工业发展质量截面指数为 61.5，排在全国第 3 位，处于全国上游水平。

2017 年，广东在结构调整、技术创新、资源环境和两化融合方面都处于全国上游，分别排名第 1 位、第 4 位、第 7 位和第 1 位。

结构调整方面，高技术制造业主营业务收入占比和工业制成品出口占比均居全国第 1 位，500 强企业占比居全国第 5 位。技术创新方面，各项指标均居全国上游。

资源环境方面，单位工业增加值能耗和工业固体废物综合利用率居全国上游，分别排名全国第 2 位和第 6 位；但是工业污染治理投资强度在全国排名为第 25 位，多年来始终处于下游，影响了在资源环境方面的指数排名。

两化融合方面，2017 年工业应用信息化水平和电子信息产业占比分别居全国第 3 位和第 2 位，保障了两化融合水平。

2017 年，广东在速度效益和人力资源方面表现一般，处于全国中游，分别排名全国第 13 位和第 17 位。

速度效益方面，工业增加值增速、工业成本费用利润率和工业主营业务收入利润率均居全国第 16 位。

人力资源方面，就业人员平均受教育年限表现最好，排名全国第 5 位；第二产业全员劳动生产率排在第 18 位，处于全国中下游水平；工业城镇单位就业人员平均工资增速排在第 25 位，处于全国下游水平。

### 3. 原因分析

广东省工业发展质量近年来一直居于全国第 3 位，处于全国领先水平，这主要得益于广东在结构调整、技术创新、两化融合方面具有较强的优势。

2015 年起，广东实施工业转型升级攻坚战三年行动，打造了具有国际竞争力的现代工业体系。通过近些年的努力，广东制造业呈现高端化趋势，形成了以装备制造、汽车、石化为主的先进制造业和以医药、电子信息及通信设备制造业为主的高技术产业。目前，广东电子信息产业产值超 3 万亿元，电气机械产业产值超 1 万亿元，并形成新一代移动通信、平板显示、高端软件、半导体照明、生物医药、智能制造装备、新材料等七大超千亿元级新兴产业集群。广东高新技术企业数、互联网发展综合指数、数字经济发展指数、大数据发展指数均位居全国第一。广东电子信息制造业销售产值、软件业收入均居全国第一。截至 2017 年年底，千亿元级企业数从 11 家增加到 25 家，进入世界 500 强企业从 4 家增加到 11 家。

2018 年，广东省机器人创新中心启动建设，广州工业互联网标识解析国家顶级节点落户黄埔，在全国率先出台了支持工业互联网发展的地方性政策，实施了发服务券的后补贴方式以及补贴上云的政策，有 9 个项目入选工业和信息化部工业互联网试点示范项目，13 个项目入选 2018 年制造业“双创”平台试点示范项目。

### （三）结论与展望

综合时序指数和截面指数来看，广东工业发展质量长期走在全国前列，并为全国其他地区树立了典范。习近平总书记对广东提出了“四个走在全国前列”和当好“两个重要窗口”目标，为广东制造业发展指明了方向。未来广东将以先进制造业为方向，加快推动传统制造向智能制造转型。

一是全力建设国际科技创新中心。以粤港澳大湾区建设为契机，构建涵盖技术、人才、平台、政策以及国际合作等要素的制造业创新生态体系，将广东建设成为全国创新要素的集聚地、先进技术的策源地和制造业创新的示范地。

二是支持制造业与互联网融合发展。加快建设国家数字经济发展先导区，推动云计算、“互联网 +”、大数据、人工智能发展，打造新能源、电气装备等八大工业互联网产业集群。

三是加快制造业智能化转型。推动《广东省加快发展新一代人工智能产业实施方案（2018—2025 年）》落地，依托广东省机器人创新中心，推动行业关键共性技术向产业转移转化，推进制造过程智能化升级改造。

## 二十、广西

### （一）总体情况

#### 1. 宏观经济总体情况

2018年广西壮族自治区生产总值为20352.5亿元，同比增长6.8%。第一、第二、第三产业增加值同比增速分别为5.6%、4.3%和9.4%。三次产业结构进一步优化，三次产业占GDP比重分别为14.8%、39.7%和45.5%，第三产业占比比去年提高1.2个百分点，对GDP增长贡献率分别为13.1%、25.4%和51.5%。

2018年，全区固定资产投资同比增长10.8%。分产业看，第一、第二、第三产业投资同比增速分别为18.6%、13.0%和9.9%。制造业投资同比增速为22.5%，其中高技术制造业和装备制造业投资同比增速分别为23.5%和17.1%。高耗能行业投资比重从去年的11.5%下降到8.2%。

2018年广西社会消费品零售总额同比增长9.3%，城镇居民人均可支配收入32436元，实际同比增长3.8%，农村居民人均可支配收入12435元，实际同比增长7.4%，城乡居民人均收入差距进一步缩小。

#### 2. 工业经济运行情况

2018年，广西规模以上工业总产值同比增长7.8%，规模以上工业增加值同比增长4.7%。其中，轻工业同比增长5.6%，重工业同比增长4.4%。电力、热力、燃气及水的生产和供应业增速最快，同比增长16.3%，其次是制造业同比增长4.3%；但采矿业增加值同比下降14.0%。

细分行业看，计算机、通信和其他电子设备制造业增速最快，增加值同比增长21.7%，木材加工业同比增长19.6%，电力、热力生产和供应业同比增长16.9%，农副食品加工业同比增长15.8%，有色金属冶炼加工业同比增长14.6%。高技术产业比重进一步提高，2018年高技术产业增加值占规模以上工业比重达到6.2%。

从产品看，新产品产量大幅增长，新能源汽车同比增长108.0%，光电子器件同比增长53.5%，电子元件同比增长47.9%。传统产品中，电解铝产量增幅最大，同比增长103.0%；汽车产量出现下滑，同比下降了12.8%。

从效益看，2018 年 1—11 月，全区规模以上工业企业利润总额同比增长 9.0%，保持较快增速。

## （二）指标分析

### 1. 时序指数（见图 6-21 和表 6-43）

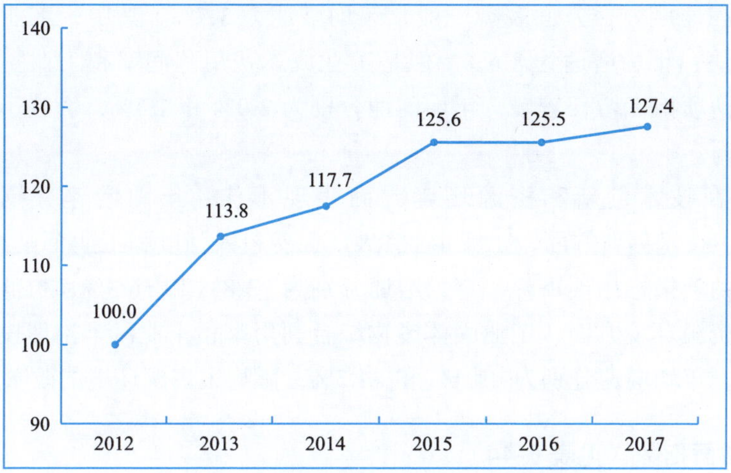


图 6-21　广西工业发展质量时序指数

（资料来源：赛迪智库整理，2019 年 2 月）

表 6-43　2012—2017 年广西工业发展质量时序指数

| | 2012 | 2013 | 2014 | 2015 | 2016 | 2017 | 2012—2017 年年均增速 |
|---|---|---|---|---|---|---|---|
| 速度效益 | 100.0 | 100.1 | 102.4 | 109.6 | 112.9 | 119.8 | 3.7% |
| 结构调整 | 100.0 | 117.5 | 124.6 | 134.0 | 140.4 | 152.2 | 8.8% |
| 技术创新 | 100.0 | 110.1 | 107.3 | 96.5 | 105.4 | 99.1 | -0.2% |
| 资源环境 | 100.0 | 135.6 | 128.2 | 150.2 | 112.7 | 97.5 | -0.5% |
| 两化融合 | 100.0 | 116.2 | 137.7 | 154.0 | 160.8 | 169.0 | 11.1% |
| 人力资源 | 100.0 | 109.0 | 117.1 | 128.0 | 135.7 | 142.2 | 7.3% |
| 时序指数 | 100.0 | 113.8 | 117.7 | 125.6 | 125.5 | 127.4 | 5.0% |

资料来源：赛迪智库整理，2019 年 2 月。

纵向来看，广西工业发展质量自 2012 年的 100.0 上涨至 2017 年的 127.4，年均增速为 5.0%，高于全国平均增速 0.6 个百分点。

广西在两化融合方面增长最快，年均增速为 11.1%。其中，电子信息产业占比增长较快，年均增速达到 15.4%，是带动两化融合水平不断提高的主要动力。

广西在结构调整和人力资源方面增长较快，年均增速分别为 8.8% 和 7.3%。结构调整方面，高技术制造业主营业务收入占比和小型工业企业主营业务收入增速增长较快，年均增速分别为 13.6% 和 10.0%，是推动结构调整的主要因素。人力资源方面，工业城镇单位就业人员平均工资年均增速和第二产业全员劳动生产率年均增速分别为 10.5% 和 9.5%，带动了人力资源指数的提高。

广西在速度效益方面表现一般，年均增速为 3.7%。其中，工业增加值增长相对较快，年均增速为 8.6%；但是工业成本费用利润率和工业主营业务收入利润率两项指标增长较慢，年均增速分别为 2.0% 和 1.3%，影响了速度效益水平的提高。

广西在技术创新和资源环境方面表现不佳，年均增速分别为 -0.2% 和 -0.5%。技术创新方面，工业企业 R&D 经费投入强度和工业企业 R&D 人员投入强度两项指标出现下降，年均增速分别为 -3.8% 和 -6.3%，拉低了技术创新水平。资源环境方面，工业固体废物综合利用率和工业污染治理投资强度均出现下降，年均增速分别为 -3.4% 和 -4.3%，影响了资源环境的改善。

### 2. 截面指数（见表 6-44）

表 6-44　2012—2017 年广西工业发展质量截面指数排名

| | 2012 | 2013 | 2014 | 2015 | 2016 | 2017 | 2012—2017 年均值排名 |
|---|---|---|---|---|---|---|---|
| 速度效益 | 20 | 21 | 18 | 16 | 16 | 18 | 19 |
| 结构调整 | 23 | 23 | 20 | 17 | 19 | 12 | 18 |
| 技术创新 | 21 | 19 | 24 | 26 | 26 | 28 | 26 |
| 资源环境 | 17 | 15 | 17 | 14 | 16 | 20 | 16 |
| 两化融合 | 15 | 12 | 7 | 11 | 14 | 12 | 13 |
| 人力资源 | 25 | 12 | 11 | 13 | 16 | 23 | 17 |
| 截面指数 | 22 | 17 | 16 | 15 | 15 | 20 | 15 |

资料来源：赛迪智库整理，2019 年 2 月。

横向来看，2017 年广西工业发展质量截面指数为 30.8，排在全国第 20 位，处于全国中下游水平。

广西在结构调整和两化融合方面表现最好，处于全国中上游水平，2017 年均排在全国第 12 位。结构调整方面，小型工业企业主营业务收入增速排名最前，位居全国第 4 位，处于全国前列；高技术制造业主营业务收入占比、500 强企业占比、工业制成品出口占比三项指标均处于中游水平，分别排在全国第 12 位、第 16 位和第 18 位。两化融合方面，工业应用信息化水平和电子信息产业占比分别排在全国第 11 位和第 16 位。

广西在速度效益和资源环境方面表现一般，处于中游水平，2017 年分别排在全国第 18 位和第 20 位。构成速度效益的四项指标中，工业成本费用利润率和工业主营业务收入利润率表现较好，均位居全国第 12 位。资源环境方面，单位工业增加值能耗和工业固体废物综合利用率均位居全国第 15 位，工业污染治理投资强度位居全国第 23 位。

广西在技术创新和人力资源方面表现不佳，2017 年分别位居全国第 28 位和第 23 位，处于下游行列。技术创新方面，工业企业单位 R&D 经费支出发明专利数表现最好，居全国第 9 位；但是工业企业 R&D 经费投入强度和工业企业 R&D 人员投入强度表现不佳，均居全国第 29 位。人力资源方面，第二产业全员劳动生产率处于全国中游水平，居全国第 14 位；工业城镇单位就业人员平均工资增速和就业人员平均受教育年限均处于全国下游水平，分别排在第 24 位和第 23 位。

### 3．原因分析

近年来，广西工业发展质量有一定进步，2012 年—2016 年期间在全国的排名总体呈上升趋势，但是 2017 年出现了下滑。近年来，广西积极调整产业结构，实施工业高质量发展行动计划，培育了柳工、玉柴、南南铝业等一批龙头企业，着力打造汽车、工程机械、内燃机、电工电器、农业机械、铝精深加工等产业集群，努力建设南宁、柳州、玉林、贵港等一批现代制造业重点城市。2018 年，新增规模以上工业企业 722 家，规模以上企业总数突破 6000 家。新兴产业培育方面，重点扶持新一代信息技术、生物医药、新材料等战略性新兴产业，打造新能源汽车、光电子器件、电子元件、锂离子电池等一批新动能。尤其是广西北海积极承接珠三角产业转移，电子信息产业迅猛发展，已建成七大电子信息产业园，成为广西新兴产业发展的主力军。广西日益重视科技创新的引领作用，新建了一批国家级企业技术中心、国家地方联合工程研究中心，以及自治区级重点实验室、工程技术研究中心，国家第四海洋研究所在北海运行，桂林成为首批国家可持续发展议程创新示范区之一，为产业高质量发展提供了有力支撑。

### （三）结论与展望

综合来看，广西工业发展质量在全国整体处于中下游水平，特别是技术创新和人力资源方面还有较大提升空间。

第一，做大做强龙头骨干企业，推动重点产业集群发展，打造若干千亿元级产业集群，带动中小企业集聚发展。

第二，完善产业链条，围绕建链、延链、补链、强链，巩固产业链薄弱环节，实施产业链精准招商。

第三，以产业园区为抓手，建设好产业发展平台。目前，全区各市县共有园区114个，但是特色不鲜明，应推动园区提质增效。

第四，继续推动工业转型升级，加快发展具有比较优势的产业，培育新兴产业，构建现代工业产业体系。

## 二十一、海南

### （一）总体情况

#### 1. 宏观经济总体情况

2018年，海南省地区生产总值为4832.05亿元，同比增长5.8%。按三次产业划分，第一产业增加值为1000.11亿元，同比增长3.9%；第二产业增加值为1095.79亿元，同比增长4.8%；第三产业增加值为2736.15亿元，同比增长6.8%。

#### 2. 工业经济运行情况

海南规模以上工业增长较快，2018年实现规模以上工业增加值507.62亿元，同比增长6.0%，增速比上年加快5.5个百分点。石油加工业增加值同比增长12.9%、医药制造业同比增长15.9%，增速分别比规模以上工业快6.9和9.9个百分点。2018年1—11月，全省规模以上工业综合效益指数同比增长421.2%，同比提高42.3个百分点；实现利润总额143.67亿元，同比增长33.4%；主营业务收入利润率为7.2%，同比提高0.7个百分点。海南的投资结构有所优化，工业投资大幅回升，2018年全省固定资产投资同比下降12.5%，但第二产业投资同比增长 15.8%。

## （二）指标分析

### 1. 时序指数（见图 6-22 和表 6-45）

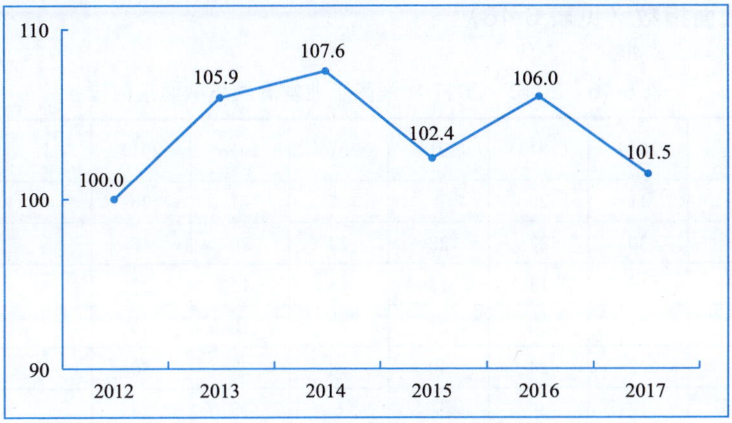


图 6-22 海南工业发展质量时序指数

（资料来源：赛迪智库整理，2019 年 2 月）

表 6-45 2012—2017 年海南工业发展质量时序指数

| | 2012 | 2013 | 2014 | 2015 | 2016 | 2017 | 2012—2017 年年均增速 |
|---|---|---|---|---|---|---|---|
| 速度效益 | 100.0 | 100.9 | 95.1 | 95.4 | 95.3 | 95.8 | -0.9% |
| 结构调整 | 100.0 | 105.1 | 134.4 | 109.5 | 115.9 | 92.5 | -1.6% |
| 技术创新 | 100.0 | 105.3 | 110.7 | 110.5 | 109.8 | 93.4 | -1.4% |
| 资源环境 | 100.0 | 104.0 | 106.3 | 91.1 | 96.2 | 108.6 | 1.7% |
| 两化融合 | 100.0 | 120.2 | 80.1 | 82.8 | 90.1 | 94.2 | -1.2% |
| 人力资源 | 100.0 | 105.1 | 111.4 | 119.5 | 125.6 | 129.4 | 5.3% |
| 时序指数 | 100.0 | 105.9 | 107.6 | 102.4 | 106.0 | 101.5 | 0.3% |

资料来源：赛迪智库整理，2019 年 2 月。

纵向看，海南工业发展质量时序指数自 2012 年的 100 上涨至 2017 年的 101.5，年均增速为 0.3%，排在全国第 20 位，大幅低于全国 4.4% 的平均增速。

海南在人力资源方面提升较快，年均增速为 5.3%，其中，2017 年就业人员平均受教育年限位居全国第 16 位，较 2016 年提升 1 位；工业城镇单位就业人员平均工资增速年均增长 10.8%。在资源环境方面，年均增速为 1.7%，其中，

2017 年工业污染治理投资强度达到 0.6%，位居全国第 4 位。

海南在结构调整、技术创新方面发展缓慢，其中，结构调整年均增速为 -1.6%，尤其是工业 500 强收入占比较小。技术创新方面，在研发经费和人员投入方面较弱，海南 2017 年的工业企业 R&D 经费投入强度、工业企业 R&D 人员投入强度分别为 0.4% 和 2%，比 2012 年下降 0.1 和 0.2 个百分点。

### 2. 截面指数（见表 6-46）

表 6-46　2012—2017 年海南工业发展质量截面指数排名

| | 2012 | 2013 | 2014 | 2015 | 2016 | 2017 | 2012—2017 年均值排名 |
|---|---|---|---|---|---|---|---|
| 速度效益 | 11 | 20 | 4 | 15 | 21 | 26 | 18 |
| 结构调整 | 30 | 27 | 22 | 22 | 20 | 18 | 24 |
| 技术创新 | 13 | 13 | 13 | 13 | 15 | 22 | 14 |
| 资源环境 | 21 | 20 | 21 | 27 | 18 | 15 | 20 |
| 两化融合 | 22 | 24 | 30 | 28 | 27 | 30 | 27 |
| 人力资源 | 12 | 9 | 9 | 6 | 18 | 28 | 14 |
| 截面指数 | 18 | 22 | 17 | 18 | 20 | 28 | 20 |

资料来源：赛迪智库整理，2019 年 2 月。

横向来看，海南的工业发展质量排名波动较大，2017 年出现一定程度下滑，2017 年其截面指数为 24.1，排在全国第 28 位。

海南 2017 年在资源环境方面表现尚可，排在全国第 15 位，其中，工业污染治理投资强度排在全国第 4 位，表现较为突出，是提升该省资源环境的主要因素。海南在两化融合方面表现最差，排在全国第 30 位，工业应用信息化水平、电子信息产业占比在全国排名分别为第 30 位和第 22 位。

### 3. 原因分析

从截面指数看，海南在资源环境方面表现较为突出。海南先后出台了《海南省总体规划（2015—2030）》《中共海南省委关于进一步加强生态文明建设谱写美丽中国海南篇章的决定》等重要文件，制定了加强生态文明建设的 30 条硬措施，取消了 12 个市县 GDP、工业产值、固定资产投资的考核，实行新的市县发展综合考核评价办法，以确保生态环境质量只能更好、不能变差。具体措施有两点：一是海南全面落实加强生态文明建设 30 条措施，不断完善以绿色发展为导向的生态文明体制机制，污染防治和生态建设取得积极成效，积极探索绿水青山转化为金山银山的实现路径，生态文明建设迈出新步伐。二是推进国家生态文明试验区建设，开展海南热带雨林国家公园体制试点，编制生态保护红线、环境质量底线和资源利用上线，建立全省生态环境分区管控体系。

### （三）结论与展望

从整体看，海南工业化进程落后于全国。从截面指数看，海南资源环境方面表现较为突出，两化融合、速度效益方面表现相对较弱，亟待提升。

展望未来，海南应重点在两化融合上做文章：

一是促进工业化和信息化相互融合。海南省《“十三五”新型工业和信息产业规划》中，也选择重点发展传感器、虚拟现实与感知系统设备、智能无人系统、智能可穿戴设备、新能源汽车关键零部件、高性能分离膜材料等高端制造业，力争在补长制造业短板方面有所作为。

二是加大信息化改造力度，用信息技术对设备进行改造，将信息技术融入制造业的生产过程中，与生产装置结合起来，实现设备互联、工厂互联，实现高度自动化和智能化的生产线，建设智能工厂。

## 二十二、重庆

### （一）总体情况

#### 1. 宏观经济总体情况

2018 年，重庆地区生产总值为 20363.19 亿元，同比增长 6%。其中，第一产业实现增加值 1378.27 亿元，同比增长 4.4%；第二产业实现增加值 8328.79 亿元，同比增长 3%；第三产业实现增加值 10656.13 亿元，同比增长 9.1%。2018 年，全市固定资产投资同比增长 7%，第一产业投资同比下降 9.5%，第二产业投资同比增长 7.3%，第三产业投资同比增长 7.4%。

#### 2. 工业经济运行情况

2018 年，重庆规模以上工业增加值同比增长 0.5%。分三大门类看，采矿业增加值同比下降 13.1%，制造业同比增长 0.4%，电力、燃气及水生产和供应业同比增长 8.0%。

重庆推动高新技术产业发展成效明显，2018 年，全市高技术产业增加值同比增长 13.7%，战略性新兴制造业增加值同比增长 13.1%，其中，新一代信息技术产业、生物产业、新材料产业、高端装备制造产业分别同比增长 22.2%、10%、6.5% 和 13.4%。新产品产量实现较快同比增长，其中新能源汽车同比增长 33.0%，智能手机同比增长 59.4%，液晶显示屏同比增长 56.2%，工业机器人同比增长 68.8%，风力发电机组同比增长 45.2%，医疗仪器设备及器械同比增长 74.1%。

## （二）指标分析

### 1. 时序指数（见图 6-23 和表 6-47）

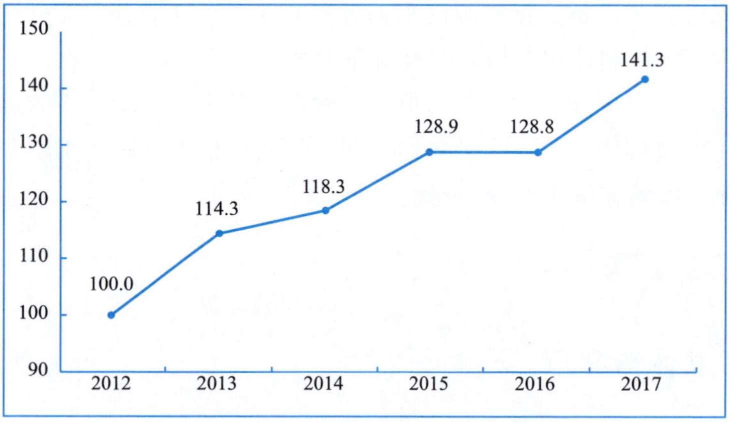


图 6-23　重庆工业发展质量时序指数

（资料来源：赛迪智库整理，2019 年 2 月）

表 6-47　2012—2017 年重庆工业发展质量时序指数

| | 2012 | 2013 | 2014 | 2015 | 2016 | 2017 | 2012—2017 年年均增速 |
|---|---|---|---|---|---|---|---|
| 速度效益 | 100.0 | 111.6 | 124.1 | 130.0 | 137.3 | 144.6 | 7.7% |
| 结构调整 | 100.0 | 116.8 | 130.3 | 135.5 | 150.5 | 154.4 | 9.1% |
| 技术创新 | 100.0 | 97.0 | 106.8 | 122.1 | 114.1 | 137.3 | 6.5% |
| 资源环境 | 100.0 | 143.9 | 115.4 | 122.8 | 105.8 | 118.8 | 3.5% |
| 两化融合 | 100.0 | 115.6 | 117.1 | 140.5 | 130.4 | 150.9 | 8.6% |
| 人力资源 | 100.0 | 107.3 | 115.8 | 125.5 | 132.9 | 141.7 | 7.2% |
| 时序指数 | 100.0 | 114.3 | 118.3 | 128.9 | 128.8 | 141.3 | 7.2% |

资料来源：赛迪智库整理，2019 年 2 月。

纵向看，重庆工业发展质量时序指数自 2012 年的 100.0 上涨至 2017 年的 141.3，年均增速为 7.2%，排在全国第 8 位。

重庆在结构调整方面提升较快，年均增速达 9.1%，其中，2017 年高技术制造业主营业务收入占比为 22.1%，比 2012 年大幅提升 7.5 个百分点。速度效益年均增速为 7.7%，位列全国第 7 位，其中，工业增加值保持较高速度增长，2017 年达到 9.4%，处于全国第 2 位。但是，重庆在人力资源方面表现较弱，2017 年位列全国第 25 位，尤其工业城镇单位就业人员平均工资增速仅为 5.3%。

## 2．截面指数（见表 6-48）

表 6-48　2012—2017 年重庆工业发展质量截面指数排名

| | 2012 | 2013 | 2014 | 2015 | 2016 | 2017 | 2012—2017 年均值排名 |
|---|---|---|---|---|---|---|---|
| 速度效益 | 21 | 16 | 8 | 7 | 10 | 7 | 10 |
| 结构调整 | 11 | 8 | 4 | 5 | 6 | 7 | 7 |
| 技术创新 | 9 | 9 | 9 | 8 | 8 | 8 | 8 |
| 资源环境 | 9 | 10 | 10 | 10 | 10 | 11 | 10 |
| 两化融合 | 7 | 5 | 10 | 4 | 9 | 11 | 5 |
| 人力资源 | 21 | 13 | 14 | 12 | 17 | 25 | 18 |
| 截面指数 | 10 | 9 | 7 | 7 | 7 | 8 | 7 |

资料来源：赛迪智库整理，2019 年 2 月。

横向看，重庆工业发展质量截面指数已处于全国中上游水平，整体处于上升态势，2017 年截面指数为 46.6，排在全国第 8 位。

2017 年重庆在速度效益和结构调整方面都表现较为突出，处于全国上游水平。速度效益位列全国第 7 位，其中，工业增加值增速全国排在第 2 位，处于领先水平。结构调整位列全国第 7 位，其中，高技术制造业主营业务收入占比表现突出，排在全国第 3 位，500 强企业占比表现较好，排在全国第 7 位。

但是，重庆 2017 年人力资源方面表现较弱，处于全国第 25 位，较上一年大幅下滑 8 位，其中，工业城镇单位就业人员平均工资增速、就业人员平均受教育年限分别位列第 29 位和第 21 位，2017 年重庆的工业城镇单位就业人员平均工资增速为 5.3%，就业人员平均受教育年限为 9.9 年。

## 3．原因分析

多年来，重庆在产业结构调整方面和经济持续发展方面表现较为突出。重庆推动新产业新业态和新模式发展，制定以大数据智能化为引领的创新驱动发展战略，加快发展智能产业，制定集成电路等产业专项政策，签约联合微电子中心、比亚迪汽车电池等大数据智能化项目 3919 亿元，推动京东方第 6 代柔性面板、SK 海力士二期等重大项目开工，促成阿里巴巴、腾讯等企业西南地区总部落户重庆，促使集成电路、智能机器人、智能网联汽车产业产值增长均超过 20%。2018 年，重庆战略性新兴制造业、高技术产业增加值分别增长 13.1%、13.7%，限额以上法人企业网上零售额、信息服务收入分别增长 28.6%、16.7%。

### （三）结论与展望

综合时序指数和截面指数来看，重庆在结构调整和速度效益方面表现均较为突出，但是作为直辖市，重庆在技术人才引进和培育方面还有一定的发展空间。

未来，提升重庆人才水平应从以下几个方面努力：

一是持续实施科教兴市。高标准规划建设重庆科学城，联动国家自主创新示范区、两江协同创新区，打造西部创新资源集聚地。深化开发区体制机制改革，向高新区、经开区下放市级管理权限，优化财政分享政策，探索推进重庆高新区“一区多园”模式。引导各类开发区创新发展，加快向创新型园区转型，努力建设创新驱动、高质量发展示范区。

二是以“双一流”建设带动高等教育整体提升。实施“重庆英才计划”，完善“一站式”人才服务政策，加快引育一流科学家、学科领军人才、产业技术人才和高水平创新团队，积极谋划大科学装置，创建国家重点实验室和国家技术创新中心，引进并布局更多国家级科技创新基地。

## 二十三、四川

### （一）总体情况

#### 1. 宏观经济总体情况

2018 年四川省地区生产总值为 40678.13 亿元，同比增长 8%，增速比全国平均水平高 1.4 个百分点。其中，第一产业增加值为 4426.66 亿元，同比增长

3.6%；第二产业增加值为 15322.72 亿元，同比增长 7.5%；第三产业增加值为 20928.75 亿元，同比增长 9.4%。2018 年全社会固定资产投资同比增长 10.2%，其中，工业投资达 7178.7 亿元，同比增长 8.1%。

### 2. 工业经济运行情况

2018 年四川规模以上工业增加值同比增长 8.3%，比全国平均水平高 2.1 个百分点。分行业看，41 个行业大类中有 36 个行业增加值实现增长，酒、饮料和精制茶制造业增加值同比增长 10.4%，计算机、通信和其他电子设备制造业同比增长 14.4%，汽车制造业同比增长 3.6%，医药制造业同比增长 13%，非金属矿物制品业同比增长 8.6%，电力、热力生产和供应业同比增长 9.2%，农副食品加工业同比增长 4%，黑色金属冶炼和压延加工业同比增长 13.7%。

## （二）指标分析

### 1. 时序指数（见图 6-24 和表 6-49）

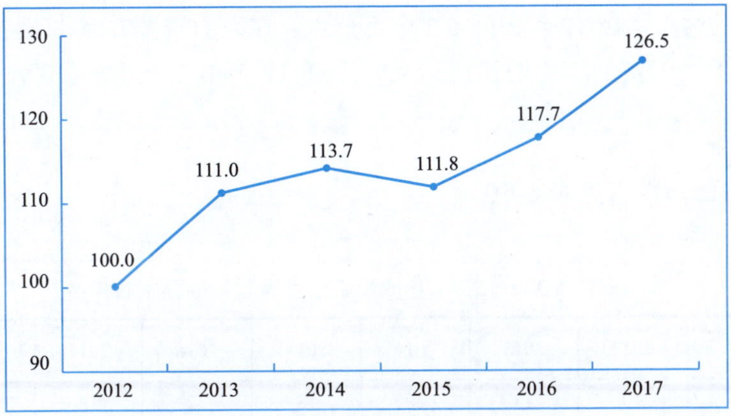


图 6-24　四川工业发展质量时序指数

（资料来源：赛迪智库整理，2019 年 2 月）

表 6-49　2012—2017 年四川工业发展质量时序指数

| | 2012 | 2013 | 2014 | 2015 | 2016 | 2017 | 2012—2017 年年均增速 |
|---|---|---|---|---|---|---|---|
| 速度效益 | 100.0 | 97.2 | 95.7 | 96.8 | 100.5 | 111.9 | 2.3% |
| 结构调整 | 100.0 | 117.7 | 103.0 | 98.1 | 112.1 | 109.5 | 1.8% |

续表

| | 2012 | 2013 | 2014 | 2015 | 2016 | 2017 | 2012—2017 年年均增速 |
|---|---|---|---|---|---|---|---|
| 技术创新 | 100.0 | 109.7 | 120.8 | 122.4 | 126.9 | 151.4 | 8.6% |
| 资源环境 | 100.0 | 120.4 | 132.5 | 112.5 | 112.2 | 119.3 | 3.6% |
| 两化融合 | 100.0 | 115.2 | 119.7 | 125.4 | 132.2 | 133.6 | 6.0% |
| 人力资源 | 100.0 | 110.2 | 117.8 | 122.6 | 128.7 | 134.9 | 6.2% |
| 时序指数 | 100.0 | 111.0 | 113.7 | 111.8 | 117.7 | 126.5 | 4.8% |

资料来源：赛迪智库整理，2019 年 2 月。

纵向来看，四川工业发展质量时序指数自 2012 的 100 上涨至 2017 的 126.5，年均增速为 4.8%，排名全国中游。

四川在结构调整方面较为领先，2017 年排名全国第 8 位，其中，高技术制造业主营业务收入占比同比增长 14.4%。在技术创新方面提升较快，年均增速为 8.6%，其中，2017 年工业企业单位 R&D 经费支出发明专利数为 36.2 件 / 亿元，比 2012 年每亿元增加 6.5 件。

但是，四川在资源环境和人力资源方面亟待改善，其中，2017 年工业污染治理投资强度同比增速仅为 0.1%，多年来没有明显提升；工业固体废物综合利用率为 39.7%，比 2012 年下降 6.2 个百分点。在人力资源方面，工业城镇单位就业人员平均工资的年均增速达到 9.9%，2017 年第二产业全员劳动生产率为 11.7 万元 / 人。

### 2. 截面指数（见表 6-50）

表 6-50　2012—2017 年四川工业发展质量截面指数排名

| | 2012 | 2013 | 2014 | 2015 | 2016 | 2017 | 2012—2017 年均值排名 |
|---|---|---|---|---|---|---|---|
| 速度效益 | 10 | 13 | 20 | 18 | 22 | 12 | 17 |
| 结构调整 | 8 | 11 | 8 | 9 | 9 | 8 | 9 |
| 技术创新 | 18 | 18 | 16 | 17 | 19 | 15 | 17 |
| 资源环境 | 28 | 30 | 29 | 29 | 30 | 29 | 30 |
| 两化融合 | 17 | 16 | 16 | 13 | 13 | 15 | 14 |
| 人力资源 | 26 | 15 | 18 | 26 | 24 | 29 | 24 |
| 截面指数 | 21 | 18 | 18 | 17 | 18 | 17 | 18 |

资料来源：赛迪智库整理，2019 年 2 月。

横向来看，四川工业发展质量截面指数处于全国中下游水平。2017 年截面指数为 32.7，排在全国第 17 位。

四川在结构调整方面表现相对较好，2017 年排在全国第 8 位，属于上游水平。其中，高技术制造业主营业务收入占比和 500 强企业占比在全国的排名分别为第 6 位和第 11 位。但是，四川在人力资源和资源环境方面表现相对较差，2017 年排名均为全国第 29 位。人力资源方面，工业城镇单位就业人员平均工资增速、就业人员平均受教育年限、第二产业全员劳动生产率分别为全国第 27 位、第 27 位和第 24 位。资源环境方面，工业固体废物综合利用率和工业污染治理投资强度均位列全国第 28 位，尚有很大的提升空间。

### 3. 原因分析

2012—2017 年，四川在结构调整方面表现较好，处于全国上游水平。

一方面，四川深化供给侧结构性改革，坚持去产能与优产能相结合，加快钢铁、水泥、煤炭等重点行业重组整合和转型升级；实施新一轮大规模技术改造，开展“四川制造”质量提升和品牌创建行动，加快老工业基地调整改造和资源型城市转型发展。

另一方面，四川推动高新技术产业壮大发展，围绕重大关键瓶颈技术，布局重大科研项目 1000 余项，以技术突破支撑引领产业快速发展，聚焦优势领域，整合创新资源，加快大数据、移动互联、智能终端、智能制造等新技术的深度应用，培育壮大一批重大创新产品、重点产品和区域特色产品，推进形成先导型、支柱型产业。

## （三）结论与展望

综合时序指数和截面指数来看，四川在资源环境方面尚有很大的发展空间。

为提升四川资源环境方面的发展水平，一是要推动先进制造业绿色创新。开展绿色制造基础理论和共性技术研究，开展典型绿色新产品、新工艺、新装备研制，开发出一批具有典型创新性和示范性的产品、工艺和重点装备，用高效绿色生产工艺技术装备改造传统制造流程，推动传统产业向资源节约和环境友好转型。

二是要加速传统产业绿色改造。推行生态化、清洁化、低碳化、循环化、集约化生产方式，综合应用节能环保新技术、新工艺、新材料，促使冶金、建材、化工、造纸、食品、机械等传统产业加大节能降耗、环境保护、资源利用、产品安全等方面的技术改造，实现绿色、低碳、循环发展。

三是要做大做强节能环保产业。大力发展高效节能、大气污染防治、水污染防治、土壤污染防治、固体废弃物处理及资源化利用、余热余能利用和监测仪器等装备，形成成套解决方案与装备保障能力。

四是要提升清洁能源装备产业。突破关键能源技术装备，大力培育燃气轮机、智能电网、燃料电池、大规模储能、地热能等装备产业，提升发展清洁高效燃煤发电、先进核电、水电、风电、太阳能发电、油气储运和输送、非常规油气勘探开发和煤炭深加工等装备产业。支持德阳、自贡和泸州建设清洁能源技术装备基地。

## 二十四、贵州

### （一）总体情况

#### 1. 宏观经济总体情况

2018 年，贵州省地区生产总值为 14806.45 亿元，同比增长 9.1%，增速高于全国 2.5 个百分点，连续 8 年位居全国前列。其中，第一产业增加值为 2159.54 亿元，同比增长 6.9%；第二产业增加值为 5755.54 亿元，同比增长 9.5%；第三产业增加值为 6891.37 亿元，同比增长 9.5%。人均地区生产总值达到 41244 元，比上年增加 3288 元。

四川投资结构继续优化，2018 年，全省固定资产投资同比增长 15.8%，增速高于全国 5.9% 的水平 9.9 个百分点。第二产业投资同比增长 13.2%，其中，高技术产业投资同比增长 27.7%。

#### 2. 工业经济运行情况

2018 年，全省规模以上工业增加值同比增长 9%，增速比全国高出 2.8 个百分点。分行业看，19 个重点监测的行业中，17 个行业保持增长，4 个行业增加值增速达到两位数。2018 年，全省煤电烟酒四大传统支柱产业合计增加值同比增长 11.9%，增速比上年提高 5.5 个百分点，对全省工业经济的贡献率为 75.2%。产业结构调整加快推进。全省规模以上装备制造业、高技术制造业增加值分别同比增长 10.5% 和 14.8%，高于规模以上工业增速 1.5 和 5.8

个百分点，对工业经济的贡献分别为9.8%和11.8%。采矿业增加值占规模以上工业的比重比上年下降4.1个百分点。产业链条不断拓宽。全省工业大类行业全覆盖，中类行业覆盖率为87.0%，乙二醇、液体洗涤剂、人造革、互感器、通信导航设备、印制电路板、起重机、升降机等产品从无到有，实现省内零生产的突破。

## （二）指标分析

### 1. 时序指数（见图6-25和表6-51）

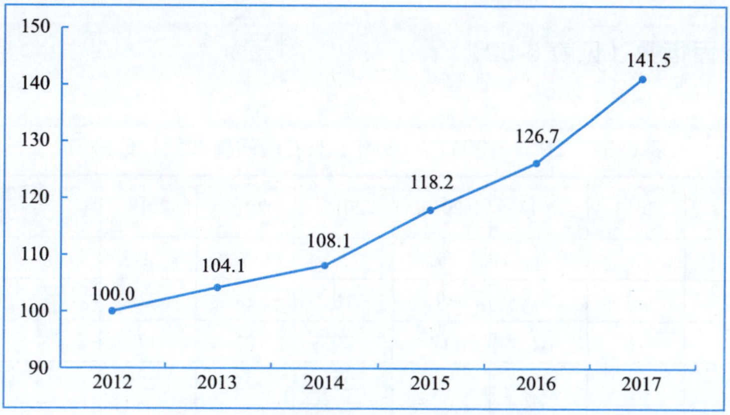


**图6-25　贵州工业发展质量时序指数**

（资料来源：赛迪智库整理，2019年2月）

表6-51　2012—2017年贵州工业发展质量时序指数

| | 2012 | 2013 | 2014 | 2015 | 2016 | 2017 | 2012—2017年年均增速 |
|---|---|---|---|---|---|---|---|
| 速度效益 | 100.0 | 94.6 | 92.2 | 96.6 | 101.4 | 110.4 | 2.0% |
| 结构调整 | 100.0 | 103.3 | 123.9 | 144.4 | 151.4 | 148.5 | 8.2% |
| 技术创新 | 100.0 | 99.6 | 96.1 | 89.9 | 93.8 | 114.2 | 2.7% |
| 资源环境 | 100.0 | 115.0 | 115.1 | 107.0 | 101.0 | 105.9 | 1.2% |
| 两化融合 | 100.0 | 110.1 | 116.7 | 185.0 | 225.9 | 294.2 | 24.1% |
| 人力资源 | 100.0 | 108.1 | 112.7 | 111.3 | 120.7 | 124.4 | 4.5% |
| 时序指数 | 100.0 | 104.1 | 108.1 | 118.2 | 126.7 | 141.5 | 7.2% |

资料来源：赛迪智库整理，2019年2月。

纵向来看，贵州工业发展质量时序指数自 2012 年的 100.0 上涨至 2017 年的 141.5，年均增速为 7.2%，高于全国平均增速 2.8 个百分点。

速度效益方面的年均增速 2%，2017 年位列全国第 4 位，其中，2017 年的工业增加值增速为 9%，排在全国第 3 位。贵州在两化融合方面增长势头较猛，年均增速高达 24.1%，2017 年位列全国 16 位。构成两化融合的各指标中，工业应用信息化水平、电子信息产业占比的年均增速分别高达 17.9% 和 29.2%。

但是，贵州在人力资源和资源环境方面表现不太理想。人力资源方面，就业人员平均受教育年限为 8.2 年，全国排在第 30 位。资源环境方面，2017 年的工业污染治理投资强度仅为 0.1%，出现明显下滑态势，比上一年下降 0.1 个百分点。

### 2. 截面指数（见表 6-52）

表 6-52　2012—2017 年贵州工业发展质量截面指数排名

| | 2012 | 2013 | 2014 | 2015 | 2016 | 2017 | 2012—2017 年均值排名 |
|---|---|---|---|---|---|---|---|
| 速度效益 | 3 | 4 | 9 | 5 | 7 | 4 | 2 |
| 结构调整 | 12 | 9 | 9 | 16 | 18 | 23 | 12 |
| 技术创新 | 16 | 15 | 17 | 20 | 21 | 17 | 18 |
| 资源环境 | 19 | 24 | 22 | 25 | 25 | 22 | 24 |
| 两化融合 | 30 | 30 | 27 | 21 | 20 | 16 | 23 |
| 人力资源 | 30 | 14 | 22 | 28 | 20 | 30 | 27 |
| 截面指数 | 17 | 14 | 19 | 19 | 16 | 19 | 16 |

资料来源：赛迪智库整理，2019 年 2 月。

横向来看，贵州 2017 年质量截面指数为 31.6，排在全国第 19 位，处于全国中下游水平。

2017 年，贵州在速度效益方面表现突出，排在全国第 4 位。其中，工业增加值增速、工业成本费用利润率、工业主营业务收入利润率分别排在全国第 3 位、第 4 位和第 5 位。2017 年，贵州在人力资源、结构调整和资源环境方面表现不佳。人力资源方面，就业人员平均受教育年限位于全国末尾，亟待提高。结构调整方面，500 强企业占比全国排在第 28 位。资源环境方面，工业污染治理投资强度、单位工业增加值能耗分别排在全国第 24 位和第 20 位，造成资源环境的指数排名落后。

### 3. 原因分析

2012—2017 年，贵州在速度效益方面表现较好，排在全国第 2 位；两化融合方面，贵州提升速度较快，2017 年位于全国第 16 位，而在 2012 年排名为全国第 30 位，增幅明显。

贵州充分发挥传统产业优势和探索能源工业运行新机制，全省工业经济效益质量明显提升，库存、债务等经营风险有所降低。从经济效益看，利润、税金实现较快增长。2018 年 1—11 月，规模以上工业企业实现利税总额 1597.38 亿元，比上年同期增长 20.9%。煤炭、电力等重点监测的 19 个大类行业全部实现盈利。此外，贵州省政府瞄准新兴的大数据产业，于 2014 年 7 月启动“云上贵州”系统平台建设，以阿里巴巴、中国软件、浪潮等为代表的信息技术服务企业纷纷来贵州建设大数据基础设施，中国移动、中国联通、中国电信等企业来贵州建设数据中心。2018 年，贵州推动大数据产业创新发展，加快下一代互联网建设应用，加快推进贵阳 5G 实验网综合应用示范项目建设，推进华为、苹果、腾讯等大数据项目建设，推动“万企融合”，加快推进数字产业化、产业数字化，启动实施大数据新领域百企引领行动。

## （三）结论与展望

综合时序指数和截面指数来看，贵州在人力资源和资源环境方面尚有很大发展空间。

未来应从如下几个方面努力：

一是大力加强科技创新和人才队伍建设。充分发挥高等院校和科研院所作用，制定产业转型升级关键技术清单，开展协同创新。实施智能网联汽车、植物萃取等科技重大专项，引导全社会加大研发投入，鼓励企业设立独立法人科研型企业，大力推动创新型企业上市。实施更加有力的人才政策，在技术路线选择、经费使用、收益分配等方面，赋予高等院校、科研机构和领军人才更多自主权。深入实施“百千万人才引进计划”“黔归人才计划”“高技能人才振兴计划”，加强工匠人才培养，增强人力资源对高质量发展的支撑作用。

二是推动基础能源产业做强做优，完善能源工业运行新机制，积极推进发电权交易，加快煤矿机械化智能化改造，确保煤矿开采机械化程度提高到 80%，开工一批煤矿项目，确保电煤供应 7000 万吨以上。推动清洁高效电力产业做强做优，加大燃煤机组超低排放和绿色化改造力度，大力推进智能电网建设，有序发展风力、光伏、生物质发电，确保发电装机容量超过 6150 万千瓦。

三是培育壮大绿色产业。深入实施绿色制造三年专项行动，创建绿色园区、建设绿色工厂、开发绿色产品、延长绿色链条。培育壮大节能环保产业，发展循环经济，提高工业固体废弃物综合利用率。

## 二十五、云南

### （一）总体情况

#### 1. 宏观经济总体情况

2018 年，云南省地区生产总值为 17881.12 亿元人民币，同比增长 8.9%，增速高于全国 2.3 个百分点。其中，第一、二、三产业分别完成增加值 2498.86 亿元、6957.44 亿元和 8424.82 亿元，同比分别增长 6.3%、11.3% 和 7.6%。

云南聚焦重点，精准发力，着力解决实体经济发展中存在的突出问题，推动全省固定资产投资持续较快增长；进一步释放消费潜力，不断满足人民群众日益增长的多层次多样化消费需求。2018 年，全省固定资产投资（不含农户）同比增长 11.6%，投资继续发挥拉动经济增长的关键作用，投资结构不断优化；全省实现社会消费品零售总额 6825.97 亿元，同比增长 11.1%，固定资产投资和社会消费品零售总额增速均排在全国第 3 位。

#### 2. 工业经济运行情况

2018 年，云南省规模以上工业增加值增速达到 11.8%，较上年提高 1.2 个百分点，高于全国 5.6 个百分点，排在全国第 2 位。其中，非烟工业、电子制造业增加值分别同比增长 16.9% 和 75.5%，石油加工业增长 1.5 倍，拉动全省工业快速增长。

云南省深入推进供给侧结构性改革，坚持“两型三化”产业发展方向，加快重点产业建设，新旧动能转换取得实质性进展，产业结构调整迈出坚实步伐；启动工业互联网建设，推动智能制造和服务型制造发展，全年新增 9 户国家级“两化”融合贯标试点企业，总户数达到 50 户；突出抓好招商引资和项目建设，水电铝材、水电硅材一体化加快发展，新能源汽车产业发展步伐加快。

## （二）指标分析

### 1. 时序指数（见图 6-26 和表 6-53）

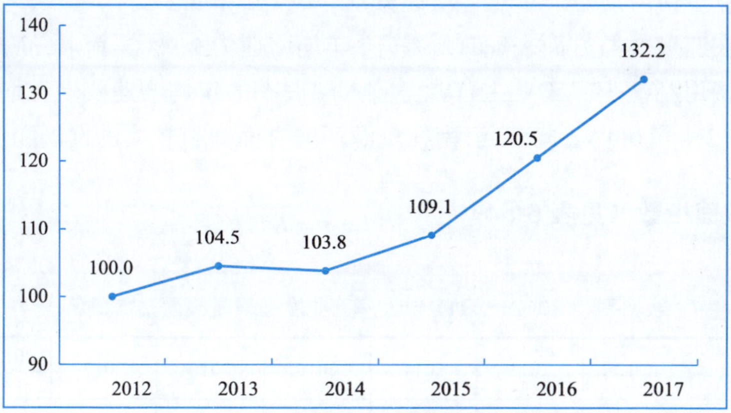


图 6-26　云南工业发展质量时序指数

（资料来源：赛迪智库整理，2019 年 2 月）

表 6-53　2012—2017 年云南工业发展质量时序指数

| | 2012 | 2013 | 2014 | 2015 | 2016 | 2017 | 2012—2017 年年均增速 |
|---|---|---|---|---|---|---|---|
| 速度效益 | 100.0 | 100.6 | 93.3 | 93.2 | 85.1 | 115.6 | 2.9% |
| 结构调整 | 100.0 | 108.0 | 107.9 | 119.1 | 139.8 | 151.8 | 8.7% |
| 技术创新 | 100.0 | 96.3 | 105.4 | 125.6 | 141.8 | 156.0 | 9.3% |
| 资源环境 | 100.0 | 111.0 | 111.3 | 113.2 | 101.4 | 85.2 | -3.1% |
| 两化融合 | 100.0 | 105.1 | 89.6 | 71.8 | 130.6 | 145.2 | 7.7% |
| 人力资源 | 100.0 | 109.6 | 114.8 | 122.0 | 127.2 | 135.3 | 6.2% |
| 时序指数 | 100.0 | 104.5 | 103.8 | 109.1 | 120.5 | 132.2 | 5.7% |

资料来源：赛迪智库整理，2019 年 2 月。

纵向看，云南工业发展质量自 2012 年的 100.0 上涨至 2017 年的 132.2，年均增速为 5.7%，高于全国平均增速 1.3 个百分点。

云南在结构调整、技术创新、两化融合、人力资源方面表现相对较好，年均增速分别为 8.7%、9.3%、7.7% 和 6.2%。结构调整方面，高技术制造业主营业务收入占比、小型工业企业主营业务收入、工业制成品出口占比年均增速分别达到 14.7%、11.3% 和 14.2%。技术创新方面，工业企业 R&D 经费投入强度的年均增速达到 12%，工业企业 R&D 人员投入强度的年均增速达到 14.4%；但工业企业单位 R&D 经费支出发明专利数呈现负增长，年均增速为 -3.6%。两化融合方面，工业应用信息化水平年均增速为 3%，电子信息产业占比年均增速达到 11.8%。人力资源方面，工业城镇单位就业人员平均工资和第二产业全员劳动生产率年均增速分别为 8.2% 和 9.2%。

云南在速度效益方面表现有所提升，年均增速为 2.9%。其中，资产负债率、工业成本费用利润率、工业主营业务收入利润率的年均增速实现正增长，分别为 0.4%、0.2% 和 0.4%。此外，云南在资源环境方面尚有较大的发展和提升空间。

### 2. 截面指数（见表 6-54）

表 6-54　2012—2017 年云南工业发展质量截面指数排名

| | 2012 | 2013 | 2014 | 2015 | 2016 | 2017 | 2012—2017 年均值排名 |
|---|---|---|---|---|---|---|---|
| 速度效益 | 16 | 19 | 24 | 23 | 25 | 9 | 23 |
| 结构调整 | 19 | 16 | 25 | 23 | 22 | 21 | 20 |
| 技术创新 | 24 | 25 | 25 | 19 | 18 | 19 | 20 |
| 资源环境 | 23 | 25 | 26 | 21 | 27 | 30 | 25 |
| 两化融合 | 26 | 27 | 29 | 30 | 29 | 28 | 30 |
| 人力资源 | 28 | 25 | 28 | 24 | 23 | 26 | 28 |
| 截面指数 | 26 | 26 | 28 | 26 | 26 | 25 | 27 |

资料来源：赛迪智库整理，2019 年 2 月。

横向来看，云南工业发展质量截面指数一直处于全国下游水平，整体实力相对薄弱。2017 年截面指数排在全国第 25 位，但较 2016 年前进一位。

2017 年，云南在速度效益方面有很大提升，排在全国第 9 位。其中，工业增加值增速排名全国第一，工业成本费用利润率和工业主营业务收入利润率较上年有很大进步，排在全国第 9 位和第 14 位。

技术创新方面表现相对较好，2017 年排在全国第 19 位。其中，工业企业单位 R&D 经费支出发明专利数、工业企业 R&D 人员投入强度和工业企业 R&D 经费投入强度排名处于全国中等水平，分别排在第 16 位、第 17 位和第 18 位。

2017 年，云南在资源环境方面总体表现较差，全国排在第 30 位。其中，单位工业增加值能耗、工业固体废物综合利用率和工业污染治理投资强度分别排在全国第 23 位、第 25 位和第 19 位。

2017 年，云南在结构调整、两化融合和人力资源方面也都处于全国偏下水平，均排在第 20 位以后，表明云南在这三个方面仍存在较大的提升空间。

### 3. 原因分析

云南工业发展总体处于全国下游水平，主要面临以下问题：一是工业经济总量规模较小，经济实力和区域竞争力明显较弱，资源优势转化为现实生产力能力薄弱。二是企业自主创新能力弱，产业核心竞争力差。长期以来，云南省产业的发展主要建立在自然资源开发的比较优势上，导致产业结构不合理，产业层次较低，重化工业产业链条短、高端产品不多，加之吸引投资的产业环境差，产业配套能力弱，在一定程度上制约了特色产业的集聚和特色产业链的形成。产学研相结合的技术创新体系尚未真正建立起来，导致高端制造业、高科技产业和生产性服务业等高附加值、低碳型产业发展滞后，产业核心技术严重依赖省外和国外。此外，云南能源资源丰富，水电清洁能源产业是云南现有优势产业之一，但是绿色能源并没有得到很好的利用，存在大量“弃水”“弃电”问题。

## （三）结论与展望

云南经济保持平稳健康发展的良好态势，工业经济在转型升级过程中实现稳定运行、平稳过渡，转型升级举措成效明显，一批传统产业逐步进行改造提升，一批新兴产业进入成长过程，新动能不断增强。综合时序指数和截面指数来看，云南在速度效益方面有很大提升，在结构调整、技术创新、两化融合、人力资源方面表现相对较好，但在资源环境方面尚有较大提升空间。

2019 年，云南要坚持新发展理念，围绕构建“两型三化”现代产业体系目标，持续推进供给侧结构性改革，增强经济发展的活力和动力，逐步实现经济高质量发展。

结构调整方面，统筹推进八大重点产业和新兴产业发展，加快推动产业向开放型、创新型、高端化、信息化和绿色化转型，着力打造世界一流“三张牌”，实施生物医药、信息、新材料、先进装备制造四个重点产业“施工图”。

技术创新方面，打造制造业企业互联网双创平台，以推动移动互联网、云计算、大数据、物联网与制造业结合为重点，全面提升企业研发、生产、管理和服务的智能化水平。

两化融合方面，全面落实工业化与信息化“两化”融合、工业互联网发展、智能制造等专项行动计划，推动互联网与工业全流程、多领域的融合发展，推动行业产业链延伸整合。抢抓数字经济机遇，推进资源数字化、数字产业化、产业智慧化，建设“数字云南”。

资源环境方面，以绿色发展为主抓手，全面推进蓝天、碧水、净土“三大保卫战”，着力打造中国最美省份，加快特色小城镇建设步伐，发挥特色产业优势，加快旅游业等第三产业转型升级。

## 二十六、陕西

### （一）总体情况

#### 1. 宏观经济总体情况

2018年，陕西省地区生产总值为24438.32亿元，同比增长8.3%，高于全国1.7个百分点。其中，第一、二、三产业分别完成增加值1830.19亿元、12157.48亿元和10450.65亿元，分别同比增长3.2%、8.7%和8.8%。

全省固定资产投资（不含农户）同比增长10.4%，增速比上年回落4.2个百分点。其中，民间投资同比增长22.3%，加快11.5个百分点。

全省社会消费品零售总额8938.27亿元，同比增长10.2%，增速比上年回落1.6个百分点。其中，新兴消费模式带动明显，限额以上企业（单位）通过公共网络实现商品销售418.43亿元，同比增长30.8%，占限额以上消费品零售额的7.7%，比上年提高2个百分点。

全省进出口总额3513.78亿元，同比增长29.3%。其中，出口2078.68亿元，同比增长25.3%；进口1435.10亿元，同比增长35.4%。

#### 2. 工业经济运行情况

2018年，陕西规模以上工业增加值同比增长9.2%，增速比上年加快1个百分点。其中，高技术产业和装备制造业增加值分别同比增长14.2%和12.3%，分别高于规模以上工业5个和3.1个百分点。

分行业看，规模以上能源工业增加值同比增长10.4%，增速比上年加快4.9个百分点。其中，煤炭开采和洗选业同比增长12.3%，加快11.7个百分点；石油及天然气开采业同比增长11.9%，加快2.1个百分点；非能源工业继续保持较快增长，非能源工业增加值同比增长 8.1%，其中，文教、工美、体育和娱乐用品制造业同比增长 50.7%，加快 27.3 个百分点；化学纤维制造业同比增长 36.6%，加快 29.3 个百分点；电气机械和器材制造业同比增长 18.2%，加快 5.8 个百分点；计算机、通信和其他电子设备制造业同比增长 20.2%，加快 6.6 个百分点；仪表仪器制造业同比增长 25.7%，加快 17.6 个百分点。

## （二）指标分析

### 1. 时序指数（见图 6-27 和表 6-55）

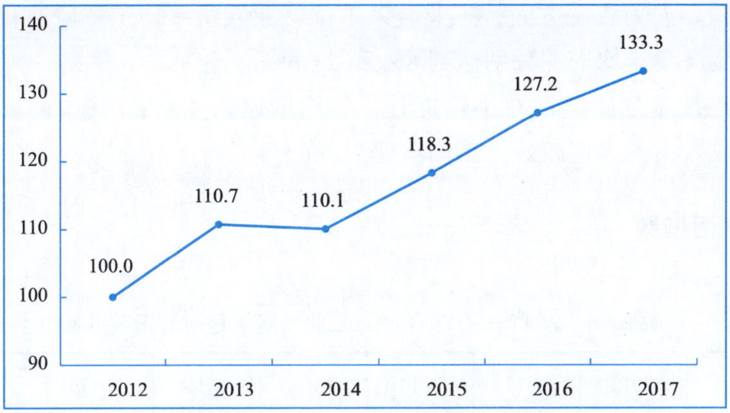


**图 6-27　陕西工业发展质量时序指数**

（资料来源：赛迪智库整理，2019 年 2 月）

表 6-55　2012—2017 年陕西工业发展质量时序指数

| | 2012 | 2013 | 2014 | 2015 | 2016 | 2017 | 2012—2017 年年均增速 |
|---|---|---|---|---|---|---|---|
| 速度效益 | 100.0 | 100.4 | 95.0 | 88.1 | 91.6 | 105.1 | 1.0% |
| 结构调整 | 100.0 | 104.1 | 113.3 | 127.7 | 150.3 | 165.1 | 10.5% |
| 技术创新 | 100.0 | 114.3 | 114.5 | 110.4 | 114.0 | 122.3 | 4.1% |
| 资源环境 | 100.0 | 115.5 | 105.0 | 104.1 | 100.5 | 75.5 | -5.5% |
| 两化融合 | 100.0 | 128.2 | 122.6 | 139.5 | 162.4 | 175.6 | 11.9% |
| 人力资源 | 100.0 | 109.0 | 115.5 | 155.1 | 162.9 | 171.4 | 11.4% |
| 时序指数 | 100.0 | 110.7 | 110.1 | 118.3 | 127.2 | 133.3 | 5.9% |

资料来源：赛迪智库整理，2019 年 2 月。

纵向来看，陕西工业发展质量自 2012 年的 100.0 上涨至 2017 年的 133.3，年均增速为 5.9%，高于全国平均增速 1.5 个百分点。

陕西在速度效益方面有所提升，年均增速为 1%。其中，工业成本费用利润率和工业主营业务收入利润率两项指标年均增速下降幅度收窄，年均增速分别为 -5.5% 和 4.8%。

陕西在结构调整、两化融合和人力资源方面增长较快，年均增速分别为 10.5%、11.9% 和 11.4%。结构调整方面，高技术制造业主营业务收入占比、小型工业企业主营业务收入和工业制成品出口占比年均增速分别达到 10.6%、16.1% 和 14.9%，是推动结构调整的主要因素。两化融合方面，工业应用信息化水平和电子信息产业占比年均增速分别为 4.8% 和 17.6%，带动两化融合水平不断提高。人力资源方面，工业城镇单位就业人员平均工资增速和第二产业全员劳动生产率年均增速分别达到 8% 和 21.6%。

陕西在技术创新方面有小幅提升，年均增速为 4.1%。其中，工业企业新产品销售收入占比表现较好，年均增速为 6.8%。

### 2. 截面指数

表 6-56　2012—2017 年陕西工业发展质量截面指数排名

| | 2012 | 2013 | 2014 | 2015 | 2016 | 2017 | 2012—2017 年均值排名 |
|---|---|---|---|---|---|---|---|
| 速度效益 | 1 | 1 | 1 | 8 | 6 | 1 | 1 |
| 结构调整 | 13 | 14 | 15 | 18 | 15 | 10 | 14 |
| 技术创新 | 15 | 12 | 12 | 14 | 14 | 16 | 13 |
| 资源环境 | 13 | 14 | 16 | 15 | 14 | 28 | 15 |
| 两化融合 | 21 | 18 | 20 | 20 | 18 | 22 | 20 |
| 人力资源 | 17 | 8 | 17 | 5 | 4 | 8 | 6 |
| 截面指数 | 9 | 7 | 12 | 12 | 11 | 10 | 11 |

资料来源：赛迪智库整理，2019 年 2 月。

横向来看，陕西工业发展质量截面指数处于全国上游水平，2017 年截面指数排在全国第 10 位，较 2016 年前进一位。

2017 年，陕西在速度效益方面表现最好，排名全国第一。构成速度效益的几项指标中，工业成本费用利润率和工业主营业务收入利润率表现较好，均居全国第 2 位；资产负债率位居全国中上游水平，排全国第 9 位。

2017 年，陕西在结构调整、人力资源方面表现较好，处于全国上游，排名全国第 10 位和第 8 位。结构调整方面，小型工业企业主营业务收入表现最好，排在全国第 3 位；高技术制造业主营业务收入占比表现较好，排在全国第 8 位；但是 500 强企业占比和工业制成品出口占比都属于中下游水平，提升空间较大。人力资源方面，第二产业全员劳动生产率处于全国领先水平，居全国第 2 位；工业城镇单位就业人员平均工资增速排名第 15 位，处于全国中等水平。

2017 年，陕西在技术创新方面处于全国中游位置，全国排在第 16 位。其中，工业企业 R&D 经费投入强度和工业企业 R&D 人员投入强度表现中等，全国排在第 15 位和第 12 位；工业企业单位 R&D 经费支出发明专利数有所提高，全国排在第 17 位；但工业企业新产品销售收入占比表现不佳，排在全国第 22 位，拉低了技术创新的整体水平。

2017 年，陕西在资源环境和两化融合方面总体仍处于全国中游偏下位置，全国排在第 28 位和第 22 位。资源环境方面，工业污染治理投资强度表现相对较好，排在全国第 14 位；但单位工业增加值能耗和工业固体废物综合利用率在全国排名处于中下游水平，未来有较大提升空间。两化融合方面，电子信息产业占比表现相对较好，全国排在第 10 位；工业应用信息化水平处于全国下游水平，需要大力推动信息技术在工业领域的应用。

### 3. 原因分析

陕西工业发展总体处于全国上游水平，经济发展成绩亮眼，但同时面临以下突出问题：

一是工业增长乏力。占规模以上工业半壁江山的能源工业增长空间有限，煤炭行业继续释放产能有限，石油行业实行稳产计划，天然气行业贡献有限；非能源工业增长压力较大，非能源工业中高技术产业增加值增速较快但占比偏低，同时受中美贸易摩擦传导影响，部分制造业出现下滑趋势。

二是依靠投资驱动增长难度不断加大。从拉动经济增长的“三驾马车”看，陕西省经济的较快增长一直得益于投资的较快增长；从支撑投资较快增长的因素看，房地产可持续性不足，投资新开工项目支撑不足，基础设施投资持续低迷。

三是新动能总规模仍然偏小。工业结构仍以原材料制造业为主，装备制造业仅占制造业的 3 成，高技术产业占制造业比重不足 20%，且增长呈放缓趋势。此外，发展质量不高、发展不平衡不充分的问题仍在各区域、各领域不同程度地存在。

### （三）结论与展望

陕西围绕追赶超越目标，践行基于新发展理念的发展路线图，经济运行稳定在中高速增长区间，且在全国的增速位次逐渐前移，创新驱动发展取得新成效，推进自主创新和发展高新技术产业成效明显，发展活力不断增强，全省经济实现了较高水平上的稳定增长。综合时序指数和截面指数来看，陕西在速度效益、结构调整、两化融合和人力资源方面增长较快，但在技术创新和资源环境方面仍处于全国中游位置，仍需要继续改善提高。

2019 年，陕西要以提高发展质量和效益为中心，以发展“三个经济”为突破口，重点围绕技术创新、市场开拓、新产业培育等方面持续发力，巩固良好态势，发挥发展优势，加快建设富有陕西特色的现代化经济体系，加快形成全面开放新格局，在高质量发展中实现追赶超越。

速度效益方面，继续保持经济平稳向好运行态势，实现工业发展质量效益全面提升。

结构调整方面，持续推进供给侧结构性改革，加快培育优质供给，进一步提升供给体系质量，延长产业链，完善功能配套，不断巩固新增长点的发展优势；大力推进非能源产业的发展，使产业结构更加丰富。

技术创新方面，推进以科技创新为核心的全面创新，大力推进新产品新技术应用，培育省级企业技术中心，完善“互联网 + 科技特派员”平台，不断深入高新区协同联动发展，加快全省经济质量变革、效率变革、动力变革。

资源环境方面，加快构建生态环境治理体系，深入倡导全社会共享共治，围绕提升“五个能力”，完善“十项机制”，开展“十大整治”，协同推进污染防治攻坚和经济高质量发展。

## 二十七、甘肃

### （一）总体情况

#### 1．宏观经济总体情况

2018 年，甘肃省地区生产总值为 8246.1 亿元，同比增长 6.3%。其中，第一产业增加值为 921.3 亿元，同比增长 5.4%；第二产业增加值为 2794.7 亿元，同比增长 3.8%；第三产业增加值为 4530.1 亿元，同比增长 8.4%。

2018 年，甘肃全省固定资产投资同比下降 3.9%，降幅比上年收窄 36.4 个百分点。其中，第一产业投资同比增长 18.8%；第二产业投资同比下降 10.8%，其中工业投资同比下降 10.9%；第三产业投资同比下降 3.6%。全省社会消费品零售总额同比增长 7.4%。

### 2. 工业经济运行情况

2018 年，甘肃规模以上工业企业增加值同比增长 4.6%，增速比上年提高 6.3 个百分点。2018 年 1—11 月，全省规模以上工业企业主营业务收入同比增长 9.3%；实现利润总额 288.1 亿元，同比增长 31.2%。

## （二）指标分析

### 1. 时序指数（见图 6-28 和表 6-57）

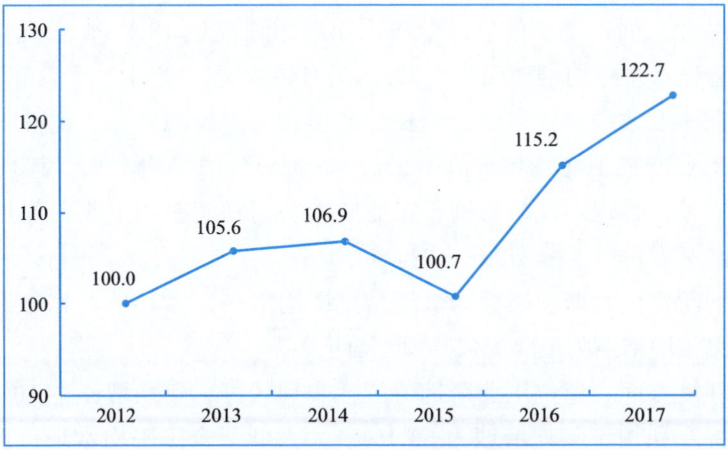


图 6-28　甘肃工业发展质量时序指数

（资料来源：赛迪智库整理，2019 年 2 月）

表 6-57　2012—2017 年甘肃工业发展质量时序指数

| | 2012 | 2013 | 2014 | 2015 | 2016 | 2017 | 2012—2017 年年均增速 |
|---|---|---|---|---|---|---|---|
| 速度效益 | 100.0 | 99.8 | 91.4 | 43.9 | 72.8 | 99.3 | −0.1% |
| 结构调整 | 100.0 | 109.9 | 117.5 | 126.1 | 149.6 | 152.5 | 8.8% |

续表

| | 2012 | 2013 | 2014 | 2015 | 2016 | 2017 | 2012—2017年年均增速 |
|---|---|---|---|---|---|---|---|
| 技术创新 | 100.0 | 104.2 | 111.2 | 107.0 | 110.5 | 102.1 | 0.4% |
| 资源环境 | 100.0 | 97.4 | 94.9 | 100.7 | 99.7 | 97.4 | -0.5% |
| 两化融合 | 100.0 | 119.3 | 117.0 | 126.6 | 153.4 | 179.1 | 12.4% |
| 人力资源 | 100.0 | 107.0 | 112.9 | 116.6 | 121.5 | 126.1 | 4.7% |
| 时序指数 | 100.0 | 105.6 | 106.9 | 100.7 | 115.2 | 122.7 | 4.2% |

资料来源：赛迪智库整理，2019年2月。

纵向来看，甘肃工业发展质量时序指数自2012年的100.0上涨至2017年的122.7，年均增速为4.2%，略低于全国平均增速。

甘肃在结构调整、两化融合方面表现相对较好，年均增速分别为8.8%和12.4%。

结构调整方面，高技术制造业主营业务收入占比年均增速高达14.8%，工业制成品出口占比年均增速达9.6%，是结构调整指标排名靠前的关键因素。

两化融合方面，电子信息产业占比年均增速高达18.1%，表现良好；但工业应用信息化水平年均增速仅为5.2%，仍有较大提高空间。

甘肃在速度效益、技术创新、资源环境和人力资源方面表现不佳。速度效益方面，工业增加值年均增速在6.3%，略低于全国平均水平，其余三项指标均呈现负增长，表现不佳，特别是工业成本费用利润率和工业主营业务收入利润率年均增速为负数，分别为-4.7%和-4.6%。

技术创新方面，四项指标均低于全国平均水平，尤其是工业企业新产品销售收入占比年均增速为-11.7%，表现欠佳。

资源环境方面，单位工业增加值能耗表现较好，年均增速为10.5%；工业固体废物综合利用率年均增速为-3.1%，大大低于全国平均水平；工业污染治理投资强度呈现下降趋势，年均增速为-16%。

人力资源方面，工业城镇单位就业人员平均工资增速、第二产业全员劳动生产率和就业人员平均受教育年限三项指标均为正增长，但增速均低于全国平均水平，亟待提升。

## 2. 截面指数（见表 6-58）

表 6-58　2012—2017 年甘肃工业发展质量截面指数排名

| | 2012 | 2013 | 2014 | 2015 | 2016 | 2017 | 2012—2017 年均值排名 |
|---|---|---|---|---|---|---|---|
| 速度效益 | 26 | 29 | 29 | 29 | 28 | 30 | 29 |
| 结构调整 | 17 | 21 | 28 | 29 | 28 | 27 | 27 |
| 技术创新 | 21 | 23 | 21 | 22 | 23 | 27 | 23 |
| 资源环境 | 16 | 23 | 27 | 16 | 19 | 21 | 19 |
| 两化融合 | 29 | 29 | 28 | 29 | 26 | 29 | 29 |
| 人力资源 | 20 | 26 | 25 | 27 | 28 | 21 | 26 |
| 截面指数 | 27 | 28 | 29 | 29 | 29 | 30 | 30 |

资料来源：赛迪智库整理，2019 年 2 月。

横向来看，甘肃工业发展质量截面指数多年来都处于全国下游，2017 年截面指数为 14.4，排在全国第 30 位。

2017 年甘肃各方面指标均处于全国中下游水平，速度效益排在全国第 30 位，两化融合排在全国第 29 位，结构调整和技术创新均排在全国第 27 位。

速度效益方面，资产负债率排在第 26 位，工业增加值增速、工业成本费用利润率和工业主营业务收入利润率均排在第 30 位。

两化融合方面，工业应用信息化水平和电子信息产业占比均排在全国第 28 位。

结构调整方面，高技术制造业主营业务收入占比和工业制成品出口占比均处于全国下游水平，只有 500 强企业占比和小型工业企业主管业务收入增速略好，位列全国中游偏下水平。

技术创新方面，工业企业 R&D 人员投入强度、工业企业 R&D 经费投入强度、工业企业单位 R&D 经费支出发明专利数和工业企业新产品销售收入占比分别排在第 25、26、23 和 28 位，还有较大的提升空间。

资源环境方面，排在全国第 21 位。其中，工业污染治理投资强度表现较好，排在第 6 位；工业固体废物综合利用率排在第 16 位；单位工业增加值能耗表现较差，排在第 26 位。

人力资源方面，排在全国第 21 位。其中，工业城镇单位就业人员平均工资增速表现较好，排在第 11 位；第二产业全员劳动生产率和就业人员平均受教育年限则分别排在第 27 位和第 26位。

### 3. 原因分析

2012—2017 年，甘肃资源环境和人力资源方面发展尚可，但是速度效益、结构调整、两化融合、技术创新等方面不理想，需要加快发展。

资源环境方面，甘肃地处黄土高原，生态环境非常脆弱。铝冶炼、煤化工等高能耗、高排污强度行业在工业中所占比重较大，主要污染减排治理难度大，保护环境的任务艰巨。近年来，甘肃先后出台了矿业权分类退出、水电站关停退出整治、旅游设施项目差别化整治和补偿等办法，全面推行河长制，建立省市县乡四级河长体系，同时实施重大生态工程，加强环境污染综合治理，取得了较好的成效。在国家首次发布的绿色发展指数排名中甘肃位列全国第 16 位、西北第 1 位。

资源环境方面，甘肃 2014 年印发了《甘肃省生态保护与建设规划（2014—2020 年）》，并先后出台了矿业权分类退出、水电站关停退出整治、旅游设施项目差别化整治和补偿等办法。另外，甘肃以生态屏障建设为切入点，大力实施以国家重点工程为主的各项生态工程，积极完善生态保护与建设法律法规，引导规范市场运作机制，全省生态保护与建设事业取得了明显成效。

人力资源方面，甘肃近年来综合运用援企稳岗、职业培训、创业带动、政策扶持等举措，确保就业形势总体稳定。2017 年，甘肃高校毕业生就业率达到 92.8%，城镇登记失业率为 2.78%。甘肃重视高等教育质量，加强高技能人才培养，全省高校 22 个学科排名进入全国同类学科前 30%。

## （三）结论与展望

综合时序指数和截面指数来看，甘肃工业发展质量仍处于全国下游水平。尽管甘肃在资源环境和人力资源等方面表现尚可，但在速度效益、结构调整、两化融合、技术创新方面仍需大幅提高。未来，可以从以下几方面入手，实现高质量发展：

一是继续推动产业结构调整。从甘肃自身角度来看，有色金属、石油化工、钢铁等行业未来仍需要持久地发展，而这些正是甘肃的发展优势。但这种产业结构仍需要进一步完善，因此应积极引进先进的科学技术，发挥企业的核心竞争优势，把传统的重工业打造为新型资源轻工业，同时，鼓励节能环保产业和新兴产业的发展。

二是大力发展绿色产业。利用绿色新技术改造传统老产业，实现集约化高值化发展，加快建设兰州新区节能环保产业基地。

三是大力推进两化融合，大力发展数据信息产业，实施工业互联网平台培育工程，开展企业上云计划，支持有条件的企业同互联网、大数据、人工智能深度融合。

四是大力开展技术创新。鼓励企业强化自主创新，把更多人力物力财力投向核心技术研发，聚集精锐力量集中攻关。加强科技联合攻关，形成企业与科研机构、大学、国家实验室等功能互补、良性互动的协同创新格局。

## 二十八、青海

### （一）总体情况

#### 1. 宏观经济总体情况

2018 年，青海省地区生产总值为 2865.2 亿元，同比增长 7.2%。第一、第二和第三产业增加值分别为 268.1 亿元、1247.1 亿元和 1350.1 亿元，比上年分别同比增长 4.5%、7.8% 和 6.9%。

2018 年，全省固定资产投资同比增长 7.3%。按产业分，第一产业投资同比增长 12.5%，第二产业投资同比增长 14.3%，第三产业投资同比增长 4.3%。工业投资同比增长 19.8%，其中制造业投资同比增长 7.6%。全年全省社会消费品零售总额为 835.56 亿元，同比增长 6.7%。2018 年进出口总额为 46.00 亿元，同比增长 3.5%。其中，出口额为 31.11 亿元，同比增长 8.1%；进口额为 14.89 亿元，同比下降 5.0%。

#### 2. 工业经济运行情况

2018 年，青海省全部工业增加值为 818.67 亿元，同比增长 8.6%。规模以上工业增加值同比增长 8.6%，其中，制造业增加值同比增长 5.4%。从工业新兴优势产业看，规模以上工业中新能源产业增加值同比增长 5.3%，新材料产业增加值同比增长 18.6%，有色金属产业增加值同比增长 7.7%，生物产业增加值同比增长 24.5%，装备制造业增加值同比增长 21.2%，高技术制造业增加值同比增长 35.5%。

## （二）指标分析

### 1. 时序指数（见图 6-29 和表 6-59）

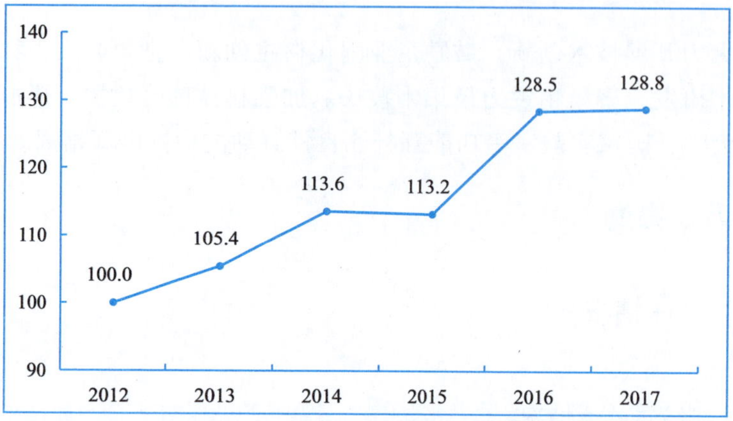


图 6-29　青海工业发展质量时序指数

（资料来源：赛迪智库整理，2019 年 2 月）

表 6-59　2012—2017 年青海工业发展质量时序指数

| | 2012 | 2013 | 2014 | 2015 | 2016 | 2017 | 2012—2017 年年均增速 |
|---|---|---|---|---|---|---|---|
| 速度效益 | 100.0 | 91.3 | 80.1 | 73.8 | 79.2 | 89.7 | −2.2% |
| 结构调整 | 100.0 | 111.0 | 107.5 | 111.2 | 121.0 | 107.6 | 1.5% |
| 技术创新 | 100.0 | 101.5 | 88.3 | 112.6 | 151.0 | 172.8 | 11.6% |
| 资源环境 | 100.0 | 111.8 | 173.8 | 139.4 | 159.6 | 101.2 | 0.2% |
| 两化融合 | 100.0 | 112.9 | 139.3 | 140.2 | 144.8 | 175.3 | 11.9% |
| 人力资源 | 100.0 | 110.3 | 118.5 | 121.4 | 128.8 | 138.3 | 6.7% |
| 时序指数 | 100.0 | 105.4 | 113.6 | 113.2 | 128.5 | 128.8 | 5.2% |

资料来源：赛迪智库整理，2019 年 2 月。

纵向来看，青海工业发展质量时序指数从 2012 年的 100.0 上涨至 2017 年的 128.8，年均增速为 5.2%，高出全国平均增速 0.8 个百分点。

青海在技术创新和两化融合方面表现突出。技术创新方面，年均增速为 11.6%，高于全国平均水平 5.9 个百分点，其中，工业企业单位 R&D 经费支出发明专利数和工业企业新产品销售收入占比高速增长，年均增速分别为 18.5% 和 29.2%，大大超过全国 3.1% 和 7.3% 的平均增速。

两化融合方面，年均增速为 11.9%，高出全国平均增速 5.8 个百分点。其中，电子信息产业占比呈现高速增长，年均增速为 15.8%，大大超过全国 6.4% 的平均增速。

青海在人力资源方面整体表现好于全国平均水平。其中，工业城镇单位就业人员平均工资和第二产业全员劳动生产率两项指标发展相对均衡，年均增速分别为 9.0% 和 9.6%，高出全国平均增速 0.6 和 1.5 个百分点；但就业人员平均受教育年限增速仍旧为负增长。

青海在速度效益、结构调整和资源环境方面表现不理想。速度效益方面，除工业增加值增速为 7.8%，高于全国 6.6% 的平均水平，其余三项指标均呈现负增长，其中工业成本费用利润率和工业主营业务收入利润率年均下降幅度分别为 12.4% 和 11.5%。

结构调整方面，尽管高技术制造业主营业务收入占比和小型工业企业主营业务收入增速指标表现良好，但是 500 强企业占比和工业制成品出口占比指标下降显著，年均增速分别为 -7.8% 和 -21.2%，使得结构调整方面的平均增速被大大拉低。

资源环境方面，工业污染治理投资强度年均增速为 -4.2%，使得资源环境平均增速低于全国平均水平。

### 2. 截面指数（见表 6-60）

表 6-60　2012—2017 年青海工业发展质量截面指数排名

| | 2012 | 2013 | 2014 | 2015 | 2016 | 2017 | 2012—2017 年均值排名 |
|---|---|---|---|---|---|---|---|
| 速度效益 | 9 | 26 | 26 | 26 | 26 | 25 | 26 |
| 结构调整 | 27 | 18 | 17 | 26 | 23 | 28 | 23 |
| 技术创新 | 29 | 30 | 30 | 30 | 30 | 29 | 30 |
| 资源环境 | 26 | 28 | 25 | 28 | 22 | 26 | 27 |
| 两化融合 | 29 | 28 | 26 | 26 | 30 | 24 | 28 |
| 人力资源 | 5 | 11 | 12 | 25 | 15 | 14 | 11 |
| 截面指数 | 28 | 29 | 27 | 28 | 28 | 29 | 28 |

资料来源：赛迪智库整理，2019 年 2 月。

横向来看，青海工业发展质量截面指数多年来都处于全国落后位置，2017 年截面指数为 21.1，排在全国第 29 位，比上一年下降一位。

青海在人力资源两方面表现尚可，2017 年排在全国第 14 位。其中，工业城镇单位就业人员平均工资增速在全国排名为第 10 位；第二产业全员劳动生产率排名为第 10 位；就业人员平均受教育年限表现不佳，排在全国第 25 位。

青海在速度效益、结构调整、资源环境和两化融合方面都处于全国落后水平。

速度效益方面，工业增加值增速排名第 10；资产负债率、工业成本费用利润率、工业主营业务收入利润率都处于全国下游水平，分别排在第 28、27、26 位。

结构调整方面，所有指标均处于全国下游水平，相对表现最好的高技术产业占比仅排在第 23 位。

资源环境方面，工业污染治理投资强度和工业固体废物综合利用率分别排在第 15 位和第 17 位，处于中游水平；但是单位工业增加值能耗排名位居全国下游。

两化融合方面，工业应用信息化水平和电子信息产业占比均比较落后，排在第 23 位和第 25 位。

青海在技术创新方面表现较差，处于第 29 位。除了工业企业单位 R&D 经费支出发明专利数，其他各项指标都处于全国最后三位。

#### 3. 原因分析

2012—2017 年，青海在人力资源方面总体表现较好，排名第 11 位；技术创新方面表现较差，一直处于最后两名；结构调整方面起伏较大，2017 年表现不佳；速度效益方面有所下滑，资源环境和两化融合方面仍需要改进。

人力资源方面，青海近年来始终把高校毕业生就业摆在就业工作的突出位置，坚持“劳动者自主择业，市场调节就业，政府促进就业”的方针，积极搭建就业平台，加强服务管理和就业援助，多渠道促进高校毕业生就业，取得了良好成效。青海先后出台了《青海省关于深化人才发展体制机制改革的实施意见》《关于进一步加大就业扶贫政策支持力度提高组织化程度促进转移就业的通知》等政策，保障人才健康发展。

### （三）结论与展望

综合时序指数和截面指数来看，青海工业发展质量仍处于全国下游水平。尽管青海在结构调整、资源环境、两化融合等方面不断改进，但仍与排名靠前的省份差距较大。未来，可以从以下几方面入手，实现高质量发展：

一是推进传统产业改造升级。在结构调整方面，坚持绿色发展，以传统产业绿色化改造为突破点，以资源节约集约、循环利用为切入点，以培育形成符合现代文明要求的生产方式、生态文化、生活习惯为着力点，加快推进产业结构、空间结构、能源结构和消费结构转型。

二是推进两化融合。实施新一轮两化融合工程，应用物联网、云计算、大数据、人工智能等高新技术，改造提升盐湖化工、有色冶金、能源化工、特色轻工、建筑材料等传统产业，提升全产业链竞争力。以产业数字化、数字产业化为目标，实施数字产业培育壮大、数字服务创新突破、数字工业试点示范、数字政务推广应用等一批重大项目，在工业互联网、企业“上云”、融合应用等领域打造一批标杆项目和示范企业。

三是提高发展和营商环境。加大改革力度，大力营造透明高效的政务环境、开放便利的投资环境、充满活力的创业环境和公平正义的法治环境，增强在青投资兴业的吸引力和竞争力。

四是推进污染防治和清洁生产。应深化大气污染联防联治，因地制宜地推动清洁能源供热取暖，深入开展工业污染源排放达标管理。统筹实施清洁生产和超低排放改造，培育壮大节能环保和清洁生产产业。鼓励企业充分消纳清洁能源，推进工业固废、危险废物等资源综合利用项目实施。

## 二十九、宁夏

### （一）总体情况

#### 1. 宏观经济总体情况

2018 年，宁夏实现地区生产总值 3705.2 亿元，同比增长 7.0%。其中，第一产业增加值为 279.85 亿元，同比增长 4.0%；第二产业增加值为 1650.26 亿元，同比增长 6.8%；第三产业增加值为 1775.07 亿元，同比增长 7.7%。

2018 年，宁夏全社会固定资产投资结构由上年的 4.8∶31.3∶63.9 调整为 4.1∶35.5∶60.4，其中，工业投资比重上升 4.2 个百分点。在工业投资中，工业技改投资同比增长 15.6%；石油、煤炭及其他燃料加工业，计算机、通信和其他电子设备制造业，仪器仪表制造业，纺织业等高技术制造业投资分别同比增长 340.0%、150.0%、34.8% 和 13.4%。全区 90 个重点项目投资占全社会固定资产投资的比重达到 40%。

### 2. 工业经济运行情况

2018 年，宁夏实现规模以上工业同比增长 8.3%。分三大门类看，采矿业同比增长 7.1%，制造业同比增长 5.6%，电力、热力、燃气及水的生产供应业同比增长 15.7%。2018 年 1—11 月份，全区规模以上工业企业实现利润总额 166.6 亿元，同比增长 22.1%，增速比全国高 10.3 个百分点；主营业务收入利润率为 4.31%，比上年提高 0.36 个百分点。

## （二）指标分析

### 1. 时序指数（见图 6-30 和表 6-61）

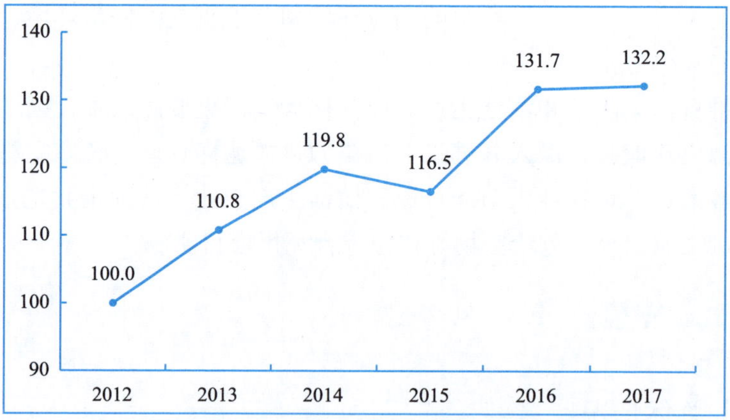


图 6-30　宁夏工业发展质量时序指数

（资料来源：赛迪智库整理，2019 年 2 月）

表 6-61　2012—2017 年宁夏工业发展质量时序指数

| | 2012 | 2013 | 2014 | 2015 | 2016 | 2017 | 2012—2017 年年均增速 |
|---|---|---|---|---|---|---|---|
| 速度效益 | 100.0 | 113.1 | 94.3 | 86.4 | 106.5 | 105.9 | 1.2% |
| 结构调整 | 100.0 | 105.4 | 118.1 | 134.1 | 160.1 | 164.6 | 10.5% |
| 技术创新 | 100.0 | 105.7 | 108.9 | 122.6 | 123.0 | 126.5 | 4.8% |
| 资源环境 | 100.0 | 144.3 | 192.3 | 110.6 | 119.7 | 99.4 | -0.1% |
| 两化融合 | 100.0 | 91.3 | 111.3 | 143.3 | 175.2 | 184.6 | 13.0% |
| 人力资源 | 100.0 | 103.0 | 104.8 | 112.1 | 119.9 | 126.9 | 4.9% |
| 时序指数 | 100.0 | 110.8 | 119.8 | 116.5 | 131.7 | 132.2 | 5.7% |

资料来源：赛迪智库整理，2019 年 2 月。

纵向来看，宁夏工业发展质量时序指数自 2012 年的 100.0 上涨至 2017 年的 132.2，年均增速为 5.7%，高于全国平均增速 1.3 个百分点。

宁夏在结构调整和两化融合方面表现较好。结构调整方面，全部指标均高于全国平均水平，其中高技术制造业主营业务收入占比和小型工业企业主营业务收入增速增长较快，年均增速分别为 17.4% 和 15.2%。

两化融合方面，电子信息产业占比年均增速为 19.7%，高出全国平均水平 13.4 个百分点。

宁夏在速度效益、技术创新、资源环境和人力资源方面表现一般，增速均低于全国平均水平。

速度效益方面，工业增加值年均增速为 8.7%，高于全国平均水平 2.0 个百分点；资产负债率、工业成本费用利润率和工业主营业务收入利润率均出现负增长。

资源环境方面，单位工业增加值能耗高于全国水平，工业固体废物综合利用率和工业污染治理投资强度均为负增长，年均增速分别为 -10.8% 和 -0.2%。

人力资源方面，工业城镇单位就业人员平均工资增速和第二产业全员劳动生产率指标均低于全国水平，年均增速分别为 5.8% 和 6.8%。

### 2. 截面指数（见表 6-62）

表 6-62 2012—2017 年宁夏工业发展质量截面指数排名

| | 2012 | 2013 | 2014 | 2015 | 2016 | 2017 | 2012—2017 年均值排名 |
|---|---|---|---|---|---|---|---|
| 速度效益 | 28 | 22 | 28 | 27 | 24 | 27 | 27 |
| 结构调整 | 28 | 28 | 18 | 21 | 24 | 22 | 22 |
| 技术创新 | 17 | 17 | 18 | 16 | 17 | 18 | 19 |
| 资源环境 | 12 | 6 | 2 | 9 | 9 | 14 | 11 |
| 两化融合 | 24 | 22 | 25 | 25 | 23 | 23 | 24 |
| 人力资源 | 13 | 22 | 16 | 18 | 7 | 12 | 13 |
| 截面指数 | 25 | 21 | 20 | 23 | 21 | 24 | 23 |

资料来源：赛迪智库整理，2019 年 2 月。

横向来看，宁夏工业发展质量截面指数多年来都处于全国落后位置，2017 年截面指数为 27.8，排在全国第 24 位，比上年降低 3 个位次。

2017 年宁夏在技术创新、资源环境和人力资源方面处于全国中游水平，分别排在第18、14和12位。

技术创新方面，工业企业单位R&D经费支出发明专利数表现突出，排在全国第7位。

资源环境方面，工业污染治理投资强度表现突出，排在全国第3位；单位工业增加值能耗和工业固体废物综合利用率表现不佳，分别排在第29和26位。

人力资源方面，第二产业全员劳动生产率排在全国第5位，表现较好。

2017年宁夏在速度效益、结构调整、两化融合方面均处于全国下游水平。

速度效益方面，工业增加值增速排在第6位，较上年提高了5位；资产负债率、工业成本费用利润率和工业主营业务收入利润率均排在第29位，表现较差。

结构调整方面，小型工业企业主营业务收入排在全国第5位，表现较好；但是高技术制造业主营业务收入占比、500强企业占比和工业制成品出口占比排名都比较落后，分别为第25、24、28位。

两化融合方面，工业应用信息化水平和电子信息产业占比分别排在第22位和第23位，表现一般。

### 3. 原因分析

2012—2016年，宁夏在资源环境和人力资源方面进步较快，但是2017年排名出现明显下滑。技术创新方面表现比较稳定，一直处于中游偏下水平。结构调整排名有所进步，但是仍然和速度效益、两化融合一样，一直处于全国落后位置。

资源环境方面，启动“蓝天碧水·绿色城乡”专项行动，落实生态立区28条，划定生态保护红线，出台生态环境损害赔偿制度改革方案等政策文件，努力实现高质量发展与高水平保护双赢。2017年，彻底淘汰城市建成区20蒸吨以下燃煤锅炉，建成投运银川“东热西送”一期工程，不断加大老旧车、柴油货车淘汰治理，排查整治“散乱污”企业1932家。

技术创新方面，引导企业改进创新方法，开展六西格玛管理、精益生产等创新方法培训，搭建创新方法交流平台，加强创新方法的应用推广，有效提升企业技术创新能力。宁夏实施企业科技创新事前备案、事后补助政策，引导企业开展技术创新。落实创新驱动30条，深化“科技支宁”东西部合作，建成宁夏技术交易市场，全社会研究与试验发展经费投入强度达1.3%。

### （三）结论与展望

综合时序指数和截面指数来看，宁夏工业发展质量长期处于全国下游水平。未来，可以在以下几方面调整优化，实现高质量发展。

一是持续推动新旧动能转换，加快产业结构调整，实施重点技改项目，促进煤电、冶金、化工等传统产业向高端化、智能化、绿色化迈进。

二是深入进行企业治理，促进企业提质增效。加快企业优胜劣汰，淘汰低端落后过剩产能，全面治理“散乱污”企业，依法加速出清“僵尸企业”，推动各类生产要素向优质企业聚集。

三是大力推进两化融合。落实“互联网 + 先进制造业”实施意见，启动“千家企业上云”计划，建设智能工厂和数字化车间，在智能制造、仪器仪表、专用电器等领域培育一批单项冠军企业。

## 三十、新疆

### （一）总体情况

#### 1．宏观经济总体情况

2018 年，新疆实现地区生产总值 12199.08 亿元，同比增长 6.1%。第一、二、三产业增加值分别为 1692.09 亿元、4922.97 亿元和 5584.02 亿元，同比增速分别为 4.7%、4.2% 和 8.0%。从贡献程度来看，第一产业对经济增长的贡献率为 11.3%，第二产业为 26.4%，第三产业为 62.3%。

2018 年，新疆固定资产投资同比下降 25.2%，工业投资同比下降 5.6%。其中，石油工业投资同比增长 20.9%，制造业投资同比下降 9.1%。制造业中，装备制造业投资同比增长 10.9%，高技术制造业投资同比增长 21.1%。航空、铁路、管道运输等补短板基础设施投资力度加大，全年航空运输业投资同比增长 1.8 倍、铁路运输业同比增长 22.4%、管道运输业同比增长 20.7%。

2018 年新疆货物进出口贸易额为 1326.17 亿元，同比下降 4.7%。其中，进口 236.84 亿元，同比增长 19.5%；出口 1089.32 亿元，同比下降 8.8%。

#### 2．工业经济运行情况

2018 年，新疆规模以上工业企业完成增加值 3564.05 亿元，同比增长 4.1%。

分三大门类来看，采矿业完成增加值 1120.21 亿元，同比增长 8.6%；电力、热力及水的生产和供给业完成增加值 518.98 亿元，同比增长 15.7%；制造业完成增加值 1924.86 亿元，同比下降 0.9%。分轻重工业看，轻工业完成增加值 359.31 亿元，同比增长 0.6%；重工业完成增加值 3204.74 亿元，同比增长 4.5%。全年高技术制造业完成增加值 54.89 亿元，同比增长 32.1%；工业战略性新兴产业完成增加值 176.10 亿元，同比增长 15.1%。

## （二）指标分析

### 1．时序指数（见图 6-31 和表 6-63）

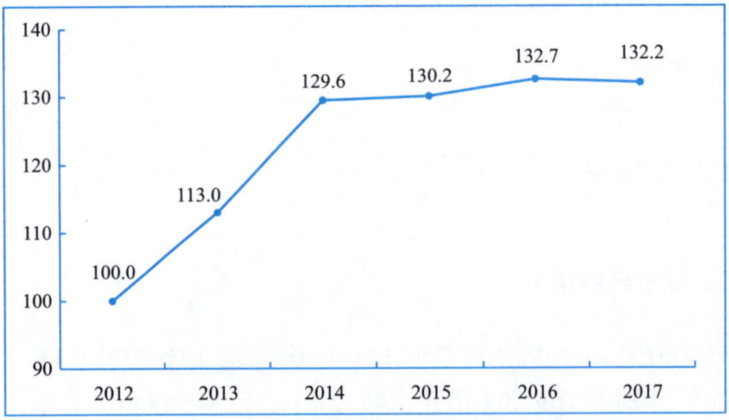


图 6-31　新疆工业发展质量时序指数

（资料来源：赛迪智库整理，2019 年 2 月）

表 6-63　2012—2017 年新疆工业发展质量时序指数

| | 2012 | 2013 | 2014 | 2015 | 2016 | 2017 | 2012—2017 年年均增速 |
|---|---|---|---|---|---|---|---|
| 速度效益 | 100.0 | 93.2 | 87.6 | 73.8 | 77.4 | 91.8 | -1.7% |
| 结构调整 | 100.0 | 119.8 | 126.3 | 147.7 | 164.2 | 167.5 | 10.9% |
| 技术创新 | 100.0 | 108.2 | 122.2 | 133.8 | 132.6 | 121.2 | 3.9% |
| 资源环境 | 100.0 | 156.0 | 187.4 | 139.0 | 130.6 | 112.4 | 2.4% |
| 两化融合 | 100.0 | 102.4 | 169.9 | 199.6 | 198.2 | 200.5 | 14.9% |
| 人力资源 | 100.0 | 102.8 | 109.0 | 115.2 | 118.1 | 123.6 | 4.3% |
| 时序指数 | 100.0 | 113.0 | 129.6 | 130.2 | 132.7 | 132.2 | 5.7% |

资料来源：赛迪智库整理，2019 年 2 月。

纵向来看，新疆工业发展质量时序指数自 2012 年的 100.0 上升至 2017 年的 132.2，年均增速为 5.7%，高于全国平均增速 1.3 个百分点。

新疆在结构调整、资源环境和两化融合方面表现相对较好，年均增速分别为 10.9%、2.4% 和 14.9%。

结构调整方面，除了 500 强企业占比低于全国平均水平，其余三项指标均高于全国平均水平，高技术制造业主营业务收入占比、小型工业企业主营业务收入增速和工业制成品出口占比同比增速分别为 15.6%、13.2% 和 7.4%。

资源环境方面，表现最好的是工业污染治理投资强度，同比增速为 8.3%，高出全国平均增速 8 个百分点。

两化融合方面，电子信息占比同比增速达到 21.6%，超过全国平均增速 15.2 个百分点。

新疆在速度效益、技术创新和人力资源方面表现不佳。

速度效益方面呈现负增长，仅有工业增加值增速为正增长，同比增速为 7.5%，略高于全国平均水平；资产负债率、工业成本费用利润率和工业主营业务收入利润率三项指标都有所下降，同比增速分别为 -2.1%、-9.8% 和 -8.9%。

技术创新方面，仅有工业企业单位 R&D 经费支出发明专利数表现较好，其余三项指标均大大低于全国平均水平。

人力资源方面，工业城镇单位就业人员平均工资增速和第二产业全员劳动生产率表现不佳，同比增速分别为 6.6% 和 4.9%，低于全国平均水平。

### 2. 截面指数（见表 6-64）

表 6-64　2012—2017 年新疆工业发展质量截面指数排名

| | 2012 | 2013 | 2014 | 2015 | 2016 | 2017 | 2012—2017 年均值排名 |
|---|---|---|---|---|---|---|---|
| 速度效益 | 2 | 2 | 7 | 24 | 23 | 14 | 9 |
| 结构调整 | 25 | 26 | 24 | 25 | 27 | 26 | 25 |
| 技术创新 | 30 | 29 | 29 | 27 | 29 | 30 | 29 |
| 资源环境 | 29 | 26 | 24 | 24 | 26 | 23 | 26 |
| 两化融合 | 27 | 26 | 21 | 24 | 25 | 26 | 25 |
| 人力资源 | 4 | 10 | 13 | 11 | 22 | 9 | 8 |
| 截面指数 | 20 | 24 | 22 | 25 | 27 | 27 | 25 |

资料来源：赛迪智库整理，2019 年 2 月。

横向来看，新疆工业发展质量截面指数多年来都处于全国偏下水平，2017年截面指数为26.9，排在全国第27位，比2012年低了7个位次。

新疆在结构调整、技术创新、资源环境和两化融合方面表现不理想，处于全国下游水平。

结构调整方面，小型工业企业主营业务收入增速表现良好，排在第7位，处于上游水平；但是高技术产业占比、500强企业占比和工业制成品出口占比均处于下游水平，其中高技术产业占比和工业制成品出口占比分别排在第30位和第29位，表现较差。

技术创新方面，工业企业单位R&D经费支出发明专利数排在第11位，水平有所提升；其他三项指标均处于下游水平，未来需要大力提升。

资源环境方面，工业污染治理投资强度表现较好，排在第7位；单位工业增加值能耗排名末位，未来需要大力提升。

两化融合方面，工业应用信息化水平和电子信息产业占比分别排在第24位和第26位，表现不佳。

新疆在速度效益和人力资源方面表现较好。

速度效益方面，工业增加值增速和资产负债率排在全国下游；而工业成本费用利润率和工业主营业务收入利润率均排在第6位，较上一年度提高较大，因而拉高了速度效益排名。

人力资源方面，三项指标均排在前10位，其中工业城镇单位就业人员平均工资增速排名较上一年度前进了22位，提高显著。

### 3. 原因分析

2017年，新疆在速度效益和人力资源方面进步显著，但是经济结构仍需优化、技术创新能力不强、资源环境需要进一步改善，两化融合水平需要进一步加强。

速度效益方面，新疆积极采取措施，创造性地提出一系列新思路、新理念、新举措，加快推进新型工业化发展，实施“提速攻坚”“提升层次”“创新驱动”战略，积极化解过剩产能。同时，新疆大力发展混合所有制经济，鼓励非公有制企业参与国有企业改革，积极促进新疆经济的提质升级，新疆非公有制经济、中小微企业等发展活力不断增强，经济结构不断向多元化方向转变。

人力资源方面，新疆大力实施人才战略，高度重视人才和人才工作，先后出台了《关于激发科研机构和科研人员创新活力促进科技成果转化的若干政策》

《百名青年博士引进计划实施办法》《关于加快自治区人才管理改革试验区建设的指导意见》等若干吸引人才和鼓励人才发展的政策。另外，新疆积极扩大就业，持续实施南疆四地州三年十万人转移就业计划，大力推进学前教育和职业教育，实现未就业初高中毕业生职业技术培训全覆盖，有力提升了新疆人才储备数量。

### （三）结论与展望

综合时序指数和截面指数来看，新疆工业发展质量处于全国下游水平，未来，新疆应重视以下几个方面，争取实现高质量发展。

一是深入推进产业高质量发展。继续推进丝绸之路经济带核心区建设，实施制造业技术改造和转型升级重大工程，提高产品技术、工艺装备、能效环保水平，推动产业向中高端水平迈进。深入推进纺织服装等产业转型升级，高技术和战略性新兴产业持续增长，大力发展旅游业、电子商务、仓储物流、医疗卫生、文体康养等新兴服务业。

二是大力实施创新驱动发展战略，加强创新体系建设。应加快乌鲁木齐、昌吉、石河子高新技术产业开发区国家自主创新示范区建设步伐。全面深化科技体制改革，激发科研人员的创新活力，进一步提高大众创业万众创新水平。围绕新材料、生物医药、新能源、农牧机械装备等重点领域，开展关键核心技术攻坚，加快重大创新突破和科技成果转化应用。

三是多方面提高资源环境水平。加快推进产业结构和能源消费结构调整，淘汰落后产能，从源头上减少污染，实现主要污染物排放总量持续减少，重点区域空气质量进一步改善。

# 专 题 篇

# 第七章

# 制造业高质量发展专题研究

党的十九大指出:“我国经济已由高速增长阶段向高质量发展阶段转变。”在中央经济工作会议提出的2019年重点工作任务中,“推动制造业高质量发展”是重中之重,说明制造业作为实体经济主战场的地位不可动摇,制造业对经济增长的拉动作用不可忽视,制造业高质量发展是实现经济持续健康发展不可或缺的重要推手。2019年,制造业将加速向高质量阶段迈进,具有代表性、竞争力的先进制造业集群会逐步形成,科技服务业、金融服务业、物流服务业等现代服务业要与先进制造业相互融合,推动制造业制造模式、商业模式、组织模式、管理模式的变革。

## 第一节　我国装备制造业高质量发展应注重增强三大能力

### 一、我国装备制造业发展质量评价体系构建

按照评价指标体系的可比性、可获取性、可测度性等一般原则,本书以我国38个工业行业[①],特别是装备制造业八大行业[②]的发展质量为研究对象,以2012—2016年为数据[③]提取的时间跨度,构建包含创新、效益、速度三大类、

① 国家统计局2017年国民经济行业分类中,工业行业为41个,其中开采辅助活动、其他采矿业、废弃资源综合利用业三大行业的部分指标数据缺失,最终选取的行业为38个。

② 按照国家统计局国民经济行业分类,装备制造业包括金属制品业,通用装备制造业,专用设备制造业,汽车制造业,铁路、船舶、航空航天和其他运输设备制造业,电气机械及器材制造业,通信、计算机及其他电子设备制造业,仪器仪表制造业八大类。

③ 数据来源于2013—2017年中国统计年鉴、中国工业统计年鉴、国家统计局等。

八项具体量化指标的发展质量评价体系（见表 7-1）。

表 7-1　装备制造业发展质量评价体系

| 总指标 | 一级指标 | 二 级 指 标 | 指 标 说 明 |
|---|---|---|---|
| 发展质量 | 创新 | 工业企业 R&D 经费投入强度（%） | 反映企业研发资金投入规模 |
| | | 工业企业 R&D 人员投入强度（%） | 反映企业科技人员支撑水平 |
| | | 单位工业企业 R&D 经费发明专利数（件/亿元） | 反映单位研发经费创造的科技成果 |
| | | 工业企业新产品销售收入占比（%） | 反映创新成果转化能力和产品结构 |
| | 效益 | 资产负债率（%） | 反映资产获利能力 |
| | | 工业成本费用利润率（%） | 反映企业投入成本费用的经济效益 |
| | | 工业主营业务收入利润率（%） | 反映企业获利能力 |
| | 速度 | 规模以上工业增加值增速（%） | 反映工业增长速度 |

本文从横向和纵向两个维度分别计算 38 个工业行业的发展质量指数均值和指数年均增速，以分别体现装备制造业在工业行业中的质量发展水平和发展速度。其中，发展质量指数均值的计算方法为：首先将 2012—2016 年 38 个工业行业的原始数据进行无量纲化处理，然后按相等权重对八项指标进行加权计算，得到各年各行业发展质量指数，最后计算各行业 2012—2016 年发展质量指数的均值。发展质量指数年均增速的计算方法为：首先将 2012—2016 年 38 个工业行业的原始数据调整为以 2012 年为基期（其中规模以上工业增加值增速指标按增加值绝对值以 2012 年为基期进行调整），然后按相等权重对八项指标进行加权计算，最后计算各行业 2012—2016 年发展质量指数年均增速。在上述计算过程中，分别计算创新、效益、速度三大类指标的指数均值和指数年均增速。2012—2016 年 38 个工业行业发展质量评价结果如表 7-2 所示。

表 7-2　2012—2016 年 38 个工业行业发展质量评价结果

| 工业行业 | 质量发展水平 | 水平排名 | 质量发展速度 | 速度排名 |
|---|---|---|---|---|
| **铁路、船舶、航空航天和其他运输设备制造业** | **58.32** | **1** | **3.82%** | **15** |
| **计算机、通信和其他电子设备制造业** | **57.85** | **2** | **3.54%** | **18** |
| **仪器仪表制造业** | **57.46** | **3** | **1.63%** | **33** |
| 医药制造业 | 55.06 | 4 | 1.22% | 34 |
| **汽车制造业** | **53.51** | **5** | **3.38%** | **19** |
| **电气机械和器材制造业** | **50.88** | **6** | **3.66%** | **17** |
| **专用设备制造业** | **48.08** | **7** | **-0.01%** | **36** |
| 化学纤维制造业 | 44.75 | 8 | 3.33% | 21 |

续表

| 工业行业 | 质量发展水平 | 水平排名 | 质量发展速度 | 速度排名 |
|---|---|---|---|---|
| **通用设备制造业** | **44.46** | **9** | **2.12%** | **31** |
| 金属制品、机械和设备修理业 | 42.59 | 10 | 7.48% | 4 |
| 化学原料和化学制品制造业 | 41.37 | 11 | 2.76% | 27 |
| 有色金属冶炼和压延加工业 | 38.48 | 12 | 2.55% | 30 |
| 烟草制品业 | 36.45 | 13 | 4.76% | 12 |
| 石油和天然气开采业 | 36.43 | 14 | 20.94% | 2 |
| **金属制品业** | **35.25** | **15** | **3.31%** | **22** |
| 电力、热力生产和供应业 | 35.02 | 16 | 5.93% | 7 |
| 橡胶和塑料制品业 | 33.94 | 17 | 3.16% | 24 |
| 其他制造业 | 33.68 | 18 | 3.38% | 20 |
| 黑色金属冶炼和压延加工业 | 33.63 | 19 | 3.86% | 14 |
| 造纸和纸制品业 | 32.01 | 20 | 5% | 11 |
| 酒、饮料和精制茶制造业 | 31.82 | 21 | −1.25% | 37 |
| 食品制造业 | 31.17 | 22 | 2.66% | 29 |
| 印刷和记录媒介复制业 | 30.93 | 23 | 0.53% | 35 |
| 文教、工美、体育和娱乐用品制造业 | 30.29 | 24 | 5.21% | 10 |
| 纺织业 | 30.05 | 25 | 3.81% | 16 |
| 非金属矿物制品业 | 29.98 | 26 | 2.86% | 26 |
| 燃气生产和供应业 | 29.81 | 27 | 6.86% | 5 |
| 黑色金属矿采选业 | 29.64 | 28 | 5.73% | 8 |
| 家具制造业 | 29.41 | 29 | 9.07% | 3 |
| 有色金属矿采选业 | 26.53 | 30 | 1.7% | 32 |
| 石油加工、炼焦和核燃料加工业 | 26.22 | 31 | 30.08% | 1 |
| 水的生产和供应业 | 25.76 | 32 | 6.01% | 6 |
| 农副食品加工业 | 25.53 | 33 | 3.27% | 23 |
| 煤炭开采和洗选业 | 24.88 | 34 | −1.94% | 38 |
| 纺织服装、服饰业 | 24.46 | 35 | 2.89% | 25 |
| 木材加工和木、竹、藤、棕、草制品业 | 24.19 | 36 | 5.24% | 9 |
| 非金属矿采选业 | 24.18 | 37 | 2.67% | 28 |
| 皮革、毛皮、羽毛及其制品和制鞋业 | 22.8 | 38 | 4.69% | 13 |

注：表中加粗部分为装备制造业八大行业及其数据。

资料来源：赛迪智库整理，2019年2月。

依托表 7-2，绘制 2012—2016 年我国工业行业“质量发展水平和质量发展速度”象限图如图 7-1 所示。

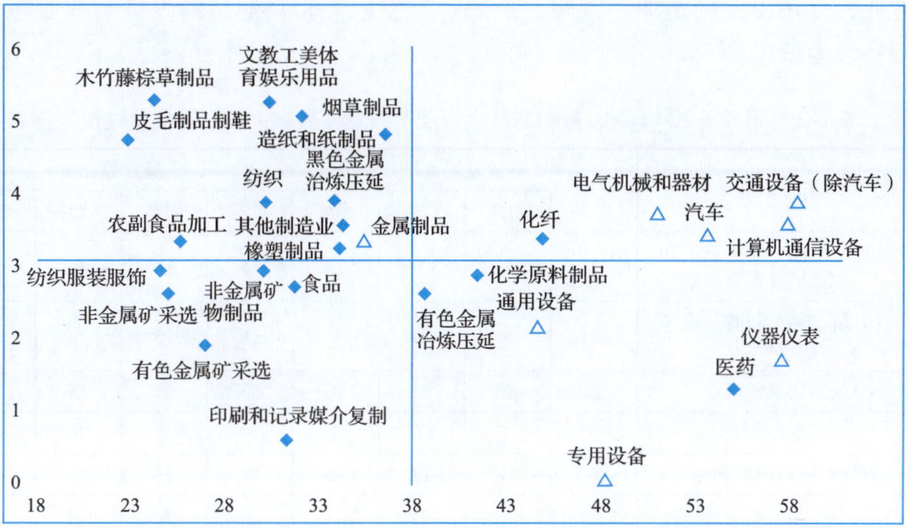


注：图中，△标注为装备制造行业。篇幅所限，行业名称用的是简称；
质量发展速度超过 5% 以及低于 -1% 的 10 个行业未收录图中。

图 7-1　2012—2016 年我国工业行业“质量发展水平和质量发展速度”象限图

（资料来源：赛迪智库整理，2019 年 2 月）

## 二、我国装备制造业发展质量评价结果分析

### （一）从质量发展水平看，“创新”是支撑装备制造业保持较高质量的关键要素

装备制造业整体保持较高质量水平，八大行业中有七个行业排名处于前九位，仅金属制品业排第 15 位。从三大分类指标发展水平来看，呈现以下特点：

一是“创新”指标方面，八大行业中有七大行业位居前八位（见表 7-3），其较强的研发实力对装备制造业高质量发展形成了有力支撑。

二是“效益”指标方面，除汽车制造业，铁路、船舶、航空航天和其他运输设备制造业位居前列以外，其他六大行业均处于中游或下游水平；尤其是金属制品业，由于产业升级步伐相对缓慢，发展效益长期处于较低水平，效益指数仅排在第 30 位。

三是“速度”指标方面，八大行业间表现较为分化，其中汽车制造业，计算机、通信和其他电子设备制造业，金属制品业增长速度较快，但通用设备制造业，专用设备制造业，铁路、船舶、航空航天和其他运输设备制造业等行业增长较为低迷。

表 7-3　2012—2016 年装备制造八大行业“质量发展水平和质量发展速度”排名

| 行　业 | 质量发展水平 | | | | 质量发展速度 | | | |
|---|---|---|---|---|---|---|---|---|
| | 质量 | 创新 | 效益 | 速度 | 质量 | 创新 | 效益 | 速度 |
| 铁路、船舶、航空航天和其他运输设备制造业 | 1 | 1 | 5 | 28 | 15 | 17 | 9 | 23 |
| 计算机、通信和其他电子设备制造业 | 2 | 3 | 24 | 5 | 18 | 30 | 6 | 5 |
| 仪器仪表制造业 | 3 | 2 | 25 | 10 | 33 | 34 | 15 | 12 |
| 汽车制造业 | 5 | 7 | 3 | 4 | 19 | 29 | 8 | 2 |
| 电气机械和器材制造业 | 6 | 6 | 12 | 15 | 17 | 26 | 7 | 9 |
| 专用设备制造业 | 7 | 5 | 21 | 27 | 36 | 36 | 32 | 28 |
| 通用设备制造业 | 9 | 8 | 18 | 25 | 31 | 25 | 22 | 24 |
| 金属制品业 | 15 | 18 | 30 | 7 | 22 | 21 | 21 | 8 |

资料来源：赛迪智库整理，2019 年 2 月。

## （二）从质量发展速度看，“效益”是制约装备制造业发展速度相对滞后的重要因素

装备制造业质量发展速度相对滞后，八大行业中，通用设备制造业、专用设备制造业、仪器仪表制造业三大行业排在倒数后十位，其他五个行业也仅处于中下游水平。从三大分类指标发展速度来看，呈现以下特点：

一是“创新”指标方面，八大行业均排在第 17 位之后，尤其是仪器仪表制造业和专用设备制造业排在倒数后五位，表明装备制造业持续创新能力不强，甚至不及家具制造业等行业。

二是“效益”指标方面，通用设备制造业、专用设备制造业、金属制品业、仪器仪表制造业等行业效益指数年均增速均为负数，计算机、通信和其他电子设备制造业，电气机械和器材制造业等行业尽管效益指标排名靠前，但效益指数年均增速均小于 2%，远低于石油加工、炼焦和核燃料加工业，化学纤维制造业等行业效益指数年均增速。

三是“速度”指标方面，通用设备制造业，专用设备制造业，铁路、船舶、

航空航天和其他运输设备制造业年均增速排名处于中下游水平，拖累了装备制造业的整体增速。

### （三）从装备制造行业内部看，八大行业质量发展“不平衡不充分”问题凸显

装备制造行业发展不平衡不充分问题主要体现在三方面：

一是计算机、通信和其他电子设备制造业，电气机械和器材制造业，汽车制造业，铁路、船舶、航空航天和其他运输设备制造业质量发展水平高，但其对通用设备制造业、专用设备制造业、金属制品业等上、中游行业发展的带动作用不强，装备制造八大行业间质量发展水平存在明显分化。

二是通用设备制造业、专用设备制造业、仪器仪表制造业等行业持续创新能力和持续盈利能力均不强，质量发展速度相对较慢，尤其是仪器仪表制造业，其质量发展水平高于电气机械和器材制造业、汽车制造业等行业，但发展速度明显滞后。

三是金属制品业低端产能过剩、技术水平不高等问题长期存在，导致其创新和效益水平发展均不充分，质量发展水平和发展速度均表现不佳。

## 三、我国装备制造业高质量发展应增强的三大能力

### （一）增强装备制造业持续创新能力

“创新”是推动产业发展、优化供给结构的关键要素，提升装备制造业供给体系质量尤为重要。当前，我国装备制造业持续创新能力不强，制约了行业质量的快速提升。未来应针对不同行业的发展阶段和特点，制定和实施相应的创新路径。一方面，对于高技术船舶、邮轮、核电设备等我国技术研发环节相对缺失的领域，应加大政府科技投入力度，针对装备制造重点领域设立专项资金，大力引导社会资金和人才投入研发，积极引导和支持科研实力较强的装备制造企业创建工程技术研发中心，鼓励企业根据自身技术需求选择项目。另一方面，对于汽车、高铁等我国已掌握关键技术的领域，加强重点领域与互联网、大数据、人工智能等深度融合，推动关键设备和材料持续改进创新，加快形成高端、新兴产品。

### （二）增强装备制造业持续盈利能力

我国通用设备制造业、专用设备制造业、金属制品业等行业效益水平不高，将会降低行业的投资吸引力。未来应加快开发高附加值产品和新型制造工艺，增强装备制造企业持续盈利能力。重点布局智能仪器仪表、高档数控机床等高端设备领域，加快提升压缩机、阀门、机器人等中高端设备的设计制造技术，持续推动节能减排新技术在传统装备生产中的开发应用，不断提升产品附加值。此外，应实施装备制造服务业示范工程，鼓励企业向服务型制造延伸，提升企业增值服务能力；建立和完善装备产品的国家标准和行业标准，引导企业积极对接国际标准，鼓励企业积极创建和培育高端装备自主品牌。

### （三）增强装备制造上下游行业协同发展能力

我国装备制造行业间存在发展不平衡、不充分问题，尽管中下游行业质量发展水平高，但其对中上游行业发展的带动作用不强，产业间融合发展不充分，未来应注重增强装备制造行业间的协同发展能力。一方面，围绕高端装备发展的配套需求，巩固提升基础工艺、基础材料、基础元器件等中上游行业的基础制造能力。另一方面，因地制宜地推广"机器换人"试点示范应用，同时注重总结浙江、广东、山东等省份推广过程中的经验，既要发挥"机器"的智能化作用，更要发挥"人"的关键创新能力，满足我国装备制造行业间的协同发展诉求。

# 第二节　推动我国制造业高质量发展需过五道关

## 一、制造业高质量发展面临的五大挑战

### （一）技术关：如何提升产业技术自主创新能力

创新是引领高质量发展的第一动力。经过多年的快速追赶，我国产业技术创新已从跟踪为主转向跟踪和并跑、领跑并存。但要真正发挥创新的引领作用，还面临诸多挑战。

一是协同创新的制度环境不完善。知识产权保护难，科技成果转换难，新技术新产品走向市场难，严重削弱企业创新积极性。

二是产业关键共性技术的供给不充足。目前，我国已批复建设五家国家制造业创新中心，旨在突破行业关键共性技术、加速科研成果转移扩散和商业化应用，但短期内尚难以解决关键技术的“卡脖子”问题；同时发达国家对我国的技术封锁不断加剧，关键共性技术供给严重不足。

三是企业基础研究投入无法支撑原始技术创新。2016 我国规模以上工业企业研发经费接近 1.1 万亿元，但用于基础研究的经费占比不足 0.2%；而主要创新型国家企业的基础研究经费占比通常在 5% 以上。

四是企业长期重技术引进轻消化吸收，没有充分发挥后发优势实现技术二次创新。2016 年，我国规模以上工业企业引进技术消化吸收经费与引进国外技术经费的比例降至 0.23∶1，远低于 2011 年 0.45∶1 的水平；而日本、韩国等发达国家的消化吸收经费与技术引进经费之比平均在 3∶1 左右，部分重点领域甚至高达 7∶1。

### （二）资本关：如何提高制造业资本存量

资本是高质量发展的重要支撑。数据显示，我国资本存量与发达国家水平和建设现代化要求还有很大差距。高质量发展阶段，制造业规模扩大和结构升级都需要大规模投资。

目前我国制造业投资面临两大挑战。从国内看，制造业投资的吸引力和活力明显下降。2013 年以来，制造业投资在固定资产投资总额中的占比逐年下降，更多的投资流向了制造业以外的领域；制造业投资增速持续低于固定资产投资增速，投资活力持续下降。

从国际看，发达国家积极吸引制造业回流。我国制造业利用外商直接投资的绝对额和占比自 2012 年以来呈现双下降趋势，而制造业对外直接投资规模和占比自 2013 年又开始新一轮快速增长。特别是最近两年，受国内生产要素成本居高不下和投资回报率下降影响，以及美国一系列投资优惠政策吸引，富士康、福耀玻璃等制造企业纷纷到美国投资设厂。在此背景下，想要继续提高制造业资本存量，进而优化投资结构，困难重重。

### （三）人才关：如何增加高素质劳动力供给

人才是高质量发展的第一资源。要提供充足的符合产业转型升级需求的高素质劳动力，还面临以下挑战。

一是人才供需的结构性失衡亟待破解。从人才结构看，突出表现为熟练工人紧缺、高技术人才紧缺；从区域结构看，农村剩余劳动力的潜力还没有被充分挖掘，中、西部省份劳动力本地吸引与消化能力不足，人才外流现象严重。

二是人才供给的教育机制有待理顺。我国既往侧重于普通高等教育投入，职业教育体系建设滞后，教学内容与实际工作需求存在脱节，人才红利没有充分释放。

三是对产业人才的社会重视程度亟待加强。近年来产业人才的激励相对下降，人才脱实向虚现象严重；社会缺乏对产业人才的认同，企业家精神、劳模精神、工匠精神等亟待发扬。

## （四）制度关：如何深化改革释放经济活力

改革开放是高质量发展的重要动力。随着改革进入攻坚期和深水区，制度变革的难度与阻力加大。目前我国制造业的制度成本突出表现在三个方面。

一是制造业企业税费负担过重。现行“营改增”后适用的税制更有利于服务业，当前企业减税是以增加财政赤字为代价的，需要加快深化税改力度，提高直接税比重。

二是行业壁垒增加市场准入成本。突出表现在煤炭、石油、天然气、电力等能源要素的市场垄断，推高下游制造企业用能成本，要素市场化改革需求迫切。

三是区域壁垒阻碍要素自由流动。唯GDP的政绩观催生地方保护主义，影响企业的资源配置决策与战略布局，阻碍生产要素的跨区域流动。

## （五）结构关：如何加速推动新旧动能转换

产业结构转型升级是高质量发展的关键。培育壮大新动能，改造提升传统动能，加快新旧发展动能接续转换，是推动产业结构转型升级的必然选择。当前新旧动能转换面临两大挑战。

一是新兴产业发展前景有待观察。新兴产业发展前景与技术方向、技术成熟度密切相关，亟待形成产业链、创新链、资金链相互衔接的产业生态，高度警惕原生技术创新缺乏资本支持而应用层面资本过度富集炒作概念带来的发展风险。

二是传统产业智能化改造能力亟待加强。调研发现，传统产业转型升级面临资金与技改双重阻力。一方面，由于近年实体经济大环境不振，企业经营效益与融资能力制约技改投资，中小企业困难尤甚；另一方面，市场缺乏优质的系统解决方案提供商，部分企业在政府支持下进行的大数据改造、“互联网 +”改造模式过于单一化、表面化，信息化潜力挖掘不足。

## 二、推动制造业高质量发展的几点思考

### （一）构建制造业创新体系，培育高质量的动力引擎

一是打造创新生态系统。加大科技成果转化的激励机制，促进科技成果转化为现实生产力；加强知识产权保护力度，保护创新企业合法权益；扩大新技术、新产品市场空间，让创新企业有利可图。

二是加快建设产业关键共性技术平台。以国家制造业创新中心为支点，聚焦重点行业搭建关键共性技术研发和转化平台，增强关键环节和重点领域的创新能力。

三是鼓励企业加大基础研究投入。通过税收优惠、研发费用税前加计扣除等措施来引导企业增加基础研究投入。

四是持续推进技术改造升级。继续加大技术改造支持力度，全面提升产品技术、工艺装备、能效环保水平，实现重点领域向中高端的群体性突破。

### （二）引导资金聚力制造业，提供高质量的资本支撑

一是积极引导资金向制造业聚力发力。要有效发挥现代金融对制造业的服务作用，积极引导资金流向新兴产业的高端环节，推动在重点领域关键环节率先突破，带动产业结构迈向中高端；同时，引导资金支持传统产业进行技术改造，促进全产业链整体跃升。

二是有效激活民间投资。一方面要继续深化“放管服”改革，进一步降低准入门槛，增加市场透明度，增加民营企业自主决策权；另一方面要引导民间投资投向产业链长的、增长前景好的领域，提高企业投资回报率，增强对资金的吸引力。

三是进一步提升制造业利用外资水平。一方面要加快推出新的外商投资负面清单，全面放开一般制造业，在汽车、船舶、飞机制造等行业分类型逐步取消外资股比限制，吸引更多外资流向高端制造行业；另一方面要继续实施境外投资者境内利润再投资递延纳税，鼓励境外投资者将从中国境内居民企业分配的利润直接投资于鼓励类投资项目，持续扩大在华投资。

### （三）优化产业人才供给，提供高质量的人才资源

一是增加产业人才供给。一方面大力发展职业教育和培训，提高职业教育办学水平，将城镇化过程中释放的潜在劳动力引导纳入职业教育与培训体系中，将人力资源有效转化为人力资本，应对老龄化社会劳动力匮乏的压力；另一方面优化高等教育专业设置，围绕制造业十大重点领域，推进相关学科产学研合作机制建设，输出高质量创新型人才。

二是优化人才激励机制。一方面要加大人才招引力度，通过“千人计划”等人才引进方案，吸纳海外高层次领军人才和创新创业人才；另一方面改革科研管理体制，强化研发及技术转化的激励，提高产业技术人才奖补力度。

三是弘扬优秀工业文化。培育以工匠精神、劳模精神为代表的工业精神，培育保护企业家精神，通过待遇驱动、发展前景驱动、情感驱动等多维度实现人才向实体经济回归。

### （四）深化体制机制改革，营造高质量的制度环境

一是深化税收体制改革，降低企业的经营成本。当前制造业税负压力较大，在经济下行、绩效表现不佳时，企业税负压力感受将更为明显。建议深化增值税改革，推动增值税税率三档变两档，缩小制造业与服务业的税率适用差异。

二是深化要素市场化改革，降低企业的生产成本。目前制造业企业上游原料、能源等领域受垄断市场阻碍，一方面是电力、天然气、石油等产品价格居高不下，另一方面是大量弃风、弃光、弃水等现象带来的资源浪费，应尽快通过要素市场化改革，打破上游基础产业部门的垄断，切实降低生产要素成本。

三是通过“放管服”改革，降低企业的交易成本。要优化政绩考核与区域协调机制，建立企业的市场进入与退出机制，降低企业要素区域流动的制度壁垒。

### （五）优化升级全产业链，打造高质量的产业结构

通过技术创新、资本、人力、制度等要素的改革后，实现资源要素的顺畅流通，还要引导资源要素，实现优化配置目标。重点要围绕全产业的升级转型，推动产业链整体变革。

一是升级产业链条。推动传统产业升级转型，加快新产业培育进程，实现全产业链条转型升级的协同推进。

二是优化供需链条。落实钢铁、煤炭等过剩行业的去产能任务，实现供给与需求的结构性平衡。

三是配置空间链条。推动上下游企业的空间集聚集群，优化资源配置，实现规模经济效应及集群效益，推动建设一批世界级的产业集群。

四是升级价值链条。开展“标准+”“品牌+”战略，提升企业产品质量，培育品牌形象，实现产品价值链向高质量、高技术、高附加值转变。

## 第三节　我国制造业高质量发展指标体系研究

### 一、制造业高质量发展指标体系的构建

构建制造业高质量发展指标体系，一方面要发挥“指挥棒”作用，引导各类要素资源向制造业聚力发力，引导企业提升品质品牌，引导地方更加注重发展质量和效益；另一方面要发挥“晴雨表”作用，科学评估和动态监测我国制造业高质量发展水平及其变化，找出发展短板，明确改进方向。

#### （一）选取具体指标的基本原则

构建制造业高质量发展指标体系，要对照高质量发展的内涵和要求，坚持质量第一、效益优先，充分体现高质量发展对制造业质效、创新、协调、绿色、开放、共享等方面的要求。具体指标选取要遵循系统性、导向性、可测度、可扩展等原则。

一是系统性原则。高质量发展是发展方式、经济结构、增长动力等发生系统性转变的发展。因此，制造业高质量发展指标体系必须是一个结构合理的有机整体，能够充分体现高质量发展对制造业的系统性要求。

二是导向性原则。指标要有明确的导向性，引导各类要素资源向制造业聚集发力；引导企业从扩大产量转向提升品质品牌、从模仿跟随转向创新争先；引导地方从注重规模和增长速度转向注重效益和发展质量；引导制造业加速迈向高质量发展阶段。

三是可测度原则。指标要有稳定的、可靠的数据来源，以动态监测和评估我国制造业高质量发展水平。对于那些特别能体现制造业高质量发展内涵，但暂时没有数据来源的指标，要加强与统计部门的沟通合作，逐步丰富和完善指

标体系。

四是可扩展原则。迈向高质量发展，是一个动态过程，也是一个长期过程。因此，制造业高质量发展指标体系也需要根据实践的深入、认识的升华，以及高质量发展统计体系的逐渐建立而不断地调整和充实，要具有可扩展性。

## （二）指标的选择依据及详细说明

高质量发展是贯彻新发展理念的发展，是坚持质量第一、效益优先的发展。紧扣高质量发展的要求，以及推动制造业高质量发展的“六个坚持”，我们最终确定制造业高质量发展指标体系由六个一级指标 25 个二级指标组成（见表 7-4）。

发展质效，是制造业发展质量和效益的集中体现，主要从质量、效率、动力三个方面进行衡量。其中，质量指标综合反映质量变革的成效，特别是要综合反映制造业在产品和产业等层面的质量提升情况；效率指标综合体现效率变革的成效，体现制造业转向高质量发展过程中劳动、技术等要素的效率提升情况；动力指标综合反映动力变革的成效，反映高质量发展阶段制造业对整个国民经济的支撑和保障作用。基于此，选定发展质效的 4 个二级指标为：全要素生产率（科技进步贡献率）、第二产业全员劳动生产率、制造业质量竞争力指数、制造业增加值占比。

创新发展，是引领制造业高质量发展的第一动力，主要考虑从创新投入和创新产出两个方面进行衡量。开展创新活动，最重要的是要有人才和资金的支持；通过对人才和资金投入的创新性运用所形成的科技成果，可以是获取专利授权，也可以是研发出新产品。基于此，选定创新发展的 4 个二级指标为：制造业企业 R&D 人员投入强度、制造业企业 R&D 经费投入强度、制造业企业单位 R&D 经费支出发明专利数、制造业企业新产品销售收入占比。

协调发展，重点是解决我国制造业发展过程中在产业、区域、城乡、虚实经济等方面的不平衡问题。要推动制造业高质量发展，必须全面提升制造业发展的协调性。最终选定协调发展的 5 个二级指标为：高技术制造业主营业务收入占比、地区工业增加值离散系数、城镇化率、工业企业两化融合率、金融机构投向制造业的本外币贷款余额占比。

绿色发展，要实现制造业发展方式的根本转变，实现制造业与环境的和谐发展。制造业绿色发展水平，可以从资源集约利用水平和环境治理效率两个方面来衡量。最终选定绿色发展的 4 个二级指标为：单位工业增加值能耗、单位工业增加值水耗、工业固体废物综合利用率、工业污染治理投资强度。

开放发展，要坚持引进来和走出去并重，形成面向全球的贸易、投融资、生产服务网络，开拓制造业对外开放新格局。提升制造业对外开放水平，一方面要积极拓展国际市场，优化贸易结构，提高贸易产品的国际竞争力；另一方面要继续促进投资自由化、便利化，大幅度放宽外商投资的市场准入，提升外资利用水平，同时创新对外投资方式，增强我国制造企业的全球资源配置能力和国际竞争力。最终选定开放发展的 4 个二级指标为：工业制成品出口占全球比重、高技术产品贸易竞争优势指数、我国 FDI 存量占全球比重、我国 OFDI 存量占全球比重。

共享发展，实质是要通过发展来满足人民日益增长的美好生活需要，这是高质量发展的根本目的。制造业共享发展，重点是要实现员工有收入、素质有提升、企业有利润、国家有税收。最终确定共享发展的 4 个二级指标为：制造业城镇单位就业人员平均工资、制造业就业人员平均受教育年限、制造业企业主营业务收入利润率、制造业税收总额占比。

## （三）指标权重及计算公式

指标数据主要来源于《中国统计年鉴》、《中国工业统计年鉴》、《中国科技统计年鉴》、《中国高技术产业统计年鉴》、《中国劳动统计年鉴》、《中国税务年鉴》、工业和信息化部、中国人民银行、原国家质量监督检验检疫总局、WTO、UNCTAD 等。指标权重由专家打分确定，一级指标发展质效、创新发展、协调发展、绿色发展、开放发展、共享发展的权重分别为 18、18、16、16、16、16；二级指标权重主要根据其在该类指标中的相对重要程度确定。各指标权重和计算公式如表 7-4 所示。

表 7-4 指标权重和计算公式

| | 指 标 | 权重 | 计算公式 |
|---|---|---|---|
| 发展质效 | 全要素生产率（科技进步贡献率） | 5 | 《中国科技统计年鉴》直接公布 |
| | 第二产业全员劳动生产率 | 5 | 第二产业增加值 / 第二产业就业人员 |
| | 制造业质量竞争力指数 | 4 | 原国家质量监督检验检疫总局 |
| | 制造业增加值占比 | 4 | 制造业增加值 / 国内生产总值 |

续表

| | 指　标 | 权重 | 计算公式 |
|---|---|---|---|
| 创新发展 | 制造业企业 R&D 人员投入强度 | 5 | 制造业企业 R&D 人员全时当量 / 制造业平均用工人数 |
| | 制造业企业 R&D 经费投入强度 | 5 | 制造业企业 R&D 经费内部支出 / 制造业企业主营业务收入 |
| | 制造业企业单位 R&D 经费支出发明专利数 | 4 | 制造业企业发明专利申请数 / 制造业企业 R&D 经费内部支出 |
| | 制造业企业新产品销售收入占比 | 4 | 制造业企业新产品销售收入 / 制造业企业主营业务收入 |
| 协调发展 | 高技术制造业主营业务收入占比 | 4 | 高技术制造业主营业务收入 / 制造业主营业务收入 |
| | 地区工业增加值离散系数 | 3 | 地区工业增加值的标准差 / 平均值 |
| | 城镇化率 | 3 | 城镇人口 / 总人口 |
| | 工业企业两化融合率 | 3 | 数字化研发设计工具普及率 ×50%+ 关键工序数控化率 ×50% |
| | 金融机构投向制造业的本外币贷款余额占比 | 3 | 金融机构投向制造业的本外币贷款余额 / 金融机构本外币贷款余额 |
| 绿色发展 | 单位工业增加值能耗 | 5 | 工业能源消费总量 / 工业增加值 |
| | 单位工业增加值水耗 | 5 | 工业用水量 / 工业增加值 |
| | 工业固体废物综合利用率 | 3 | 工业固体废物综合利用量 / 工业固体废物产生量 |
| | 工业污染治理投资强度 | 3 | 工业污染治理投资 / 工业增加值 |
| 开放发展 | 工业制成品出口占全球比重 | 4 | 工业制成品出口 / 全球出口总额 |
| | 高技术产品贸易竞争优势指数 | 4 | 高技术产品净出口 / 高技术产品进出口总额 |
| | 我国 FDI 存量占全球比重 | 4 | 我国 FDI 存量 / 全球 FDI 存量 |
| | 我国 OFDI 存量占全球比重 | 4 | 我国 OFDI 存量 / 全球 OFDI 存量 |
| 共享发展 | 制造业城镇单位就业人员平均工资 | 4 | 制造业城镇单位就业人员工资总额 / 制造业城镇单位就业人员数 |
| | 制造业就业人员平均受教育年限 | 4 | 制造业就业人员小学毕业占比 ×6+ 初中毕业占比 ×9+ 高中毕业占比 ×12+ 大专及以上毕业占比 ×16 |
| | 制造业企业主营业务收入利润率 | 4 | 制造业企业利润总额 / 制造业主营业务收入 |
| | 制造业税收总额占比 | 4 | 制造业税收总额 / 税收总额 |

## 二、制造业高质量发展水平评估

经测算，2016 年我国制造业高质量发展指数为 102.47（以上年为 100），比上年增长 2.47%。虽然制造业高质量发展指数增速远远低于制造业增加值增速，但从高速度增长向高质量发展的转型开始启动，趋势向好。

2016 年，制造业高质量发展指标体系的六个分项指数及对总指数增长的贡献率和拉动作用如表 7-5 所示。在六个分项指数中，创新发展指数对总指数提升的贡献率最大，为 46.47%；绿色发展指数、共享发展指数、发展质效指数的贡献率依次为 24.42%、17.43% 和 17.56%；协调发展指数贡献率微乎其微；开放发展指数贡献率为 -6.08%。可以说，2016 年我国制造业高质量发展指数提升主要是由创新发展驱动的，绿色发展、共享发展、发展质效也开始发力，协调发展还需加强，开放发展明显是短板。

表 7-5　六个分项指数及对总指数增长的贡献率和拉动作用

| | 发展质效 | 创新发展 | 协调发展 | 绿色发展 | 开放发展 | 共享发展 |
|---|---|---|---|---|---|---|
| 指数值 | 102.41 | 106.37 | 100.03 | 103.76 | 99.06 | 102.69 |
| 贡献率（%） | 17.56 | 46.47 | 0.21 | 24.42 | -6.08 | 17.43 |
| 拉动（百分点） | 0.43 | 1.15 | 0.01 | 0.60 | -0.15 | 0.43 |

资料来源：赛迪智库整理，2019 年 2 月。

发展质效指数比上年增长 2.41%，拉动总指数提升 0.43 个百分点。从构成指标看，2016 年，第二产业全员劳动生产率较上年提高 7.93%，贡献率最大；全要素生产率较上年增加 1.1 个百分点，继续稳步提升；制造业质量竞争力指数为 83.84，提升比较缓慢，亟待增强质量意识；制造业增加值占比较上年下降 0.58 个百分点，连续两年都在 30% 以下，振兴实体经济刻不容缓。

创新发展指数比上年增长 6.37%，拉动总指数提升 1.15 个百分点。从构成指标看，2016 年，制造业企业新产品销售收入占比达到 16.52%，较上年提高 1.47 个百分点，贡献率最大；制造业企业单位 R&D 经费支出发明专利数和制造业企业 R&D 人员投入强度的贡献率相当，制造业企业 R&D 经费投入强度的贡献率最小。

协调发展指数比上年增长 0.03%，拉动总指数提升 0.01 个百分点。从构成指标看，分化非常明显。2016 年，工业企业两化融合率达到 49.3%，提升比较明显；高技术制造业主营业务收入占比为 14.68%，较上年增加 0.58 个百分点；城镇化率为 57.35%，较上年提高 1.25 个百分点，这三个指标是协调发展指数增长的主要推动力量。下降比较突出的是地区工业增加值离散系数、金融机构投向制造业的本外币贷款余额占比。要提升协调发展指数，还必须在促进区域协调发展和虚实经济协调发展方面下狠功夫。

绿色发展指数比上年增长 3.76%，拉动总指数提升 0.6 个百分点。从构成指标看，2016 年单位工业增加值水耗、能耗分别较上年下降 7.55%、4.30%，是绿色发展指数增长的主要推动力；工业污染治理投资强度为0.33%，贡献率很小；工业固体废物综合利用率为59.54%，较上年下降1.25个百分点，制约了绿色发展指数的提升。绿色发展既要从源头上节能降耗，也要大力发展循环经济、增加环境治理投入；只有标本兼治，才能更好地保护和改善生态环境，从而推动制造业绿色发展。

开放发展指数比上年下降0.94%，拉动总指数回落0.15个百分点。从构成指标看，2016年，我国OFDI存量和FDI存量占全球比重分别达到5.06%和4.90%，较上年提高0.76个和0.14个百分点；我国对外直接投资存量快速增加，并首次超过利用外商直接投资存量，是开放发展指数提升的重要推动力。相比而言，贸易类指标表现欠佳。2016年，我国工业制成品出口占全球比重为12.46%，较上年回落0.70个百分点，这也是我国加入WTO以来的首次下降；高技术产品出口额下降7.8%，进口额下降4.65%，导致高技术产品贸易竞争优势指数降至7.13%，较上年回落1.67个百分点。要开创全面开放新格局，贸易和投资必须齐头并进。特别是在当前国际贸易摩擦加剧的大背景下，要更加注重提升出口质量和附加值，提高出口产品国际竞争力。

共享发展指数比上年增长2.69%，拉动总指数提升0.43个百分点。从构成指标看，2016年，制造业城镇单位就业人员年平均工资达到59470元，较上年增长7.49%，继续稳步提高；制造业主营业务收入利润率达到6.23%，较上年提高0.39个百分点，企业盈利情况持续改善；员工收入提高和企业盈利增加是拉动共享发展指数提升的主要动力。与收入相比，用于反映员工素质提升的受教育程度增加比较缓慢，2016年制造业就业人员平均受教育年限达到10.53年，较上年仅小幅增加0.07年。此外，受制造业占GDP比重下降以及国家减税政策影响，制造业税收总额占比降至34.49%，对共享发展指数提升的贡献为负。

## 三、制造业高质量发展存在的问题与思考

### （一）创新能力有提升，仍需优化创新经费投入结构

测算结果显示，创新是驱动我国制造业高质量发展指数提升的核心力量。但应注意，我国创新投入还存在比较明显的结构性问题。

一是基础研究与应用研究投入失衡。2016年我国规模以上工业企业研发经费接近1.1万亿元，但用于基础研究的经费占比不足0.2%，而主要创新型国家

的企业基础研究经费占比通常在 5% 以上。

二是技术引进与消化吸收投入失衡。2016 年我国规模以上工业企业引进技术消化吸收经费与引进国外技术经费的比例降至 0.23∶1，远低于 2011 年 0.45∶1 的水平，而日本、韩国等发达国家的消化吸收经费与技术引进经费之比平均在 3∶1 左右，部分重点领域甚至高达 7∶1。要持续地发挥创新对高质量发展的驱动作用，还需在加大经费支持力度的同时优化经费投入结构。

### （二）质量竞争力不强，质量强国建设亟待大力推进

供给质量提升缓慢与需求结构快速升级之间的矛盾是制约我国制造业高质量发展的突出瓶颈。原国家质量监督检验检疫总局发布的报告显示，近年来我国制造业质量竞争力指数提升比较缓慢，仍然处于初等竞争力阶段。从分项指标表现看，质量管理体系认证率明显较低，出口商品检验合格率甚至出现了下降，这严重制约了我国供给质量和发展质效的提升。要推动制造业高质量发展，除了要继续加强产品和技术上的创新，还要高度重视质量品牌、标准和知识产权，强化标准体系的引导和约束作用，大力推进质量强国建设，增强制造业质量竞争力。

### （三）国际市场承压，需优化供给站稳国内消费市场

当前，全球新一轮科技和产业变革正推动国际产业分工格局发生深刻调整，国际经贸环境不确定、不稳定因素多发，国际市场压力明显加大。开放发展指数中的工业制成品出口占全球比重和高技术产品贸易竞争优势指数已有所体现。在稳定贸易规模、优化贸易结构、增强出口竞争力的同时，如何开发好正处于消费升级中的国内市场，将成为未来制造业高质量发展的重点工作。制造业企业还需及时调整优化供给结构，增强高质量、高附加值产品的供给能力，加强质量品牌建设，以满足人民群众日益增长的品质消费、绿色消费、信息消费、时尚消费等消费升级需要。

### （四）协调发展挑战重重，要深化改革优化营商环境

如何破解发展不平衡问题，是实现制造业高质量发展的难点所在。从测算结果看，反映区域协调和虚实经济协调的指数都是下降的，这充分表明协调发展步履维艰。深入分析 1992 年邓小平同志南方谈话后我国区域工业经济发展

差距的演变过程，可以发现，当前我国区域发展差距除了在增加值等经济指标方面的差距外，还更多体现为发展模式的差异，以及营商环境的差异。后发地区要实现高质量追赶，就必须变革发展模式，要深化体制机制改革，优化营商环境，吸引更多资源要素流入。而虚实经济之间的协调发展，一方面要扎扎实实解决好制造业自身发展存在的问题，加强核心技术攻关，提高供给体系质量，增强制造业竞争力和吸引力，确保制造业在国民经济中的占比不出现过快下降，避免产业空心化；另一方面要深化金融体制改革，将金融活水引向实体经济，增强金融服务实体经济能力。

## 第四节　部分省市推动制造业高质量发展的经验和启示

### 一、六大经验

#### （一）以创新为主引擎，发力制造业高质量发展

##### 1. 加大企业创新投入力度

安徽拟建设 10 个省级实验室、10 个省级技术创新中心，并分别一次性奖励 500 万元、300 万元，培育国家创新基地“预备队”“先锋队”。湖南“制造强省”资金每年优先支持 30 项关键技术攻关、100 项重点新产品开发、100 项重点专利技术转化。四川将企业研发经费投入以及投入强度等指标纳入相关评价考核体系，作为享受国家、本省有关扶持政策的重要依据。

##### 2. 积极打造科技创新平台

江西对新认定的国家重点实验室、国家工程研究中心、国家技术创新中心等给予补助 500~1000 万元。广西实施行业公共创新平台建设计划，围绕产业重大共性需求，打造一批面向重点行业的公共创新平台，推动行业协同创新。石家庄市提升现有创新平台的关键技术研发和成果转化能力，新建一批实体化、资本化、国际化的技术研发转化平台。

#### 3. 推进科技成果产业化

山西实施精准转移转化科技成果、促进各类创新主体转化科技成果等方面重点任务，促进科技成果产业化。辽宁从搭建技术转移体系基础架构、拓宽技术转移转化通道、完善技术转移政策保障三个方面加强技术转移体系建设。此外，福建、江西、山东、海南等多个省份均做出落实国家技术转移体系建设工作任务的分工，加快推进科技成果产业化。

### （二）以质量品牌建设为目标，引领制造业高质量发展

#### 1. 丰富产品品种

安徽大力推广中高端移动通信终端、可穿戴设备、数字家庭产品等新型信息产品，以及虚拟现实、智能网联汽车、智能服务机器人等前沿信息产品。福建支持家庭服务机器人等创新产品，以推广数字家庭产品、拓展电子产品应用等方式提高信息消费供给水平。四川对照国际国内先进标准，制定了省优质产品目录，以提升与消费者需求对接的能力。

#### 2. 强化质量管理

河北推广先进质量管理模式，深入推广卓越绩效、精益生产、质量诊断等先进质量管理方法，建立完善质量追溯制度。山东支持企业争创国家级质量标杆，组织对标、达标行动，开展质量诊断，提升质量管理水平。四川实施百项工业新产品开发计划，建立和完善省级优秀工业新产品、新技术、新工艺鉴定、评价等，组织开展省级优秀工业新产品评选。

#### 3. 加强品牌建设

山东推动实施百年品牌企业培育行动，推动重点企业加入国家品牌推广计划，培育更多企业进入世界品牌价值500强和中国品牌价值500强。上海全力打响“上海制造”品牌，加快迈向全球卓越制造基地，着力提升上海制造在质量、标准、研发、设计、管理等方面的核心竞争力。河北培育知名品牌，持续推进千项名牌产品培育工程，打造一批河北工业“百年老店”和“中华老字号”。四川建立四川品牌发展联盟，鼓励使用“四川制造”认证产品，开展质量品牌促进地方立法工作。

## （三）以优化升级为路径，加速制造业高质量发展

### 1．着力构建现代产业发展格局

北京选取了新一代信息技术等十个产业作为本市重点发展的高精尖产业，分别编制了指导意见。贵州加快发展大数据产业推动制造业高质量发展，围绕建设国家大数据综合试验区，持续打造大数据生态圈，实施大数据战略行动。

### 2．加快传统产业优化升级

河南以发展优势产业为主导，推动装备制造业、汽车制造业、电子制造业等符合转型升级的行业快速发展。河北围绕优势产业，瞄准世界前沿，延伸产业链条，实施重点突破，着力打造战略性新兴产业链、优势传统产业链和现代生产性服务业产业链。广西实施加快传统产业“二次创业”行动。

### 3．培育壮大制造业发展新动能

山东致力建设新旧动能转换综合试验区，推动新兴产业逐步成长为新的增长引擎，动能转换潜力加速释放。江西实施新经济新动能培育工程，积极培育新技术、新业态、新模式、新产业，打造数字经济新动能。浙江制订了加快培育发展行动计划，提出新动能培育的 6 大工程和 33 项重点任务。

## （四）以绿色理念为“指挥棒”，转变制造业高质量发展方式

### 1．推动传统生产设备和工艺节能化改造

广东深入推进煤炭清洁高效利用、高耗能设备系统节能改造和流程工业系统节能改造，加快推广原料优化、能源梯级利用、可循环、流程再造等系统优化工艺技术。四川大力发展高效节能节水、固体废弃物处理及资源化利用、主要污染物减排、重金属无害化处理等技术。

### 2．推进传统高耗能行业改造升级

四川依法依规淘汰钢铁行业落后产能，积极处置“僵尸企业”，推行智能制造、绿色制造。贵州严控有色金属行业新增产能，引导主动退出低效产能，

积极推进节能减排、实施智能化改造。广西采用现代生物技术等绿色技术，改造提升有色金属、化工、电镀等行业。

#### 3．加快发展绿色低碳产业

甘肃省着力发展清洁生产、节能环保、清洁能源等产业，积极构建生态产业体系。吉林积极打造全生命周期的绿色产业链，推进产业绿色创新，构建新型绿色产业体系。江苏将建立碳排放总量控制制度和分解落实机制，打造全省低碳综合管理云平台，大力实施煤炭消费减量替代行动。

### （五）以提高要素配置为手段，增强制造业高质量发展动力

#### 1．提高土地资源配置

浙江深化“亩均论英雄”改革，围绕着节约集约用地、节能降耗减排等重点，全面开展企业综合评价，提高每亩工业用地的效益，促进经济增长方式从粗放到集约、从量的扩张到质的提高。江苏建立以质量和效益为核心的工业企业资源集约利用综合评价机制，优化产业发展要素资源配置，促进企业提质增效。安徽扩大优质增量供给，对用地需求面积较大或分期建设的工业项目，允许按照“一次规划、分期供地”的要求，预留发展用地。

#### 2．增强人才有效供给

天津实施“海河英才”行动计划，放宽对学历型人才、资格型人才、技能型人才、创业型人才和急需型人才的落户条件。上海为顶尖科研团队中的外籍核心成员申请永久居留提供便利，打造各类研发、创投和服务平台，为人才提供更便利的“创新熟地”。江苏探索科技人员“扣除成本的、交足单位的，剩下都是自己的”分配模式，激发科技创新的积极性，引导应用性研究高端人才向企业集聚。

### （六）以改善营商环境为保障，构建制造业高质量发展新局面

#### 1．营造高效的政务环境

天津实施了“天津八条”和61项实施细则，旨在营造企业家创业发展良

好环境，打造企业投资兴业沃土。浙江“最多跑一次”已覆盖 80% 的权力事项，“零上门及一次办结”比例达 82.6%，大大降低了企业市场运行成本。广西对优化营商环境工作实施量化考评，考评结果作为激励问责的重要参考依据。

### 2. 持续改善投资环境

河北开展企业投资项目承诺制改革试点，充分发挥投资项目在线审批监管平台的作用，激发民间有效投资活力。云南建立全口径固定资产投资项目库和与之相对应的全省投资项目信息调度系统。对 2 亿元以上的工业项目、30 亿元以上的基础设施项目开设“绿色通道”。浙江以更大创新力度建设高质量外资集聚先行区和境外并购回归产业园。

### 3. 打造良好的对外开放环境

海南高标准高质量建设海南自由贸易试验区，成为我国经济对外开放的“新高地”。浙江推进形成与高标准国际经贸规则相衔接的规章制度体系，完善对外开放法治环境。四川加快构建国际门户枢纽全面服务“一带一路”建设和西部对外交往中心建设。

## 二、几点启示

### （一）探索建立制造业高质量发展的评价指标体系

制造业高质量发展的评价，应综合考虑创新能力、质量品牌、产业结构优化、绿色发展、资源配置等多个维度，着力提高制造业发展的质量和效益。加强对各省市制造业高质量发展的评价，有利于引导各级政府实现制造业增速与效益的统一，通过加大创新投入、优化产业结构、推进节能减排等措施促进制造业提质增效，引导地方将工作重心转移到发展质量上来。

### （二）制定推进制造业高质量发展的企业行动计划

推动制造业高质量发展重心应落实到企业，建议制订推进制造业高质量发展的企业行动计划，以市场需求为导向，强化企业主体地位，突出增品种、提品质、创品牌，激发企业活力和创造力。突出质量第一、效益优先，提高全要素生产率，提升企业发展内生动力，提高企业技术创新能力和市场竞争能力，促进企业产品的质量变革和效率变革，有效推进制造业高质量发展。

## （三）引导地方因地制宜实现差异化发展

目前部分省市在推动制造业高质量发展过程中，存在“拿来主义”和盲目跟风现象，政策制定与本地实际情况结合不够。建议充分结合地方自身的资源禀赋，鼓励和引导各地加快制定制造业实现高质量发展方向和路径。同时，引导地方在规划编制中聚焦本身的优势领域或者产业链的优势环节，形成协同错位发展，着重发展本地特色经济。

## （四）总结可复制可推广的经验模式

在推动制造业高质量发展过程中，一些地方采取有效政策和措施，取得了成功经验，成为学习的标杆和榜样。建议选取代表性强、影响力大、具有风向标性的案例汇编成册或制成宣传片，联合相关宣传部门，发挥网络、广播、电视等媒体的力量，对这些典型成功案例进行多渠道宣传报道，通过经验推广达到“点上开花面上结果”的效果。

# 第八章

# 全国工业发展营商环境专题研究

党的十八大以来，从深化“放管服”改革、激发市场活力，到加强与国际通行经贸规则对接、进一步扩大开放，再到推动高质量发展、打造竞争新优势，优化营商环境的顶层设计不断出台。根据党中央、国务院的部署，各部门各地方不断出台政策措施，持续优化营商环境，有效激发了市场活力，带动了创业创新热潮。世界银行发布的《2019 年营商环境报告》显示，中国营商环境较去年大幅提升 32 位，位列全球第 46 名。优化中国工业企业的营商环境，需要重点关注工业企业税费成本过高问题，加大力度推进减税清费；要大力完善要素市场，着力破解企业融资、人才困境；还应加强营商环境的法制建设，为企业提供有力的法治保障；同时创新监管理念和方式，落实监管责任。

## 第一节　降低制造业增值税的 CGE 模型情景模拟及对策

### 一、CGE 模型原理及增值税调整应用

CGE 模型是把瓦尔拉斯的一般均衡（GE）理论由抽象形式变为关于现实经济的实际应用模型，由多个非线性方程构成，分为描述生产者行为（供给）、消费者行为（需求）及市场供需达到均衡的条件（最优），成为数值可计算的 GE 模型。在一般状态下，商品市场、劳动力市场、资本市场、政府财政收支和居民收支等都达到均衡；整个国民经济被划分为农业、工业和服务业等多个领域，且各领域还可再细化。

CGE 模型依据社会核算矩阵（SAM 表），将各种投入产出关系与宏观经济变量有机组合，视整个经济系统为一体，能够比较清楚地刻画出增值税调整涉及的不同部门之间、经济主体之间相互依赖和作用的数量联系，通过外部冲击引起模型变量的数值变化来体现各部门经济效率和行为主体分配格局的变化趋势。

在刘易斯宏观闭合框架下，构建生产模块和增值税、居民、企业、政府的收入与支出等联立方程组，运用基于国家统计局 2012 年测算的居民消费、固定投资、进口、GDP（生产法）、间接税及制造业各主要行业税负等 BASE 数据，分别设置三种增值税税率变动情景模拟：其一是增值税税率为 16%，其二是增值税税率为 13%，其三是增值税税率为 11%，分别对应表 8-1 和表 8-2 中的 SIM1、SIM2、SIM3。

表 8-1　CGE 模型情景模拟结果——对宏观经济

| 名　称 | BASE（亿元） | SIM1（%） | SIM2（%） | SIM3（%） |
|---|---|---|---|---|
| 居民消费 | 96552.62 | 3.28 | 3.67 | 4.63 |
| 固定投资 | 105435.87 | -2.88 | -3.44 | 2.74 |
| 出口 | 95540.99 | 1.76 | 1.35 | 4.59 |
| 进口 | -74020.56 | 2.27 | 1.74 | 5.93 |
| GDP（生产法） | 267476.38 | 0.05 | -0.03 | 2.75 |
| 间接税 | 39951.29 | -17.46 | -19.36 | -17.50 |

资料来源：赛迪智库根据模型测算结果整理。鉴于 2016 年 5 月才全面推广营改增，特对 SAM 表数据进行处理，将营业税和增值税都包括在间接税内。BASE 数据基于国家统计局 2012 年投入产出表计算得出。

## 二、CGE 模型情景模拟结果分析

### （一）增值税税率变动对整体宏观经济的影响

CGE 模型情景模拟 1：增值税税率 2018 年 5 月 1 日起由 17% 变为 16%，势必会对宏观经济及间接税产生影响。从模拟结果发现，基于 BASE，增值税税率变动导致居民消费增长 3.28%，固定投资减少 2.88%，出口增长 1.76%，进口增长 2.27%，GDP 增长 0.05%，间接税减少 17.46%（见表 8-1）。

CGE 模型情景模拟 2：假设将增值税税率再降低 3 个百分点，由 16% 变为 13%。从模拟结果发现，基于 BASE，增值税税率变动导致居民消费增长

3.67%，固定投资减少3.44%，出口增长1.35%，进口增长1.74%，GDP减少0.03%，间接税减少19.36%。

CGE模型情景模拟3：假设将增值税税率再持续降低2个百分点，由13%变为11%。从模拟结果发现，基于BASE，增值税税率变动导致居民消费增长4.63%，固定投资增长2.74%，出口增长4.59%，进口增长5.93%，GDP增长2.75%，间接税减少17.5%。

CGE模型情景模拟结果综合研判：持续推动增值税税率再由16%降至11%能够切实降低企业间接税税负，对居民消费、固定投资、出口、进口、GDP有显著的正向作用。根据CGE模型情景模拟结果，增值税税率降至13%，间接税税负降幅达到19.36%，是三种情景模拟结果中间接税降税负最大的一种，但也会导致增值税非中性，扭曲了资本、劳动、土地等生产要素的配置，造成GDP基于BASE结果下降0.03%；若继续将增值税税率降至11%，有利于拉动居民消费、固定投资、出口、进口、GDP，降低间接税税负。

相对而言，将增值税税率降至16%，能够产生17.46%幅度的宏观经济减税效应，有助于降低制造业企业流转环节税负，提高制造业企业盈利能力，扩大制造业企业资本积累，拓展制造业企业生产规模，加大制造业企业的研发投入，提高制造业企业自主创新能力。若持续推动将增值税税率由16%降至11%，间接税只需再下调0.04个百分点，因此从财政压力的维度看，将增值税税率降至16%和11%的差异不大，即两种不同税率情景模拟下间接税减税幅度差距不大，但是制造业各行业减负幅度却存在一定差异。

## （二）增值税税率变动对制造业各行业减负的影响

CGE模型情景模拟1：2018年5月1日起，增值税税率调为16%，农副食品加工业，纺织服装、服饰业，家具制造业，造纸及纸制品业，印刷和记录媒介复制业，文教、工美、体育和娱乐用品制造业，化学原料和化学制品制造业，医药制造业等22个行业均有不同程度的减负。但食品制造业，酒、饮料和精制茶制造业，烟草制品业，纺织业，皮革、皮毛、羽毛及其制品和制鞋业，石油、煤炭及其他燃料加工业等7个行业均有不同程度的税负增加（见表8-2）。

表8-2 CGE模型情景模拟结果——对制造业各行业

| 名　称 | BASE（亿元） | SIM1（%） | SIM2（%） | SIM3（%） |
|---|---|---|---|---|
| 农副食品加工业 | 105.39 | -60.62 | 73.84 | -4.60 |
| 食品制造业 | 212.81 | 6.45 | -41.95 | -60.92 |

续表

| 名　称 | BASE（亿元） | SIM1（%） | SIM2（%） | SIM3（%） |
|---|---|---|---|---|
| 酒、饮料和精制茶制造业 | 162.80 | 0.87 | -36.31 | -53.02 |
| 烟草制品业 | 449.06 | 4.15 | -24.09 | -40.21 |
| 纺织业 | 389.22 | 1.14 | -29.78 | -48.88 |
| 纺织服装、服饰业 | 257.45 | -10.30 | -31.11 | -43.97 |
| 皮革、皮毛、羽毛及其制品和制鞋业 | 104.83 | 4.65 | -36.53 | -52.31 |
| 木材加工和木、竹、藤、棕、草制品业 | 198.49 | -0.68 | -32.30 | -51.14 |
| 家具制造业 | 45.02 | -8.05 | -31.46 | -44.84 |
| 造纸和纸制品业 | 165.06 | -3.95 | -39.75 | -61.94 |
| 印刷和记录媒介复制业 | 152.91 | -115.39 | -23.67 | -36.52 |
| 文教、工美、体育和娱乐用品制造业 | 75.83 | -3.32 | -26.24 | -39.85 |
| 石油、煤炭及其他燃料加工业 | 472.68 | 79.23 | -3.57 | -56.62 |
| 化学原料和化学制品制造业 | 718.58 | -8.07 | -40.18 | -58.87 |
| 医药制造业 | 214.25 | -5.90 | -34.32 | -50.71 |
| 化学纤维制造业 | 123.59 | 10.06 | -24.21 | -44.83 |
| 橡胶和塑料制品业 | 96.87 | -4.75 | -32.98 | -49.84 |
| 非金属矿物制品业 | 293.76 | -4.72 | -28.19 | -41.54 |
| 黑色金属冶炼和压延加工业 | 415.42 | -17.91 | -47.16 | -64.38 |
| 有色金属冶炼和压延加工业 | 1070.66 | -26.49 | -61.79 | -84.36 |
| 金属制品业 | 449.91 | -29.23 | -66.26 | -90.40 |
| 通用设备制造业 | 520.19 | -7.40 | -32.20 | -46.06 |
| 专用设备制造业 | 402.68 | -8.09 | -31.69 | -44.49 |
| 汽车制造业 | 260.02 | -9.37 | -31.39 | -42.87 |
| 铁路、船舶、航空航天和其他运输设备制造业 | 637.07 | -4.69 | -26.93 | -39.36 |
| 电气机械和器材制造业 | 451.58 | -9.22 | -31.93 | -44.23 |
| 计算机、通信和其他电子设备制造业 | 601.47 | -8.68 | -30.98 | -43.93 |
| 仪器仪表制造业 | 150.43 | -7.87 | -30.58 | -43.95 |
| 其他制造业 | 170.77 | -3.47 | -31.50 | -48.02 |

资料来源：赛迪智库根据模型测算结果整理。BASE 数据基于国家统计局 2012 年投入产出表计算得出。

CGE 模型情景模拟 2：推动增值税税率再降至 13%，除农副食品加工业外，其余食品制造业，酒、饮料和精制茶制造业，烟草制品业，纺织业等 28 个行业均有不同程度的减负。

CGE 模型情景模拟 3：持续推动增值税税率降至 11%，农副食品加工业，食品制造业，酒、饮料和精制茶制造业，烟草制品业，纺织业等 29 个行业均有不同程度减负。

CGE 模型情景模拟结果综合研判：在 CGE 模型中，税费口径包括如下两部分：间接税、间接税中扣除增值税（营改增后，营业税统一为增值税）后余下的其他税费。模型中间接税依据是投入产出表中生产税净额数据，该口径为生产税扣除生产补贴后的净额，补贴作为负税处理。减税政策除了直接减少企业税负外，其对企业出口的刺激作用还将导致出口退税等涉企补贴增加，可进一步减轻企业的税费负担，导致 SIM1、SIM2、SIM3 各种情景模拟下行业的减税效应有所增大，但并不影响各行业之间的减负趋势判断及减负效果比较。从 CGE 模型情景模拟结果发现，增值税税率降至 11%，制造业各行业减负效果较好，但制造业各行业减负幅度存在一定的差异。

## 三、政策建议

### （一）加快增值税立法，降低增值税税率

一是健全和完善我国以增值税为主体的间接税税制结构。应根据“税收法制”原则，加快增值税立法，构建与现代化经济体系和制造强国战略相适应的，更公正、简明、高效的增值税制度，切实降低制造业税负。重点优化制造业与服务业各自承担的增值税税负与增加值比例相适应的税率结构。

二是借鉴法、德、韩、日、英等发达国家增值税税率设置方案，根据 CGE 模型情景模拟结果，应持续深化增值税改革，适时再将所有适用 16% 税率行业的增值税税率全部降至 11%，提高娱乐业、高端餐饮业等部分服务业适用税率，有效缩小制造业与服务业税率的差距，促进税负公平，避免税率差异对产业链的扭曲。

### （三）优化财税优惠政策，调整各行业税负水平

一是强化“放水养鱼”，促进减税效应最大化，加大财税优惠政策的广度、力度与深度。根据 CGE 模型情景模拟结果，增值税税率变动对制造业各主要行业的减负冲击效应存在差异，可能造成制造业企业间市场竞争的不公平，建议将适用于生物制药企业、专用设备制造企业等特定行业固定资产加速折旧相关政策实施范围扩大至全部制造业企业，支持传统制造业加快设备更新。

二是加大特定行业财税优惠力度并调整行业间财税优惠。对国家重点扶持的制造业加大财税优惠扶持力度，侧重支持“双创”、战略性新兴产业发展。提高制造业各行业间已有财税优惠政策调整力度，适度考虑基于地区经济发展程度除消某些区域性税收优惠，加快我国制造强国建设步伐。

### （三）加大税制改革力度，推动地方税体系的构建

减轻增值税税负有助于优化制造业发展环境，但可能冲击财政收入，建议进一步科学确定中央和地方共享税分享方式及比例，健全完善地方税种体系，与产业政策、环保政策、区域政策、创新创业政策等实现政策协同，达到“1+1”>2之功效，加速推动赶超跨越式大发展。如有效落实和推动“环保核定、地税征收”的环保税征收模式，基于国家税率准绳，促使地方政府因地制宜地用好10倍税率选择空间的地方税权，既能确保税源又能助推制造业高质量发展；逐步扩围水资源税改革试点，促进制造业加速提质转型，提高水资源综合利用水平，重在构建事权与支出责任相匹配的地方税体系。

## 第二节　从“破、立、降”三方面破解工业用气供需难题

### 一、工业领域推广天然气应用是大势所趋

### （一）天然气推广具有推动能源转型与工业转型的双重意义

清洁低碳、安全高效是能源转型的方向与工业用能升级的需求。天然气具有清洁、低碳特点，是大气污染防治与碳减排的理想能源。天然气的高灵活性有助于提高能源利用效率，例如在发电领域，通过燃气发电降低调峰成本，有助于提高电网对光电、风电等清洁能源的消纳能力，减少弃光、弃风的浪费。根据《能源发展“十三五”规划》中能源消费结构目标，2020年天然气消费比重力争达到10%。根据国际经验，发电用气、工业燃料与城镇燃气是天然气的主要推广途经，但能源转型必然带来产业的重新洗牌，业界对天然气的供给能力、技术经济性的争议长期存在，在天然气发展战略与定位等方面需要进一步凝聚共识。推广工业领域用气，既是提高天然气消费比重、推动能源消费革命的重要路径，也符合工业领域能源结构清洁化低碳化转型、实现工业高质量发展的现实需求，工业领域推广天然气应用是大势所趋。

### （二）我国具备推广天然气的资源潜力与外部能源环境

从国内资源禀赋与国际能源环境看，我国具备大范围推广天然气应用的资源保供能力。我国天然气资源潜力巨大，截至2016年底，全国累计探明天然气地质储量13.74万亿立方米，产量1369亿立方米，其中常规天然气、煤层气、页岩气的资源探明率分别为13%、2.3%、0.4%，探明储量采收率分别为12.4%、3.5%、2.5%。相较于国际水平，我国天然气资源探明率和探明储量采收率均处于较低水平，天然气资源开发空间巨大。此外，近海海域天然气水合物具有巨大资源潜力，借助新技术等方式将得到进一步释放。从世界能源环境看,“页岩气革命”后全球天然气供需呈宽松态势,天然气产量稳步增长,LNG（液化天然气）液化能力持续提升，外部能源环境利好天然气进口。

### （三）工业领域天然气应用要致力于发挥市场“无形之手”的作用

天然气的经济价值需依托市场机制体现，推广工业用气要遵循行业生产规律与市场规律。从国内供给看，天然气生产周期决定了企业从钻井开采到实现稳产需要一定时间。从市场情况看，天然气外采主要采取长协合同形式，现货交易占比较低。因此，对于计划外的大规模增量应对乏力。回溯2017年冬季北方天然气供需矛盾的原因，在供给、需求两侧出现诸如行政推广、垄断提价等有违市场规律的因素，造成天然气资源配置效率低下。“煤改气”主要集中在城镇燃气与工业燃料用气，采暖用气属于刚性需求，“压非保民”成为天然气供需紧张时的常用手段，工业企业则成为供需矛盾的最终承压者。供需矛盾催生的高价格与限量供给导致工业领域天然气经济价值难以体现。

## 二、要素配置效率不高是导致工业用气紧张的主要原因

除了受到冬季周期性供需紧张、中亚进口管道气减少等客观因素影响外，行政化推广与垄断利益固化是加剧2017年冬季天然气供需矛盾的主观因素，供需两侧市场化改革滞后导致要素配置效率不高。

### （一）需求侧层面，政策性增量超预期增长，市场主体缺乏自主决策空间

当前，天然气推广应用主要以行政刚性替代市场机制，是造成工业用气紧张的重要原因。“煤改气”主要涉及城镇燃气、工业燃料、发电等领域，其中

发电用气推广更能发挥天然气在能源转型中的战略意义，而城镇燃气、工业燃料用气属于燃料升级，具有可替代性，比如，地热、太阳能等其他能源，以及煤炭清洁利用，应该尊重市场主体意愿。但在大气污染防治的考核压力下，城镇燃气、工业燃料等领域“煤改气”成为地方政府铁腕治霾的主要抓手。以河北为例，2017 年全省完成气代煤、电代煤改造 253.7 万户，远高于年初制定的 180 万户目标。超预期的“煤改气”需求增量导致 2017 年北方冬季天然气供需矛盾激化，并形成未来可预期的需求压力。

## （二）供给侧层面，内源性供给不足与外源性供给单一导致能源风险抵御能力弱化

从国内供给情况看，油气垄断格局下，天然气生产、储备建设缺乏远景规划，企业在油、气资源开发运营中进行利益权衡。2014 年—2016 年国际原油价格低位徘徊，导致油气企业气田开发速度明显减缓，产量增速从 2013 年的 9.27% 下降至 2016 年的 1.68%，低于同期天然气基础储量增速 4.67%。2017 年 6 月以来，国际原油价格持续回升，天然气价格优势逐渐显现，利益驱动加速油气企业的能源开发力度。此外，受下游市场影响，油气企业对天然气基础设施投建动力不足，储气库、输气管道等建设滞后。截至 2017 年底，我国地下储气库有效工作气量为 77 亿立方米 / 年，占全年表观消费量的 3.23%，远低于国外 10% ~ 15% 的水平。2017 年北方冬季用气紧张暴露了天然气储气环节的短板，储气库工程建设以及项目建成后设计库容转化为有效工作气量的推进进程缓慢。从外源性供给结构看，我国进口气量主要集中在土库曼斯坦、澳大利亚和卡塔尔，对中亚进口管道气的依赖程度较高，而中亚气源与我国处于地理同纬度，冬季进口管道气易受寒潮影响而欠量；海上 LNG 进口的口岸建设进程滞后，缺少应对外部冲击的弹性。

## （三）供需对接层面，价格双轨、监管乏力等制度性问题激化供需矛盾，过度垄断制约了市场化发展

在现阶段，我国天然气供应实行价格双轨制。一方面，下游销售端执行低水平的居民气价与相对高位的非居民气价，使地域垄断的燃气公司具有在居民供气与非居民供气间倒卖的动机。另一方面，在上游供给端，管道门站气价由国家管控，但 LNG 则采取市场交易定价，企业具有将管道气加压成 LNG 高价投放市场的动机。我国天然气供给侧垄断特征明显，中石油掌控全国约七成的

天然气供给量，垄断利益固化增加了行业主管部门协调的阻力。

## 三、从“破”“立”“降”三方面推进天然气市场化改革

工业企业虽然是天然气供需压力的最终承受者，但解决工业用气紧张不能局限于工业领域，而要从天然气市场机制入手，切实保障天然气供给能力。推进天然气市场化改革，要注重市场化条件是否成熟，而非单纯强调市场配置的形式。

### （一）做好理念与体制创新齐抓的“破”字诀

一是破除落后的理念与认知，凝聚共识。页岩气开发进程加速，全球能源格局发生深刻变化，我国具备提高天然气消费比重的条件与环境，天然气资源具有丰富的潜力，应打破“富煤、贫油、少气”的传统认识。

二是破除供给侧的体制障碍。当前中石油占据七成的上游天然气供给，掌握中亚、俄罗斯进口管道气，形成上游气源一家独大的垄断格局。此外，上游企业兼营油、气两类资源，在油、气资源运作中进行利益权衡，导致企业对天然气开发利用的规划执行力度下降。建议通过剥离独立垄断企业天然气业务板块，培育引入其他市场主体等方式，构建上游气源多主体竞争格局。中游管输环节，则需整合长输管网资源，抓好省管网、市县配气管网的价格监审，逐步形成全国统筹、价格合理的天然气管输体系。

三是破除需求侧的政府越位。清洁用能不搞“一刀切”，应尊重市场主体对地热、生物质、太阳能、工业余热、清洁化燃煤等多种用能方式的自主选择。此外，要进一步清理僵尸企业，淘汰无效产能，避免资源浪费。

### （二）做好市场与产业共举的“立”字诀

一是立足长远规划，强化供给侧与需求侧预期的对接。天然气基础设施布局投建不是单纯的企业市场行为，要做好储气、管网等基础设施的规划与投建。考虑到天然气生产规律与储气库等基础设施建设周期，预计未来 3 ~ 5 年，地域性、季节性供气压力将依然存在，天然气发展需要平衡短期供需压力与中长期的行业发展布局。

二是建立完善的天然气市场交易制度，优化天然气价格机制，确保天然气作为基础生产要素的价格稳定，加强天然气价格监管，严厉打击哄抬价格和价格垄断行为。

三是确立天然气上下游相关产业的供需适配机制，促进天然气在发电、交

通运输、工业燃料等更广领域的应用，形成支撑实体经济发展的新动能。

### （三）做好成本与风险并控的“降”字诀

一是降低企业、居民用气成本，促进能源转型，减轻大气污染防治压力，履行我国作为国际大国的碳排放责任。市场化定价机制运作取决于完善的市场化条件、价格监管机制。

二是降低我国天然气的国际能源风险。近年来我国天然气对外依存度逐年攀升，截至 2018 年 3 月已达 41.46%。对此，我国应提高内源性供给的总量与稳定性，加快天然气储气调峰设施建设，加快管道互联互通进程；降低外源性供给风险，增加天然气进口通道，除进口俄罗斯、美国的天然气外，还需拓展更多的天然气进口渠道，优化天然气进口结构。

# 第三节　提升制造业创新能力要变革跟跑型研发机制

## 一、基础科学研究是我国制造业创新能力的短板

科技是第一生产力。美国的全球经济地位离不开其在信息技术、生物技术、新材料技术、能源技术等高新技术领域的核心竞争力，日本、德国的战后复兴也离不开两国长期的技术积淀。纵观历史汰弱留强的演进，国家竞争的核心能力离不开科技创新的支撑，尤其是基础前沿研究与应用基础研究等高门槛领域。

### （一）基础科学研究短板体现在三个方面

随着生产要素条件发生变化，我国致力于调整自身在国际产业分工中的地位，从制造大国向制造强国转变过程中，基础科学研究短板亟待补齐，具体体现在三大方面。

一是基础前沿理论支撑不足。以人工智能领域为例，目前全球人工智能产业形成美、中两极格局，但我国主要依托海量数据优势在应用层实现追赶，在基础算法与理论研究方面与美国相比还有相当差距。

二是基础技术创新支撑不足。对比我国汽车产业与高铁产业的发展历程可知，前者所走的弯路在于引进国外先进制造技术与工艺的同时，忽视了研发前端的设计技术、实验技术发展，自主创新能力严重弱化。

三是基础工艺研究支撑不足。以超精密抛光工艺为例，该工艺涉及集成电

路、医疗器械、精密模具等诸多领域，但目前抛光机的核心技术掌握在美、日两国企业，严重制约我国相关产业发展。

### （二）基础科学研究短板制约制造业高质量发展

基础科学研究短板已成为制约我国制造业高质量发展的重要瓶颈。

一是从产业链角度看，关键核心技术缺失使我国产业发展安全受到潜在威胁。以芯片产业为例，从产成品看，中高端芯片对外依存度过高，如手机中光通信领域的光模块，高速（≥ 25Gbps）光芯片与电芯片全部依赖进口；从制造环节看，我国在制造装备、原材料等方面短板明显，如高精度光刻机主要由荷兰、日本垄断，光刻胶自给率仅为5%，核心技术被日本垄断。

二是从价值链角度看，原始创新乏力导致产业处于价值链低端，如服务器领域，曙光、华为、联想等国产厂商占据了主要的整机份额，但产业价值链的大部分利润被核心元器件厂商获得。

三是从企业链角度看，由于原始创新能力不足，行业通常陷入低质量的市场竞争，家电行业的价格战、互联网企业的补贴战背后逻辑本质无异。企业重视应用层产品开发而轻视基础层技术探索，勇于市场竞争而怯于创新引领，并形成产业恶性竞争的循环路径。

### （三）基础科学研究短板的负面效应将日趋凸显

基础科学研究短板如不能得到切实扭转，其负面效应将伴随国内要素条件与国际环境变化而日趋凸显。

从国内环境看，劳动力要素成本抬升与老龄化社会人口结构将难以支撑传统的产业发展模式，我国亟待推进产业结构转型升级，需要强化基础科学的支撑能力。同时，技术领域的后发优势将日趋削弱，一方面体现在引进技术的边际效应趋弱，另一方面在于核心技术难以通过外部引进获取。

从国际环境看，我国日益崛起的国际地位将引发美国长期针对性压制，在谋求国际产业分工再调整过程中，我国可能面临美国联合其他国家，利用技术先发优势与平台化组织构建，对我国进行产业科技的闭环封锁。

## 二、跟跑型研发机制不适应制造业创新能力提升需要

基础科学研究短板的形成，既有我国起步较晚的客观原因，也是研发机制偏重应用端实用性的主观因素所致。我国研发机制具有较为明显的跟跑型特征，

投入结构、参与主体、组织建设等方面表现难以适应并跑、领跑环境下的创新需求。

## （一）研发经费投入结构失衡，原始创新支持有待继续加强

从研发投入规模和趋势看，我国近年来基础科学研究趋势向好。2010—2016 年间，我国研发经费总投入年复合增长率高达 11.5%，增速远超 OECD 其他国家，其中基础研究经费增速更是高达 14%。与美国相比，2010 年我国研发总投入、基础研究投入仅为美国的 52.06%、13.07%，2016 年该比例提升至 88.34%、27.46%。但从研发投入结构角度看，我国研发投入跟跑型结构特征凸显，侧重于与产品开发高度相关的试验发展类研发支出，基础前沿研究、应用基础研究等原始创新主要渠道投入严重偏低。2016 年，我国研发经费支出中基础研究与应用研究的经费占比分别为 5.25%、10.27%，远低于 OECD 主要国家，如美国两类经费支出占比分别为 16.89%、19.62%，日本分别为 12.57%、18.85%，韩国分别为 15.97%、22.51%。重视产品开发投入而忽视基础层研发投入，是我国依赖技术后发优势而做出的实用主义选择，但随着后发优势削弱，该研发路径难以支撑制造业高质量发展需要。

## （二）研发参与主体结构失衡，企业研发积极性急需调动

从研发经费执行主体结构看，2016 年企业、政府研究机构、高校的占比分别为 77.46%、15.70%、6.84%，我国企业在研发创新活动中的主体地位得到有效加强。但从企业研发经费的投向结构看，企业参与基础科学研发意愿不强，且有恶化趋势，企业研发经费在基础研究、应用研究投入比重从 2006 年的 0.64%、7.64% 下降至 2016 年的 0.21%、3.04%。对比其他国家，我国企业基础研究、应用研究经费规模和占比严重偏低。从规模看，2016 年我国企业基础研究经费仅为美国的 3.38%、日本的 7.77%、韩国的 9.75%，应用研究经费仅为美国的 18.41%、日本的 49.26%、韩国的 78.83%。从占比看，2016 年美国企业两项经费占比为 6.11%、15.85%，日本为 7.46%、16.63%，韩国为 11.86%、20.73%，都远高于我国企业。从基础研究的执行部门结构看，2016 年我国基础研究经费执行中政府研究机构与高校各占半壁江山，企业仅占 3.17%。而在韩国和日本，基础研究经费执行中企业占比长期保持在 55% 以上和 40% 以上，美国基础研究经费约 1/4 由企业执行。企业在基础科学研究过程中的缺位，既弱化了高校、科研院所与市场需求的联系，也造成社会研发资源

配置错位，企业研发优势挖掘不充分，企业在基础科学研究领域作用亟待进一步发挥。

### （三）研发平台载体发展滞后，技术攻坚资源整合能力不足

随着我国科研创新活动逐渐由跟跑型向跟跑、并跑、领跑并存转变，研发内容从技术跟踪引进消化向竞争性、引领性技术探索转变，自主创新、原始创新需要强化研发工作的系统架构能力与资源整合能力，对创新载体的组织变革提出新的挑战。政府背景的科研机构多为事业单位，受体制掣肘而缺乏灵活性，企业研发机构由于利益关联影响了研究的中立性，而非营利组织（NPO）规避了上述主体的弊端，成为有效的资源整合平台。参考国际经验，美国非营利组织执行的研发经费占该国总额的 4.07%，英国该比例为 2.06%，日本、韩国分别为 1.33%、1.59%，美国艾滋病研究所、日本未来研究所等非营利科研服务组织已具有广泛影响力。我国非营利组织起步相对较晚，在今后制造业创新中心、科技孵化器等平台载体建设中，具有较大的发展空间。

## 三、深化研发机制改革，提升制造业创新能力

推动我国建设创新型国家，必须从理念、投入、载体等多维度切入，变革我国在跟跑阶段形成的研发机制与产业配套机制，激发释放创新活力。

### （一）打破社会理念束缚，理顺基础科学研究的发展思路

深化研发机制改革，加大基础科学研究的投入力度，首先要扭转跟跑型发展模式下形成的理念桎梏。

一是片面强调技术引进，以高成本、高风险为由忽视原始创新。实践证明，后发国家科技发展到一定阶段时，依靠市场换不来需要的核心技术。

二是误解“引进消化吸收”的路径表述，颠倒了自主创新与引进消化吸收二者的主辅关系。以高铁产业为例，依靠 1958 年开始的电气化铁路建设、1978 年开始的高速动车组持续研发带来的技术积累，我国才能在引进消化德国、日本的制造技术与工艺的同时实现技术的快速赶超。

三是忽视企业在基础科学研究领域的重要性。高校与研究机构在基础前沿理论探索方面具有研发优势，但应用基础研究特别是基础工艺研究需要大量的试错与经验积累，企业的研发优势凸显，应从体制机制与政策层面增加企业参与基础科学研究的激励。

### （二）优化财金支持手段，改善基础科学研究的输血和造血能力

强化基础科学研究需要大量的资金投入，需要配套的财政、金融政策作为支撑，支撑手段要结合研发内容分类施策。

一是前瞻性、探索性基础前沿研究。由于前沿探索具有不确定性，而研发成果可能对产业产生颠覆式影响，因此应以财政资金投入为主，吸纳企业及其他社会资金，构建长期稳定的预算支持，对于研发进度与阶段性成果的考核应以同行评议为主，形成相对自由宽松的研发生态。如美国 2013 年开始的“推进创新神经技术脑研究计划”，计划在 10 年间持续投入 45 亿美元预算经费，旨在为 AI、医疗等多领域提供底层技术探索。

二是目的性强、路径明确的应用基础研究。该类研究旨在攻克我国基础工艺、共性技术的短板，企业具有技术攻关的利益诉求，但技术外溢性与投入规模抑制了个体研发意愿。因此应以企业为研发主力，政府搭建合作平台，以市场化竞争方式提高研发效率，项目扶持从事前补助逐步转向事中事后奖励。

### （三）强化创新载体建设，加速推动制造业创新中心等平台工程

做强做优创新中心、产业联盟等平台性创新载体，是攻克共性技术、快速提升基础技术与工艺的重要途径。

一是要发挥平台的整合作用。既往的产学研合作模式以高校或研究机构与某企业合作的一对一模式，现阶段建设的创新中心如广工大数控装备协同创新研究院已开展了向研发端资源整合的多对一模式，即由企业提出技术需求，平台按需配置联系研发团队。平台未来可继续整合技术需求端企业资源，通过产权等利益分配机制构建，实现多企业合作攻关、多团队竞争参与的多对多合作模式。

二是要发挥平台的第三方身份优势，拓宽政府支持研发的投入渠道。可以效法美国支持非营利性科研服务机构参与基础科学研究，并对该类机构进行大规模财政扶持，从而有效规避世界贸易组织补贴与反补贴协议的规制。

# 第四节　我国制造业营商环境省际评价与建议

## 一、指标体系构建

综合考虑国际经验，融入我国制造业发展的特色，本节构建了一套适用于

评价各省制造业营商环境的指标体系，包括政策、创新与人才、成本、基础设施四个维度，遵循指标体系的系统性，数据的可获得性、可比性原则，选择了 16 项具体指标，如表 8-3 所示。

表 8-3　我国制造业营商环境评价体系

| 一 级 指 标 | 二 级 指 标 | 具 体 指 标 | 数 据 来 源 |
|---|---|---|---|
| 政策 | 政策落实 | 获国务院“对真抓实干成效明显”奖励项数 | 中国政府网，国务院办公厅关于对 2017 年落实有关重大政策措施真抓实干成效明显地方予以督察激励的通报，赛迪研究院计算得出 |
| | 服务能力 | 全国省级政府网上政务服务能力指数 | 国家行政学院电子政务研究中心《中国电子政务发展报告（2017 年）》 |
| | 税收负担 | 国民生产总值制造业税收率（制造业税收 / 工业增加值） | 中国统计年鉴，国家税务总局，2016 年数据，赛迪研究院计算得出 |
| | 政府负债 | 省级政府财政负债率 | 中国统计年鉴，2016 年，赛迪研究院计算得出 |
| 创新与人才 | 创新资金投入 | 制造业 R&D 经费投入占比 | 中国统计年鉴，2016 年，赛迪研究院计算得出 |
| | 创新人员投入 | 制造业 R&D 人员全时当量 | 中国统计年鉴，2016 年 |
| | 教育投入 | 人均教育经费 | 中国统计年鉴，2016 年，赛迪研究院计算得出 |
| | 受教育程度 | 人均受教育年限 | 中国统计年鉴，2016 年，赛迪研究院计算得出 |
| 成本 | 融资成本 | 执行基准利率及以下贷款利率浮动区间占比 | 中国人民银行，2017 年，赛迪研究院计算得出 |
| | 用能成本 | 平均销售电价 | 国家能源局，2017 年 |
| | 用地成本 | 省会城市工业用地价格 | Wind 数据库，2017 年，赛迪研究院整理得出 |
| | 用工成本 | 城镇单位制造业就业人员平均工资 | 中国统计年鉴，2016 年 |
| 基础设施 | 网络设施 | 互联网普及率 | 中国统计年鉴，2016 年 |
| | 交通设施 | 交通系数（人均公路里程、人均铁路里程、机场密度、水运货运量综合指数） | 中国统计年鉴，2016 年，赛迪研究院计算得出 |
| | 环境质量 | 空气质量（年 PM2.5 浓度） | 中国环境监测总站，2017 年 |
| | 制造业设施 | 制造业固定资产投资占比 | 中国统计年鉴，2016 年，赛迪研究院计算得出 |

### （一）维度一：政策

对制造企业来说，良好的政策环境非常重要。近年来，全国各地纷纷改革创新，优化营商环境，如辽宁组建营商环境监督局协调全省营商环境工作。本节从政策落实、服务能力、税收负担、政府负债四个方面进行评价。具体指标包括：获国务院“对真抓实干成效明显”奖励项数、全国省级政府网上政务服务能力指数、国民生产总值制造业税收率、省级政府财政负债率。

### （二）维度二：创新与人才

党的十八大提出了实施创新驱动发展战略，人才是制造业发展的根基，是创新驱动的核心要素。随着转型升级进程的加快，制造业对创新资源和人才的需求将越来越大。本节从创新资金投入、创新人员投入、教育投入、受教育程度四个方面进行评价。具体指标包括：制造业 R&D 经费投入占比、制造业 R&D 人员全时当量、人均教育经费、人均受教育年限。

### （三）维度三：成本

降成本是党中央、国务院为有效缓解实体经济困难、助推企业转型升级做出的重要决策部署，对有效应对当前经济下行、实现可持续发展具有重要意义。本节从融资成本、用能成本、用地成本、用工成本四个方面进行评价。具体指标包括：执行基准利率及以下贷款利率浮动区间占比、平均销售电价、省会城市工业用地价格、城镇单位制造业就业人员平均工资。

### （四）维度四：基础设施

优化营商环境是一个系统工程，既要在优惠政策、创新发展等软环境建设上有新突破，更要重视基础设施等硬环境的作用。新形势下，高速宽带、移动技术以及生态环境也成为制造业发展的重要因素。本节从网络设施、交通设施、环境质量、制造业设施四个方面开展评价。具体指标包括：互联网普及率、交通系数、空气质量、制造业固定资产投资占比。

## 二、评价结果[①]

### （一）江苏、广东、浙江制造业营商环境处于全国领先地位

江苏、广东、浙江等地经过多年发展，制造业发展所需的政策环境、基础设施、科技与创新资源等优势明显，三地制造业营商环境综合得分均超过 80 分（见图 8-1），分别为 81.81 分、81.79 分、80.77 分。北京、上海等传统制造业强省（市）由于近年来限制一般制造业的相关政策及较高的综合成本劣势，整体表现欠佳。西藏、海南等地多年来一直是以服务业发展为主，因此整体得分均较低。除此之外，云南、甘肃、贵州、新疆、青海等地在成本方面具有优势，但政策、创新与人才、基础设施等方面“欠账”较多，拖累了其整体表现，综合得分排名靠后。

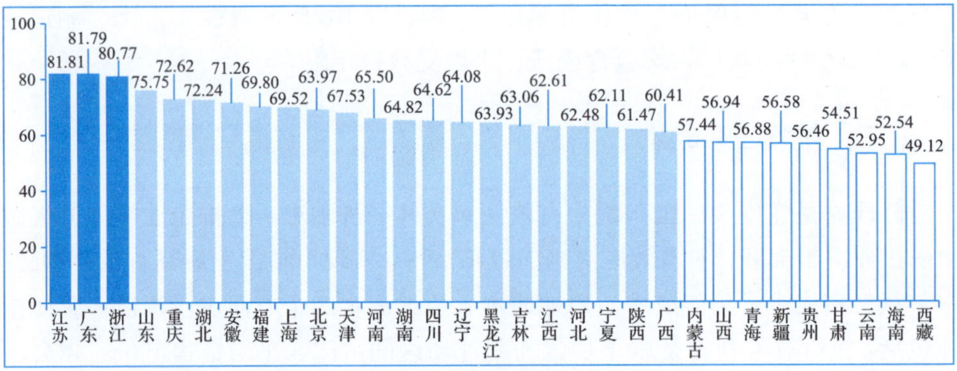


**图 8-1　制造业营商环境综合评价结果**

（资料来源：赛迪智库整理，2019 年 2 月）

### （二）制造业政策方面，中部省份表现抢眼

总体来看（见表 8-4），尽管浙江、广东、江苏等地仍领先全国，但政策得

① 数据处理：由于原始数据量纲的存在，数值较高的指标和数值较低的指标都会影响综合分析的结果，因此，以最佳值为基础，标准化变量值 $x'_i$，$x'_i$ 等于每个变量 $x_i$ 与变量最佳值 $x_a$ 之差的绝对值除以该变量最大值与最小值之差，即 $x'_i = \frac{|x_i - x_a|}{x_{max} - x_{min}} \times 100$。评价结果计算：根据各项指标的得分等权重（$\varepsilon$）计算综合得分 $R_i$，即 $R_i = \sum \varepsilon x'_i$，得分越高说明评价结果越好。

分超过 80 分的 10 个省份中，除山西之外的其他中部五省全部在列，足见中部地区优势已不仅是低廉的成本，政策环境也得到较大改善。其中，安徽的政策得分仅次于浙江，排在全国第二位，这与其近年来积极简化工商注册、优化商贸环境、推进财政资金统筹使用等工作密不可分，其已在全国率先建立实施了政府权责清单制度和编制周转池制度，率先实现了“双随机、一公开”监管全覆盖①。2018 年，由于政策环境方面的突出表现，安徽省作为仅有的六个省之一受到国务院表彰。

表 8-4　制造业营商环境分项评价结果排名

| 排名 | 地区 | 政策 | 地区 | 创新与人才 | 地区 | 成本 | 地区 | 基础设施 |
|---|---|---|---|---|---|---|---|---|
| 1 | 浙江 | 94.33 | 上海 | 99.67 | 黑龙江 | 95.68 | 广东 | 89.10 |
| 2 | 安徽 | 94.10 | 北京 | 98.76 | 宁夏 | 91.23 | 浙江 | 83.33 |
| 3 | 广东 | 91.51 | 浙江 | 94.49 | 云南 | 89.74 | 江苏 | 81.23 |
| 4 | 江苏 | 91.32 | 天津 | 92.93 | 新疆 | 87.85 | 上海 | 80.90 |
| 5 | 河南 | 89.95 | 江苏 | 91.83 | 青海 | 87.80 | 福建 | 80.14 |
| 6 | 重庆 | 87.08 | 广东 | 90.16 | 广西 | 87.24 | 辽宁 | 69.75 |
| 7 | 山东 | 86.25 | 山东 | 73.46 | 陕西 | 86.74 | 山东 | 67.76 |
| 8 | 湖北 | 85.35 | 福建 | 70.41 | 吉林 | 83.00 | 重庆 | 65.65 |
| 9 | 四川 | 80.43 | 湖北 | 63.31 | 四川 | 80.71 | 天津 | 64.17 |
| 10 | 江西 | 80.00 | 重庆 | 62.92 | 湖北 | 79.77 | 吉林 | 63.76 |
| 11 | 北京 | 75.59 | 湖南 | 57.60 | 辽宁 | 78.85 | 安徽 | 62.21 |
| 12 | 福建 | 73.00 | 安徽 | 56.00 | 河北 | 78.13 | 北京 | 61.52 |
| 13 | 河北 | 72.59 | 河南 | 53.09 | 内蒙古 | 77.20 | 湖北 | 60.53 |
| 14 | 贵州 | 71.86 | 陕西 | 52.84 | 山西 | 76.05 | 江西 | 60.00 |
| 15 | 湖南 | 70.08 | 辽宁 | 52.72 | 山东 | 75.54 | 广西 | 57.16 |
| 16 | 山西 | 69.69 | 内蒙古 | 51.23 | 甘肃 | 75.49 | 西藏 | 55.15 |
| 17 | 陕西 | 69.34 | 河北 | 48.94 | 贵州 | 75.15 | 湖南 | 54.87 |
| 18 | 吉林 | 68.68 | 新疆 | 48.07 | 河南 | 75.12 | 河北 | 54.25 |
| 19 | 黑龙江 | 68.60 | 海南 | 47.68 | 重庆 | 74.83 | 河南 | 53.83 |
| 20 | 广西 | 67.31 | 宁夏 | 46.43 | 安徽 | 72.74 | 黑龙江 | 53.69 |

① 编制周转池是指安徽省依托大数据平台，聚合全省空余编制，在不改变编制“部门所有”的前提下，向急需编制的行业部门投放编制；“双随机、一公开”是指安徽省加强事中事后监管，大力推广随机抽查和联合检查，建立随机抽取检查对象、随机选派执法检查人员、抽查情况及查处结果及时向社会公开。

续表

| 排名 | 地区 | 政策 | 地区 | 创新与人才 | 地区 | 成本 | 地区 | 基础设施 |
|---|---|---|---|---|---|---|---|---|
| 21 | 甘肃 | 64.55 | 山西 | 42.19 | 海南 | 70.55 | 宁夏 | 53.41 |
| 22 | 宁夏 | 57.38 | 四川 | 41.36 | 江西 | 69.67 | 内蒙古 | 51.65 |
| 23 | 新疆 | 56.11 | 江西 | 40.79 | 湖南 | 68.75 | 四川 | 49.97 |
| 24 | 云南 | 55.91 | 青海 | 40.62 | 西藏 | 63.42 | 青海 | 48.54 |
| 25 | 辽宁 | 54.99 | 甘肃 | 39.95 | 江苏 | 62.85 | 海南 | 46.62 |
| 26 | 上海 | 54.01 | 黑龙江 | 37.76 | 天津 | 59.42 | 贵州 | 45.93 |
| 27 | 天津 | 53.60 | 吉林 | 36.80 | 广东 | 56.38 | 山西 | 39.83 |
| 28 | 西藏 | 52.91 | 贵州 | 32.89 | 福建 | 55.66 | 甘肃 | 38.05 |
| 29 | 青海 | 50.55 | 云南 | 30.37 | 浙江 | 50.92 | 陕西 | 36.97 |
| 30 | 内蒙古 | 49.66 | 广西 | 29.93 | 上海 | 43.51 | 云南 | 35.77 |
| 31 | 海南 | 45.30 | 西藏 | 25.00 | 北京 | 25.00 | 新疆 | 34.27 |

资料来源：赛迪智库整理，2019年2月。

## （三）制造业创新与人才方面，两极分化严重

总体来看，创新与人才方面70分以上仅有8个省（市），且全部集中在东部沿海地区，中、西部地区与之相比仍存在较大差距。分省（市）来看，上海最高，得分99.67分。湖北、重庆两地近年来重点发展汽车、电子信息等高新技术行业，创新资源与人才集聚优势开始显现。其中，湖北省依托武汉东湖国家自主创新示范区，大力推动创新驱动发展，出台了“科技十条”“新九条”“人才20条”等，成立了全国首个科技成果转化局，成功建成国家信息光电子创新中心、我国首个生物安全四级实验室等创新载体，科技创新能力显著增强。

## （四）制造业成本方面，东北与中、西部地区更具优势

总体来看，东北与中、西部地区在制造业成本方面明显要好于其他地区，综合得分80分以上的9个省份无一例外，全部来自上述地区，这也是近年来不少资源、劳动力密集型制造企业纷纷“西迁”的主要原因。分省份来看，黑龙江、宁夏表现最为突出。其中，黑龙江省自2013年起聚焦“降成本”，连续出台优惠政策，企业税费、物流成本、融资成本、用能用地成本等逐年下降，2013年至今五年降低企业负担756亿元。宁夏出台了“降成本30条”，开展了园区低成本化改造和电力体制综合改革试点，2017年累计降低实体经济成本

85 亿元。

### （五）制造业基础设施方面东部优于西部

东部沿海地区拥有良好的海港资源，且大多数地区地势平坦、水系通达，建设公路、铁路、机场、码头等交通设施难度小、成本低，经过多年发展，各类交通基础设施发展较快。评价结果显示，广东、浙江、江苏、上海、福建 5 个东部沿海省（市）在制造业基础设施方面表现最好。此外，辽宁、山东等之前因基础设施而广受好评的省份，近年来在铁路尤其是高铁方面建设步伐缓慢，截至 2018 年 8 月，山东与辽宁高铁通车里程分别为 1240 公里、843 公里，分别排在全国第 8 位和第 15 位，基础设施得分正逐渐被重庆等地区追赶。

## 三、对策建议

### （一）加快东部地区制造业转型升级，提升发展质效

一是发挥东部地区在基础设施、创新与人才，以及政策方面的综合优势，加大政策与资金支持力度，促进先进制造、节能环保等高技术、高附加值产业集聚发展，加快制造业迭代升级，降低本地制造业的成本敏感度。

二是继续支持东部地区制造企业开展智能化、服务化改造升级，加快推进“机器换人”，通过信息化与智能化降低能源消耗和生产成本，以更高效率的智能制造取代粗放生产，提高劳动生产率。

### （二）推进中部地区制造业高端要素集聚，实施创新驱动

一是发挥中部地区在政策、成本方面的显著优势，在资金、人才落户、土地使用等方面给予优惠，通过政府补贴与市场运营相结合，创新合作模式，加快创新资源与高端人才为中部地区助力。

二是发挥中部地区“联通东西”的区位优势，加强中部地区尤其是中部地区中心城市的“海陆空”综合交通体系建设，提升中部地区的交通便利性；实施“互联网 +”行动，推进大数据、云计算、工业互联网、量子通信等设施建设，不断缩小与东部地区在新一代信息技术方面的差距。

### （三）支持东北与西部地区加大改革开放力度，优化基础环境

一是发挥东北与西部地区成本优势，继续深化“放管服”改革，加强中央政策落实力度，因地制宜地创新政府治理和服务模式，强化事中事后监管，为本地企业发展以及承接国外及东部地区制造业转移提供良好环境。

二是继续加大对东北与西部地区财政转移支付力度，并在东北与西部地区基础设施建设领域适当放宽限制及外资占比，积极引入社会资本、外资，重点支持交通、信息等基础设施、基础产业、基础平台的建设发展。

# 影 响 篇

# 第九章

# 中美贸易情况及特朗普年度政策梳理

2018 年是美国特朗普总统众多政策逐步实施的一年，也是中美经贸摩擦不断升级的一年。美国始终以“美国利益优先”为行为宗旨，从贸易、技术、产业和投资等方面相继出招，旨在打压竞争对手，实现美国利益最大化。基于 2017 年的研究，我所继续跟踪特朗普政策，及时、专业、深入地评估中美贸易摩擦对我国制造业的影响，形成一系列研究成果，本章是其中部分成果的节选。本章主要分析 2018 年中美贸易情况，从中预判中美经贸关系的未来发展趋势，并提出未来我国应对政策建议。

## 第一节　2018 年中美贸易概况

### 一、2018 年中美贸易整体情况

2018 年 1—12 月，中美贸易总值为 6335 亿美元，增长 8.5%，较去年回落 4.3 个百分点。其中，我国对美国出口 4784 亿美元，增长 11.3%，较去年下降 0.5 个百分点；自美国进口 1551 亿美元，同比增长 0.7%，较去年回落 15.2 个百分点。详细到每个月的具体数据如图 9-1 所示。

### 二、中美分行业贸易情况

2018 年 1—12 月，工业产品（HS 编码两位税号 25 ～ 98）出口 4703 亿美元，占对美国总出口额的 98.3%；工业产品进口 1409 亿美元，占自美国总进

口额的 90.8%。

分行业看，工业领域对美国出口额排名比较靠前的行业产品为电子、轻工、装备等（见表 9-1）；自美国进口额排名比较靠前的行业产品为电子、装备、汽车、矿产品等（见表 9-2）。

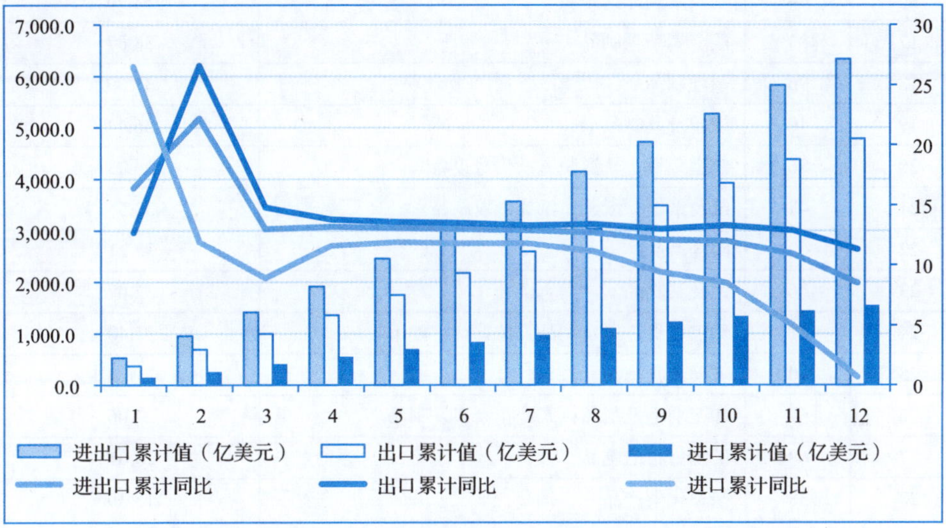


图 9-1　2018 年 1—12 月中美贸易额（亿美元）及增速（%）

（资料来源：赛迪智库整理，2019 年 2 月）

表 9-1　2018 年 1—12 月对美国出口额工业产品类别排名

| 排　　名 | HS 编码 | 产 品 类 别 | 对美国出口额(亿美元) |
|---|---|---|---|
| 1 | 85 | 电机、电气、音像设备及其零附件 | 1193.71 |
| 2 | 84 | 核反应堆、锅炉、机械器具及零件 | 1028.17 |
| 3 | 94 | 家具；寝具；灯具；活动房 | 332.05 |
| 4 | 95 | 玩具、游戏或运动用品及其零附件 | 193.75 |
| 5 | 39 | 塑料及其制品 | 183.41 |
| 6 | 87 | 车辆及其零附件（铁道车辆除外） | 180.56 |
| 7 | 61 | 针织或钩编的服装及衣着附件 | 176.18 |
| 8 | 62 | 非针织或非钩编的服装及衣着附件 | 145.36 |
| 9 | 64 | 鞋靴、护腿和类似品及其零件 | 121.00 |
| 10 | 73 | 钢铁制品 | 118.11 |
| 11 | 90 | 光学、照相、医疗等设备及零附件 | 105.40 |
| 12 | 29 | 有机化学品 | 91.21 |
| 13 | 63 | 其他纺织制品；成套物品；旧纺织品 | 87.91 |

续表

| 排　名 | HS编码 | 产 品 类 别 | 对美国出口额（亿美元） |
|---|---|---|---|
| 14 | 42 | 皮革制品；旅行箱包；动物肠线制品 | 70.53 |
| 15 | 82 | 贱金属器具、利口器、餐具及零件 | 40.34 |
| 16 | 44 | 木及木制品；木炭 | 38.90 |
| 17 | 83 | 贱金属杂项制品 | 38.67 |
| 18 | 96 | 杂项制品 | 37.09 |
| 19 | 40 | 橡胶及其制品 | 36.44 |
| 20 | 86 | 铁道车辆；轨道装置；信号设备 | 36.03 |
| 21 | 48 | 纸及纸板；纸浆、纸或纸板制品 | 33.55 |
| 22 | 69 | 陶瓷产品 | 32.21 |
| 23 | 76 | 铝及其制品 | 32.07 |
| 24 | 71 | 珠宝、贵金属及制品；仿首饰；硬币 | 31.40 |
| 25 | 70 | 玻璃及其制品 | 31.24 |
| 26 | 67 | 加工羽毛及制品；人造花；人发制品 | 27.06 |
| 27 | 68 | 矿物材料的制品 | 23.61 |
| 28 | 38 | 杂项化学产品 | 15.30 |
| 29 | 28 | 无机化学品；贵金属等的化合物 | 15.03 |
| 30 | 30 | 药品 | 14.75 |
| 31 | 49 | 印刷品；手稿、打字稿及设计图纸 | 14.27 |
| 32 | 98 | 特殊交易品及未分类商品 | 14.04 |
| 33 | 33 | 精油及香膏；香料制品及化妆盥洗品 | 13.88 |
| 34 | 65 | 帽类及其零件 | 13.53 |
| 35 | 27 | 矿物燃料、矿物油及其产品；沥青等 | 12.26 |
| 36 | 88 | 航空器、航天器及其零件 | 11.80 |
| 37 | 54 | 化学纤维长丝 | 7.88 |
| 38 | 56 | 絮胎、毡呢及无纺织物；线绳制品等 | 7.53 |
| 39 | 57 | 地毯及纺织材料的其他铺地制品 | 7.03 |
| 40 | 72 | 钢铁 | 6.73 |
| 41 | 59 | 浸、包或层压织物；工业用纺织制品 | 6.55 |
| 42 | 60 | 针织物及钩编织物 | 6.43 |
| 43 | 32 | 鞣料；着色料；涂料；油灰；墨水等 | 6.14 |
| 44 | 81 | 其他贱金属、金属陶瓷及其制品 | 5.48 |
| 45 | 55 | 化学纤维短纤 | 5.25 |
| 46 | 74 | 铜及其制品 | 5.23 |

续表

| 排　　名 | HS 编码 | 产 品 类 别 | 对美国出口额（亿美元） |
|---|---|---|---|
| 47 | 66 | 雨伞、阳伞、手杖、坐凳式手杖、鞭子及其零件 | 5.23 |
| 48 | 91 | 钟表及其零件 | 4.96 |
| 49 | 92 | 乐器及其零件、附件 | 4.94 |
| 50 | 25 | 盐、硫磺、土及石料、石灰及水泥等 | 4.61 |
| 51 | 34 | 洗涤剂、润滑剂、人造蜡、塑型膏等 | 4.47 |
| 52 | 46 | 稻草、秸秆、针茅或其他编结材料制品、篮筐及柳条编结品 | 3.89 |
| 53 | 58 | 特种机织物；簇绒织物；刺绣品等 | 3.77 |
| 54 | 52 | 棉花 | 3.21 |
| 55 | 36 | 炸药；烟火；引火品；易燃材料制品 | 3.18 |
| 56 | 35 | 蛋白类物质；改性淀粉；胶；酶 | 2.69 |
| 57 | 89 | 船舶及浮动结构体 | 1.62 |
| 58 | 93 | 武器、弹药及其零件、附件 | 0.96 |
| 59 | 97 | 艺术品、收藏品及古物 | 0.71 |
| 60 | 43 | 毛皮、人造毛皮及其制品 | 0.52 |
| 61 | 79 | 锌及其制品 | 0.43 |
| 62 | 31 | 肥料 | 0.42 |
| 63 | 51 | 羊毛等动物毛；马毛纱线及其机织物 | 0.41 |
| 64 | 50 | 蚕丝 | 0.35 |
| 65 | 75 | 镍及其制品 | 0.34 |
| 66 | 53 | 其他植物纤维；纸纱线及其机织物 | 0.32 |
| 67 | 37 | 照相及电影用品 | 0.31 |
| 68 | 41 | 生皮（毛皮除外）及皮革 | 0.28 |
| 69 | 26 | 矿砂、矿渣及矿灰 | 0.25 |
| 70 | 45 | 软木及软木制品 | 0.19 |
| 71 | 47 | 木浆等纤维状纤维素浆；废纸及纸板 | 0.06 |
| 72 | 78 | 铅及其制品 | 0.05 |
| 73 | 80 | 锡及其制品 | 0.04 |

资料来源：赛迪智库整理，2019 年 2 月。

表 9-2　2018 年 1—12 月自美国进口额工业产品类别排名

| 排　　名 | HS 编码 | 产 品 类 别 | 自美国进口额（亿美元） |
|---|---|---|---|
| 1 | 85 | 电机、电气、音像设备及其零附件 | 197.22 |
| 2 | 84 | 核反应堆、锅炉、机械器具及零件 | 183.07 |

续表

| 排　　名 | HS编码 | 产 品 类 别 | 自美国进口额（亿美元） |
|---|---|---|---|
| 3 | 88 | 航空器、航天器及其零件 | 165.39 |
| 4 | 90 | 光学、照相、医疗等设备及零附件 | 131.82 |
| 5 | 87 | 车辆及其零附件，但铁道车辆除外 | 126.26 |
| 6 | 27 | 矿物燃料、矿物油及其产品；沥青等 | 105.25 |
| 7 | 39 | 塑料及其制品 | 70.86 |
| 8 | 71 | 珠宝、贵金属及制品；仿首饰；硬币 | 44.23 |
| 9 | 30 | 药品 | 39.48 |
| 10 | 29 | 有机化学品 | 38.57 |
| 11 | 38 | 杂项化学产品 | 38.05 |
| 12 | 47 | 木浆等纤维状纤维素浆；废纸及纸板 | 33.95 |
| 13 | 44 | 木及木制品；木炭 | 30.81 |
| 14 | 74 | 铜及其制品 | 16.34 |
| 15 | 33 | 精油及香膏；香料制品及化妆盥洗品 | 13.31 |
| 16 | 73 | 钢铁制品 | 12.49 |
| 17 | 76 | 铝及其制品 | 12.35 |
| 18 | 40 | 橡胶及其制品 | 11.58 |
| 19 | 52 | 棉花 | 11.06 |
| 20 | 26 | 矿砂、矿渣及矿灰 | 10.57 |
| 21 | 48 | 纸及纸板；纸浆、纸或纸板制品 | 10.18 |
| 22 | 70 | 玻璃及其制品 | 10.05 |
| 23 | 28 | 无机化学品；贵金属等的化合物 | 9.70 |
| 24 | 34 | 洗涤剂、润滑剂、人造蜡、塑型膏等 | 8.89 |
| 25 | 41 | 生皮（毛皮除外）及皮革 | 8.86 |
| 26 | 49 | 印刷品；手稿、打字稿及设计图纸 | 6.06 |
| 27 | 37 | 照相及电影用品 | 5.83 |
| 28 | 35 | 蛋白类物质；改性淀粉；胶；酶 | 5.13 |
| 29 | 32 | 鞣料；着色料；涂料；油灰；墨水等 | 5.06 |
| 30 | 72 | 钢铁 | 4.22 |
| 31 | 25 | 盐；硫磺；土及石料；石灰及水泥等 | 4.09 |
| 32 | 75 | 镍及其制品 | 3.87 |
| 33 | 98 | 特殊交易品及未分类商品 | 3.77 |
| 34 | 94 | 家具；寝具等；灯具；活动房 | 3.36 |
| 35 | 82 | 贱金属器具、利口器、餐具及零件 | 2.81 |

续表

| 排　名 | HS 编码 | 产 品 类 别 | 自美国进口额（亿美元） |
|---|---|---|---|
| 36 | 81 | 其他贱金属、金属陶瓷及其制品 | 2.65 |
| 37 | 68 | 矿物材料的制品 | 2.57 |
| 38 | 95 | 玩具、游戏或运动用品及其零附件 | 1.88 |
| 39 | 83 | 贱金属杂项制品 | 1.81 |
| 40 | 56 | 絮胎、毡呢及无纺织物；线绳制品等 | 1.81 |
| 41 | 64 | 鞋靴、护腿和类似品及其零件 | 1.63 |
| 42 | 55 | 化学纤维短纤 | 1.59 |
| 43 | 69 | 陶瓷产品 | 1.46 |
| 44 | 54 | 化学纤维长丝 | 1.24 |
| 45 | 59 | 浸、包或层压织物；工业用纺织制品 | 1.17 |
| 46 | 96 | 杂项制品 | 1.04 |
| 47 | 42 | 皮革制品；旅行箱包；动物肠线制品 | 0.84 |
| 48 | 62 | 非针织或非钩编的服装及衣着附件 | 0.47 |
| 49 | 61 | 针织或钩编的服装及衣着附件 | 0.46 |
| 50 | 31 | 肥料 | 0.45 |
| 51 | 36 | 炸药；烟火；引火品；易燃材料制品 | 0.38 |
| 52 | 86 | 铁道车辆；轨道装置；信号设备 | 0.38 |
| 53 | 79 | 锌及其制品 | 0.37 |
| 54 | 63 | 其他纺织制品；成套物品；旧纺织品 | 0.33 |
| 55 | 97 | 艺术品、收藏品及古物 | 0.27 |
| 56 | 92 | 乐器及其零件、附件 | 0.26 |
| 57 | 58 | 特种机织物；簇绒织物；刺绣品等 | 0.26 |
| 58 | 89 | 船舶及浮动结构体 | 0.24 |
| 59 | 57 | 地毯及纺织材料的其他铺地制品 | 0.19 |
| 60 | 51 | 羊毛等动物毛；马毛纱线及其机织物 | 0.19 |
| 61 | 91 | 钟表及其零件 | 0.12 |
| 62 | 60 | 针织物及钩编织物 | 0.11 |
| 63 | 67 | 加工羽毛及制品；人造花；人发制品 | 0.07 |
| 64 | 65 | 帽类及其零件 | 0.07 |
| 65 | 43 | 毛皮、人造毛皮及其制品 | 0.06 |
| 66 | 78 | 铅及其制品 | 0.04 |
| 67 | 80 | 锡及其制品 | 0.03 |
| 68 | 93 | 武器、弹药及其零件、附件 | 0.006 |

续表

| 排　名 | HS 编码 | 产 品 类 别 | 自美国进口额（亿美元） |
|---|---|---|---|
| 69 | 53 | 其他植物纤维；纸纱线及其机织物 | 0.003 |
| 70 | 66 | 雨伞、阳伞、手杖、坐凳式手杖、鞭子及其零件 | 0.003 |
| 71 | 45 | 软木及软木制品 | 0.002 |
| 72 | 46 | 稻草、秸秆、针茅或其他编结材料制品；篮筐及柳条编结品 | 0.002 |
| 73 | 50 | 蚕丝 | 0.002 |

资料来源：赛迪智库整理，2019 年 2 月。

## 第二节　特朗普“美国优先”制造业相关政策评述

2018 年，特朗普进一步密集出台贸易、税收、投资等方面政策，对外加大贸易保护主义，吸引制造业回流，对内确定重点发展产业，刺激经济发展。加大征税力度和不公平竞争调查将成为美对中的主要限制手段。

### 一、贸易上，频频挑起争端加剧全球经济不确定性

2018 年美国采取一系列单边主义和贸易保护主义行为，破坏全球既有产业分工和技术协作格局，对全球产业链和经济格局带来巨大冲击和负面影响。

一是滥用国家安全立法，对进口钢铁和铝产品，甚至扬言将对汽车产品发起“232 调查”，借此对贸易伙伴加征关税，欧洲诸国、日本、加拿大等美国传统盟友也未能幸免。

二是借口“301 调查”不断升级中美经贸摩擦，不仅于 2018 年 7 月 6 日对约 340 亿自中国进口产品加征 25% 关税，且又于 2018 年 7 月 10 日发布对另外 2000 亿自中国进口产品加征 10% 关税，并于 2018 年 9 月宣布至 2019 年 1 月 1 日将对 2000 亿产品加征 25% 的关税，酝酿挑起更大范围贸易争端。

三是企图主导 WTO 改革，并拟出台《美国公平互惠关税法案》，摆脱 WTO 最惠国原则和关税约束。若此法案发布，标志着美国实质上退出 WTO 多边贸易体制。

四是美国与加拿大、墨西哥达成“美墨加协定”，开创性地规定了与所谓“非市场经济国家”签订自由贸易协定（FTA）的条件，影射针对中国的意图明显。

## 二、技术上，实施对内投资限制 + 对外出口管制

一是利用《国防授权法案》第 889 条要求，限制美国官方在通信和视频监视领域采购中国的设备与服务，禁止政府行政单位与华为公司、中兴公司新签、扩大或续签合同，禁止使用由这两家公司生产的产品、设备、服务或关键技术。

二是签署《外国投资风险评估现代化法案》（FIRRMA），限制外资对美关键技术收购，主要包括：扩大 CFIUS 的审查范围，新增“国家安全”考虑因素，专门规定每两年提交关于中国投资的报告。

三是修订《出口管理条例》（EAR），新增对外出口管制机构和企业 44 家，全都是中国企业。

## 三、产业上，四年行动计划确立美国制造业领先地位

2018 年 10 月，美国国家科学技术委员会下属的先进制造技术委员会发布《先进制造业美国领导力战略》报告，该报告认为先进制造是美国经济实力的引擎和国家安全的支柱，提出了未来四年内的行动计划，确定未来智能制造系统、先进材料和加工技术、美国制造的医疗产品、领先集成电路设计与制造、粮食与农业制造业五个领域是未来的发展重点。

## 四、投资上，吸引资本回流美国改变全球投资格局

一方面，2017 年年底特朗普宣布《美国减税和就业法》，对全球投资格局产生直接的影响。法案规定对美国跨国企业现有的巨额海外留存收益一次性征税。受该规定影响，2018 年上半年美国总体对外直接投资流出为负数：2018 年第一季度和第二季度对外直接投资流出分别为 -1190 亿美元和 -500 亿美元。

另一方面，“美墨加协定”试图使地区条约的持久性受损，以此鼓励投资者选择美国而非其地区伙伴。该协定包含以下几项政策“改革”：设置新的为期 16 年的日落条款，有限使用投资国争端解决机制，针对出口美国的钢、铝以及可能的汽车设置或威胁设置贸易壁垒。这些规则将使得贸易条约更加不可预测，投资者难以从长期规划长期投资策略，使得美国本土的投资更加低风险。

## 五、能源上，降低传统能源使用成本确立美国能源优势

一是在 2018 年 8 月公布了名为“负担得起的清洁能源计划”（ACE），以代替奥巴马提出的清洁能源计划。根据特朗普的新提议，美国各州将有 3 年时间对燃煤发电站制定符合当地设施条件的个性化标准，而不再需要苦思如何减

少碳排放。

二是积极推销美国能源产品。美国多次反对德国等欧洲国家与俄罗斯达成管道协议，希望欧洲国家能够更多地购买美国的液化天然气。

三是打击伊朗、委内瑞拉油气进口来源国。

通过上述一系列政策，美国原油价格优势确立，数据显示，2018年12月WTI原油和布伦特原油之间的价差在7美元左右。

# 第十章

# 影响及对策建议

面对特朗普“美国优先”政策以及与之相伴随的“逆全球化”举动，我们在单个击破的同时，更重要的是变被动为主动，从世界经贸格局演变和大国博弈的长远战略角度出发，系统打造和构建我国全球竞争新优势。

## 第一节　警惕“中美贸易摩擦”对我国的负面影响

### 一、未来美国对我国封锁将从贸易争端重点转为技术领域

美国实行全方位的技术封锁，不仅加大对外国投资“关键技术”的审查，而且增加了禁止向中国出口的企业名单，并新增了对“新兴和基础性技术”的出口管制，甚至直接在《国防授权法案》中明确禁止美国政府部门使用华为、中兴、海康威视等企业的服务和设备。美国限制先进技术出口到中国和CFIUS改革限制中国企业通过投资获得先进技术，两者相互配合，实现了对敏感新技术、国防技术、新一代信息技术、人工智能、网络安全，以及核技术和机器人等所谓“新兴和基础技术”和“关键技术”的全链条保护。美国进行技术封锁的行为表明，发起对华贸易战仅是手段之一，其最重要的目的是遏制中国的崛起，确保美国在全球经济、军事和科技方面的霸主地位。

### 二、依托高水平经贸规则扰乱我国对外贸易格局

一是国际经贸规则或将趋严，但我国部分领域发展水平与高水平经贸规则仍有差距。WTO改革方案各方观点不一致，改革前景尚不明朗。目前欧美国家认为需要扩大在产业补贴、国有企业等方面的规则，进一步规范约束中国的

竞争行为。目前我国在劳工、环保、国有企业、数字贸易等新议题尚未能与高标准经贸规则接轨，如果未来 WTO 改革在上述方面全面升级，无疑将给出口企业带来更高的成本压力。

二是“美加墨协定”的达成为美国未来多边谈判提供实践，或将干扰我国自贸区战略。“美加墨协定”开创性地规定了所谓与“非市场经济国家”签订自由贸易协定的条件，影射针对中国意图明显，将直接冲击中加自贸区谈判；如果该条款一旦被美国塞入美欧协定、美日协定中，也将累及中欧自贸协定谈判、RCEP 和中日韩自贸谈判，干扰我国自贸区战略，不利于扩大出口市场。

## 三、利用金融手段实施精准打击

一是不排除施压更改汇率操纵国标准，谋求新的谈判筹码。美国的全球贸易战略越来越重视汇率问题，汇率争端不可避免。根据美国法律，在对汇率操纵国的认定是由美国财政部裁量，但美国总统也可指示财政部进行调整。特朗普也曾施压财政部要求其将中国贴上“汇率操纵国”的标签，借此谋求新的谈判筹码。一方面，美国可以在国际经贸金融领域对相关经济体采取各种制裁手段；另一方面，可以制裁为要挟让对方按照美国希望的方式调整自身政策或者给予美国其他方面的补偿。

二是审核趋严，提高在美上市中国公司的融资成本。2018 年 12 月，美国证券交易委员会和美国公众公司会计监管委员会发布声明，指出在海外有大量业务的美国上市公司在信息获取上存在障碍，名单中共计 224 家公司，其中中国大陆 128 家、中国香港 85 家、比利时 11 家。中国大陆 128 家上市公司中，百度、京东、搜狐、新浪等均在其中。美国证券交易委员会认为名单中公司的审计底稿、具体运营数据等一些关键信息获取障碍会造成市场的不公平，这些中概股公司的财务审查将更为严苛，上市公司配合审查所耗费的时间、金融成本都会大幅攀升。

## 四、中美贸易争端影响部分制造业产能布局

一是加速下游制造业产业转移。如电子视像行业，目前加征关税清单中主要涉及的产品是投影机和摄像机，规模更大的彩电不在清单中，但为了预防清单进一步扩大，国内企业如 TCL 集团和海信集团已经计划在墨西哥扩大产能。

二是长期将影响系统性强、集成度高的中上游产业。例如，目前美国加税清单涉及模具行业 14 个税号，涵盖了模具产业链的 80%。但由于我国模具产业竞争力较强，出口总量排名全球第四，其他国家短期内难以替代，因此短期

内影响不大。但长期看，中美经贸摩擦加剧，如果未来中美贸易影响进一步强化，国际市场势必对我国模具产品施加更大压力，对产业链造成影响。

## 第二节 系统打造我国全球竞争新优势

### 一、加快关键技术领域的自主研发

美国对中国高技术企业的一系列技术封锁举动再次警示我们，贸易可以谈判，核心技术则必须自主创新。未来要继续加强对关键核心技术领域的自主研发，加大研发投入，改革科研激励机制，更好地发挥企业作为创新研发主力军的作用。

一是搭建企业、高校、科研机构协同创新体系，在“制造强国”“网络强国”等战略指引下，加快人工智能、集成电路、新材料等关键领域的自主研发进度。

二是梳理我国信息技术和智能制造领域各环节自主创新能力，明确在电子材料、核心设备、芯片等领域的短板和不足，尽快攻破关键核心技术和产品，减少对美国相关领域的依赖。

### 二、加强对行业重点企业的安全防护，并引导企业提前布局

一是加强对行业重点企业的安全防护和风险管理，提前研判可能遭到美国下一步管制或制裁的企业，采取预防措施对冲相关负面影响。

二是加强金融支持力度，考虑将出口美国重点制造业企业贷款规模列为引导性指标，鼓励金融机构向其倾斜，避免企业资金链断裂。

三是精准扶持企业对冲贸易战影响，对于受中美贸易战影响严重的企业，考虑采取通过税收减免、辅助开拓其他国际市场等手段予以支持。

四是鼓励企业提前布局应对风险，对于提前布局东南亚、墨西哥等地区和国家的企业在审批流程、信贷政策上予以支持。

### 三、维护 WTO 核心价值的同时深入参与 WTO 改革

一是在坚决维护 WTO 的核心价值与基本原则的基础上，针对目前欧盟提出的 WTO 改革方向如数字经济、国有企业等新议题持开放态度，深入参与谈判。

二是针对“成员逐步退出 WTO 框架下的特殊和差别待遇”的建议，我国应积极进行调整，向高标准靠近，如更大范围提高透明度、公开产业补贴信息等。

三是针对“造成产能过剩的补贴应加入禁止性补贴”，我们在谈判中坚决避免模棱两可的标准，要求细化标准并加入对我们有利的标准，例如要求设定追溯期、化解产能过剩的成果等。

四是以要求恢复“不可诉补贴”为谈判筹码，但不可诉补贴的条件可适当收紧。根据协定，研发费用中如果“资助不超过工业性研究成本的 75%，或前竞争开发活动费用的 50%”，即为不可诉补贴，我方可提出调整为“资助不超过工业性研究成本的 50%，或前竞争开发活动费用的 30%”；再如扶贫领域规定不可诉补贴标准为“人均收入或人均家庭收入或人均国内生产总值中的一项不得超过有关成员方境内平均水准的 85%”，我方可提出将扶贫标准收窄为 50%。

## 四、进一步扩大自美国进口，实现贸易平衡

笔者梳理出 2017 年我国自美国进口额倒数 100 名的产品税号，以及这些产品我国主要进口来源国分布和美国主要出口目的国分布，经分析发现其中大部分产品美国的主要出口目的国是加拿大、墨西哥等，因此可以考虑进一步扩大这些产品自美国进口规模，促进中美贸易平衡。例如：贵金属或包贵金属的废碎料（HS7112，我国自美国进口 1014 美元，美国是我国唯一进口来源国，但美国向全球出口额高达 36.7 亿美元，美国主要出口国家为尼日利亚、加拿大）；肉类制品（HS1601，我国自美国进口 17688 美元，美国非我国主要进口来源国，美国主要出口国家为英国、加拿大）等。

# 展望篇

# 第十一章

# 机遇与挑战

2018年，我国按照高质量发展要求，深入推进工业领域供给侧结构性改革，出台一系列旨在改善营商环境、增强企业盈利能力、提升产业发展质量的政策措施，推动我国工业生产平稳运行，中高端制造业快速增长，企业效益持续改善，工业发展质量有所提高。展望2019年，国际环境复杂多变，全球经济增长将温和放缓，工业互联网蓬勃发展，将带动工业新旧动能加速转换，工业经济仍将在合理区间稳定运行，工业投资增速有望稳中有进，企业效益和发展质量将继续稳步提升。但是，当前仍存在影响工业经济高质量发展的一些突出问题，如关键核心技术攻关能力不强、产业融合程度不深、企业发展信心不足等。未来必须全面深入贯彻党的十九大精神，深化供给侧结构性改革，建设现代化经济体系，按照高质量发展要求，深化改革，继续改善营商环境，增强发展信心；扩大开放，营造良好的发展环境，拓展发展空间；锐意创新，提高关键核心技术攻关能力，保障产业安全。

## 第一节　机遇

### 一、工业经济运行平稳，结构调整成效显著

一是工业增速稳中有进。2018年全年，工业增加值增速小幅回落但仍处于合理区间。全年规模以上工业增加值比上年实际增长6.2%，增速缓中趋稳。1月、2月、4月、5月同比增速均高于6.8%，下半年增速均在6%左右波动。全国规模以上工业企业实现利润总额66351.4亿元，比上年增长10.3%；制造业实现利润总额56964.5亿元，比上年增长8.7%。规模以上工业企业实现主营业务

收入 102.2 万亿元，同比增长 8.5%；发生主营业务成本 85.7 万亿元，同比增长 8.3%；主营业务收入利润率为 6.49%，同比提高 0.11 个百分点。

二是中高端制造业快速增长。2018 年，我国高技术制造业、战略性新兴产业和装备制造业增加值分别同比增长 11.7%、8.9% 和 8.1%，增速分别比规模以上工业增加值快 5.5、2.7 和 1.9 个百分点。新兴工业产品产量快速增长，铁路客车、微波终端机、新能源汽车、生物基化学纤维、智能电视、锂离子电池和集成电路分别同比增长 183.0%、104.5%、40.1%、23.5%、18.7%、12.9% 和 9.7%。

三是钢铁行业去产能成果显著。2016—2018 年，钢铁行业供给侧改革取得了阶段性成果。2016 年化解过剩产能 6500 万吨，2017 年继续化解炼钢产能 5500 万吨，2018 年去产能目标任务 3000 万吨，提前 2 年完成 1.5 亿吨去产能上限目标。2018 年钢铁行业受益于去产能，市场秩序进一步规范，产能利用率明显提升，钢铁产量同比继续上升。2018 年前三季度，黑色金属冶炼和压延加工业产能利用率为 78.1%，较 2017 年全年上升 2.3 个百分点。

## 二、民营经济发展良好，投资环境持续改善

一是制造业民间投资增速回升。整体来看，工业投资和制造业投资增速稳步回升。2018 年 1—10 月，工业投资和制造业投资分别同比增长 6% 和 9.1%，增速较年内低点回升 4 个和 5.3 个百分点，较 2017 年回升 2.4 个和 4.3 个百分点，增速创近两年新高。2018 年 1—10 月，制造业民间投资同比增长 9.7%，呈逐月回升态势，增速较年内低点回升 5.3 个百分点，较 2017 年回升 4.9 个百分点；制造业民间投资增速高出制造业投资增速 0.6 个百分点，高出民间投资增速 0.9 个百分点。

二是民营企业出口增量领跑全国。2018 年 1—10 月，我国进出口总值同比增长 16.7%，其中国企同比增长 24.3%，民企同比增长 19.5%，外企同比增长 10.4%；三类企业进出口总量占比分别为 17.5%、42.7% 和 37.7%。全国出口同比增长 12.6%，其中国企同比增长 14.1%，民企同比增长 16.3%，外企同比增长 8.6%；三类企业出口比重分别占 10.5%、41.6% 和 45.7%。在出口增量贡献上，国企占 13%，民企占 57.1%，外企占 28.6%。

三是投资环境日益良好。2018 年，全国各地聚焦企业关切，推动营商环境持续改善，吸引国内外更多企业和项目投资落地投产。习近平总书记在民营企业座谈会上发表的重要讲话，让民营企业吃下定心丸、安心谋发展；进一步支持和服务民营经济发展的政策措施陆续出台实施，增强了企业发展信心，优化

了投资环境，带动了民间投资增长。同时，我国更大力度推进对外开放，不断优化的营商环境和完善的产业配套，也将持续吸引更多外资流入我国。

## 三、工业消费潜力释放，消费环境不断优化

一是工业品消费整体稳中趋缓。2018年1—10月，我国社会消费品零售总额同比增长9.2%，增速较2017年回落1个百分点；各月的月度增速都在9%上下波动，且波动幅度逐渐收窄。从主要工业消费品看，2018年1—10月，汽车类商品零售额同比下降0.6%，增速较2017年回落6.2个百分点，10月当月增速已经连续6个月为负数，这主要是受1.6升及以下乘用车购置税优惠政策退出以及一二线城市汽车消费市场趋于饱和等因素影响。

二是网上零售消费业态兴起。2018年，我国新零售模式兴起带动实物商品网上零售快速增长。2018年1—10月，实物商品网上零售额同比增长26.7%，增速比社会消费品零售总额高17.5个百分点。2018年底，商务部发布2017年无人零售数据，显示该行业继续蓬勃发展。2017年，我国无人零售商店交易额达到389.4亿元，预计到2020年增长率可达281.3%，2022年市场交易额有望突破1.8万亿元。

三是消费环境显著改善。2018年，我国经济稳中有进，消费环境进一步改善，为消费提供了坚实的基础和良好的条件。国务院、商务部促进流通业创新、扩大消费的政策密集出台，为消费提供了有力的政策和环境支持，这些因素进一步促进了消费品市场稳定健康增长。2018年前三季度，全国居民人均可支配收入扣除价格因素实际同比增长6.6%，较2017年回落0.7个百分点，增速有所放缓；但随着个人所得税起征点的提高、降低税率等个税改革政策的落实，居民收入将有所增加，消费能力将有所增强。

## 四、对外开放持续深化，积极开展国际合作

一是对外投资平稳增长。2018年，在国际形势日趋复杂多变的情况下，党中央国务院加强引导力度，督促政府部门不断完善监管服务，营造良好环境，保障了我国对外投资合作平稳有序健康发展。2018年全年，我国全行业对外直接投资1298.3亿美元，同比增长4.2%。其中，对外金融类直接投资93.3亿美元，同比增长105.1%；对外非金融类直接投资1205亿美元，同比增长0.3%。对外承包工程完成营业额1690.4亿美元，同比增长0.3%。对外劳务合作年末在外各类劳务人员99.7万人，较上年同期增加1.7万人。

二是工业出口结构优化。自我国对外开放政策实施以来，我国工业出口主

导产业从轻工、纺织等传统产业向装备制造业、高新技术业等资本、技术密集型产业转型升级步伐进一步加快，高附加值产品和装备制造产品出口增长较快，部分先进技术、关键零部件和消费品增速提高。国际市场布局、商品结构、经营主体和贸易方式优化加速推进，外贸转型升级基地、贸易平台、国际营销网络深入推广。

三是构建全球自贸合作新范式。2018 年以来，我国在贸易制度架构建设层面取得更大成就。2018 年 9 月，中国与毛里求斯就自贸协定谈判内容达成一揽子协议，这是中国与非洲国家商签的首个自贸协定。2018 年 11 月 12 日，中国与新加坡政府正式签署自由贸易协定（FTA）升级版议定书，标志着两国经贸关系的进一步深化，这既是 2018 年在全球贸易摩擦的背景下，中国在自贸区建设方面取得的最重要实质性成果，同时也是中国继中国 - 东盟 FTA、中国 - 智利 FTA 之后所达成的第三个升级版的高水平双边自贸协定。目前中国已经与 25 个国家和地区达成 17 个自贸协定，自贸伙伴遍及欧洲、亚洲、大洋洲、南美洲和非洲。

## 第二节　挑战

### 一、基础研究支撑力度偏弱，核心技术引进受阻

一是基础研究投入无法支撑原始技术创新。2018 年，我国规模以上工业企业研发经费支出超过 1.2 万亿元，但基础研究经费仅占 0.2% 左右；而美国、日本和韩国等创新型国家的企业研发经费支出中基础研究占比通常超过 5%。相比之下，我国企业基础研究经费投入严重不足，这将直接影响产业关键核心技术的攻关能力。

二是我国对外技术依存度较高。我国大中型高技术制造企业是企业自主创新的主导者，其对外技术依存度较 2010 年有明显下降，但仍然高达 30% 以上，且最近几年下降幅度放缓。随着美国对华战略定位改变，未来几年，美国针对关键技术和相关产品的出口管制日益加强，我国技术引进难度也将明显加大。内在的技术攻关能力不足，外在的技术引进受阻，内外夹击，可能会进一步延缓我国产业转型升级进程。

三是关键核心技术突破受阻。2018 年，以美国制裁中兴为代表性事件，暴露了我国芯片制造能力薄弱，技术受制于人。此外，我国在航空航天、船舶、智能装备等领域进口需求依然较高，很多核心零部件、关键技术依然不能自主

研发。但随着国际形势日趋复杂，通过跨国并购、技术购买等方式越来越难以满足我国产业发展需求，致使我国核心技术攻关依然存在阻碍。

## 二、金融对实体经济投入不够，制约产融协调发展

一是金融对实体经济投入较低。2018 年第三季度末，我国主要金融机构本外币工业中长期贷款余额为 8.58 万亿元，同比增长 6.4%，增速较上年同期回落 0.5 个百分点；而主要金融机构本外币服务业中长期贷款余额为 34.36 万亿元，同比增长 14.2%。可以看出，主要金融机构对工业的本外币中长期贷款余额规模不足服务业的 1/4，增速也低 7.8 个百分点。加之市场波动影响，金融对实体企业信心偏弱，投资意愿不足。

二是工业增加值占比过低。2018 年我国国内生产总值达 90 万亿元，其中第二产业增加值为 36.6 万亿元，同比增长 5.8%，其中制造业增加值同比增速为 6.5%，占比超过一半；第三产业增加值为 47 万亿元，同比增长 7.6%，其中金融业贡献度较大。第二产业增速远低于第三产业，制造业增加值远低于金融业增加值。长此以往，金融业引领主要第三产业增加，将导致过度金融化和产业空心化，进而影响我国制造业竞争力。

三是金融对工业融资支持不足。目前我国制造业企业融资成本居高不下，尽管中央出台各项政策支持，民营企业特别是中小企业融资难、融资贵问题依然存在，产业发展存在困境。同时，金融资源配置不合理，受利率和信贷政策影响，目前国有银行和股份制银行对中小企业融资门槛也在不断提升，贷款压力增大。融资租赁等新型融资方式虽然解决了中小企业单一融资渠道难题，但仍存在投资风险和融资隐患。

## 三、自主品牌建设水平滞后，加剧供给和需求失衡

一是自主品牌建设意识不足。在外部竞争日益激烈的条件下，我国加大了自主品牌建设力度，也取得了一定成效；但总体来看，目前我国企业在全球市场竞争中的参与度仍然不高，没有自己的核心品牌和技术能力，对全球知名品牌的运营规律和方法也缺乏透彻的认识。虽然 2018 年国资委对央企提出了“将品牌战略作为最高竞争战略”的要求，但对大多数企业而言，制定独创性和适合自身发展的品牌战略仍然是一个巨大的挑战。

二是产品质量监管检测能力较弱。同国际标准相比，我国目前质量检测标准相对滞后，对企业生产产品质量要求不够严格，国际认可度不高，仅在中低端领域有较高市场占有率，制约我国制造业转型升级。同时，2018 年，我国各

制造业领域质量问题频频出现，从医疗健康、智能设备到传统机械生产方面，都存在监管缺失和检测失职，造成设备购买企业和消费者信心缺失。

三是缺少具有国际影响力的消费类品牌。根据 2018 年 BrandZ 全球品牌价值 100 强榜单，共计 14 个中国品牌上榜，但主要是科技和金融领域的品牌，消费领域仅有茅台上榜（第 34 名），其他相关领域如服装类、奢侈品类均没有中国品牌上榜。我国的产品质量和品牌建设再不加速提升，将导致高端消费持续外流，加剧供给和需求之间的结构性失衡。

## 四、利润率偏低影响投资意愿，企业发展动力不足

一是制造业企业利润增速放缓。由于原材料价格波动较大，用工成本上涨等因素影响，制造业利润空间受到多重挤压。2018 年 1—10 月，制造业利润同比增长 11.5%，较 2017 年回落 6.7 个百分点，其中汽车制造业利润同比下降 5.4%，较 2017 年回落 11.2 个百分点，降幅明显。利润率偏低造成企业投资意愿不强，加之融资成本较高、融资难度增强等，企业发展缺乏内生动力。

二是要素成本优势递减。2018 年，各国引导制造业回流，我国作为“世界工厂”的劳动力成本优势在逐年递减，尤其是劳动力工资水平，在超越东南亚地区国家后，逐步向发达国家水平看齐。而在土地、电力、物流等制造业生产要素和流通环节来看，我国成本已高于部分发达国家，直接降低了国内外企业投资建厂意愿。

三是民营企业负担较重。民营企业是我国经济发展的重要动力，虽然国家持续推动“放管服”改革，降低企业负担，但由于部分政策执行不到位，民营企业的获得感并不强。民营企业仍存在用地难、成本高、社保费用增加等困难，企业经营负担依然较重，影响民营企业的发展信心。

# 第十二章

# 政策展望

2018年是全面贯彻十九大精神的开局之年，在以习近平同志为核心的党中央的坚强领导下，全党全国积极落实十九大战略部署，坚持稳中求进的工作基调，按照高质量发展要求，有效应对外部环境的变化和内部改革的冲击，稳妥处理中美经贸摩擦，深入推进供给侧结构性改革，保持了经济持续健康发展和社会大局的稳定。展望2019年，我们即将迎来新中国成立70周年重要节点，以及全面建成小康社会的关键之年，在经济运行稳中有变、变中有忧，外部环境复杂严峻，经济面临下行压力的情况下，推动制造业高质量发展，实施更大规模的减税降费，解决好民营企业和小微企业融资难、融资贵问题，加快经济体制改革步伐，全面推动对外开放，是全党全社会工作的重中之重。

## 第一节　推动制造业高质量发展，全面建设制造强国

当前，我国经济正由高速增长阶段转向高质量发展阶段，内外部形势严峻复杂。随着新一轮科技革命和产业变革的兴起，各国都在寻找更多的发展机遇。以美国、日本、德国为代表的发达国家引领的制造业回流，以及以越南、泰国为代表的东南亚国家低端加工制造的强盛，都对我国产业结构和产业发展造成了冲击。同时，我国也面临制造业大而不强，制造业供给体系质量不高等内部问题。推动制造业高质量发展，不仅是激活我国经济内生动力的核心关键，更是抓住战略机遇，建设制造强国的必然选择。

### 一、强化创新引领，加快发展先进制造业

落实中央经济工作会议和2019年全国工业和信息化工作会议精神，聚焦

重点，创新机制，优化政策，将创新理念深入到产业发展的各个环节，加强关键核心技术攻关。建设工业强基工程，强化协同攻关能力，扩大工业技术应用规模。推进制造业创新中心工程，强化考核评估能力，提升工程质量。开展工业设计能力提升专项行动，引导创建国家工业设计研究院，支持有能力的部门和企业建设工业设计中心。强化创新主体地位和主导作用，推动企业和科研院所、高校深入合作，整合完善创新资源。鼓励研发、制造、检测、应用等环节联合攻关，攻克一批产业发展急需的标志性产品。

## 二、聚力提质增效，推动传统产业优化升级

坚持质量优先，重点关注传统产业的升级改造工作，在优化产业结构方面精准发力。在 2018 年工作成效基础上，支持重点省份钢铁去产能，开展钢铁产能置换方案专项抽查，对不能达标的企业积极实施限期整改和退出计划，持续推进落后产能依法依规退出。实施新一轮重大技术改造升级工程，对标国际先进水平，对影响国内产业发展的重点领域分步推进、逐步升级，形成国内先进典范。深入开展消费品工业“三品”专项行动、装备制造和原材料工业质量提升行动。全面落实污染防治攻坚战行动部署，实施绿色制造工程，加快建设新能源汽车动力蓄电池回收利用体系，培育发展节能环保产业。深化部省合作，促进区域协调发展。加快国家新型工业化产业示范基地卓越提升。

## 三、发展工业互联网，积极引领两化融合升级版

当前，互联网由消费领域、虚拟经济向生产领域、实体经济深度拓展，工业经济由数字化向网络化、智能化加快转型，工业互联网作为新一代网络信息技术与制造业深度融合的产物，构建起全要素、全产业链、全价值链全面连接的新型工业生产制造和服务体系。大力推动工业互联网创新发展，是实体经济和数字经济融合发展的重要方向。深化制造业与互联网融合发展试点示范，重点培育基于工业互联网平台的制造业“双创”新模式。开展试点示范和创新发展工程，加快标识解析国家顶级节点、二级节点建设，引导企业打造标杆网络。完善推广两化融合管理标准体系，支持引导利用新技术、新产业、新业态改造提升传统产业，推动制造业加快数字化转型。推行人工智能产业创新重点任务，抓好大数据产业发展试点，促进工业大数据发展和应用。

## 第二节　实施更大规模减税降费，释放民营经济活力

2018 年，我国实施了较大规模的减税降费，政策上下调了增值税税率，对部分行业增值税留抵税额予以退还，提高了增值税小规模纳税人标准，将小微企业所得税纳税人认定标准由 50 万元提高至 100 万元，全年减税降费规模预计超过 1.3 万亿元，给产业发展带来了诸多红利。2018 年全国财政工作会议明确，2019 年积极的财政政策要加力提效，实施更大规模的减税降费，释放民营经济活力。

### 一、深化供给侧结构性改革，着力优化产业结构

在已有成果基础上，将供给侧结构性改革持续纵向推进。巩固“三去一降一补”工作，加大破、立、降力度，重点推进处置“僵尸企业”工作，推动更多产能过剩行业加快出清。提升产业链水平，利用技术创新和规模效应形成产业竞争优势，加快解决关键核心技术“卡脖子”问题，强化工业基础能力建设。培育和发展新的产业集群，优化我国产业体系，提升在全球供应链、产业链、价值链中的地位。发挥企业家主观能动性，加快土地等要素市场化步伐，建立公平、开放、透明的市场规则和法治化营商环境，破除各类要素流动壁垒，促进正向激励和优胜劣汰，发展更多优质企业。

### 二、积极推进结构性减税，支持实体经济发展

随着深化税制改革步伐加快，增值税税率降低等举措成效已逐步显现，形成了全行业普遍受益的减税格局，经济活力得到有效释放。下一步要坚持普惠性减税和结构性减税相结合，重点减轻制造业和小微企业税收负担，支持实体经济发展。研究将增值税税率进一步减至两档税率，较大幅度地降低制造业税率水平，对小微企业和科技型初创企业实施普惠性税收减免。降低企业用工成本，根据实际情况调整企业社保缴费名义费率，清理、精简行政审批事项和涉企收费。全面实施修改后的个人所得税法，落实好六项专项附加扣除政策，进一步研究对高新技术产业从业人员、科技研发领军人物个人所得税优惠政策，鼓励有能力人员投身实体经济。

### 三、拓宽民营企业融资路径，解决融资难融资贵问题

2018 年，民营企业座谈会着重提出要解决好民营企业融资难融资贵的问题，年底中央经济工作会议再次强调要解决民营企业融资存在的问题。从长远发展

考虑，要推动民营经济高质量发展，首先须在防范系统性风险的前提下，发展多层次融资市场，鼓励创新融资新模式，拓宽民企直接融资渠道，提高直接融资比重，解决因杠杆率过高导致的融资困难问题。大力发展消费金融、绿色金融、科技金融、普惠金融，满足民营企业多样化金融需求，形成金融服务民营经济的长效机制。改革和完善金融机构监管考核和内部激励机制，扩大金融市场准入，拓宽民营企业融资途径，对符合经济结构优化升级方向、有前景的民营企业进行必要的财务救助，省级政府和计划单列市可以自筹资金组建政策性救助基金，纠正一些政府部门、大企业利用优势地位以大欺小、拖欠民营企业款项的行为。

## 第三节　加快经济体制改革步伐，形成强大的国内市场

改革开放 40 年来，我国经济体制改革不断深化，在各个领域都取得了重大突破，但一些硬骨头和棘手问题也在制约着我国经济社会的长远发展。2018 年中央经济工作会议指出，加快经济体制改革，要深化四梁八柱性质的改革，推动相关改革走深走实。这就要求推动国企改革、支持民企发展、防范金融风险、提升行政效率等多管齐下，营造良好的发展环境，形成强大的国内市场。

### 一、创造良好的营商环境，切实转变政府职能

2018 年世界银行公布的世界营商环境排名中，我国已上升到 46 位，相较于 2017 年提高了 32 位。为了和国际接轨，打造更加全球化的便利营商环境，应全面推行市场进入负面清单制，减少禁入事项，体现“放给市场和社会的要放足放到位，凡是市场能自主调节的就让市场来调节，凡是企业能干的就让企业干”的改革宗旨。进一步创新监管机制，强化事中事后监管，将“法无授权不可为，法有授权必须为”落到实处，形成“有形的手”和“无形的手”之间既分工也合作的良好协同关系。充分发挥消费的基础性作用和有效投资的关键作用，以制度创新、技术创新和产品创新培育形成新供给，形成具有较强增长带动力的消费新增长点，不断推进消费提质升级。

### 二、继续加快国资国企改革，提升国内市场效率

近几年，随着去产能、降杠杆、去库存等工作稳步推进，防风险、防污染等重大行动取得成果，供给侧的结构与效益得到了极大改善。但改革成效在国有与民营之间体现不一，一方面国企利润大幅度超预期回升，另一方面大批民

营企业利润微薄甚至有的还陷入了经营困境。为化解经济发展不均衡问题，应引入竞争中性原则，在土地、资本、准入等各个方面将国企民企一视同仁、公平竞争，以此激活国内经济的微观主体，夯实经济增长的基础。加快国资国企改革，坚持政企分开、政资分开和公平竞争原则，净化国企经营环境。做强做优做大国有资本，加快实现从管企业向管资本转变，改组成立一批国有资本投资公司，组建一批国有资本运营公司，积极推进混合所有制改革。

### 三、优化调整金融体系结构，降低金融市场风险

2018 年国际市场风云变幻，外部环境动荡，我国金融领域开放程度不够、垄断程度较高、融资渠道较单一、监管机制不适应金融业快速发展等因素，提升了我国的金融市场风险。未来应加快金融体系结构调整优化，针对当前突出的民营企业融资难、融资贵问题，发展民营银行和社区银行，推动城商行、农商行、农信社业务逐步回归本源。打造规范、透明、开放、有活力、有韧性的资本市场，提高上市公司质量，完善交易制度，引导更多中长期资金进入，推动在上交所设立科创板并试点注册制尽快落地。针对当前“点多面广”的金融风险问题，要完善金融基础设施，强化监管和服务能力，积极发挥地方金融监管部门的作用，实施分地域、分层监管。

## 第四节　推行全方位对外开放，实现贸易便利化自由化

2018 年我国对外开放成绩斐然，大幅度放宽了市场准入，包括放宽了银行、证券、保险行业的外资股比限制措施。同时加强了规则和制度的开放，全面实施准入前国民待遇和负面清单的管理制度，加强了知识产权保护的立法和措施。2019 年，我国对外开放面临的环境和形势将更加严峻复杂。国际环境方面，世界经济的下行风险增加，贸易保护主义威胁全球贸易和投资的增长。国内环境方面，对外开放迈入了新一轮的大发展时期，一系列政策措施的落实长期有利于经济增长和结构转型，但短期内将带来更加激烈的竞争和挑战。

### 一、放宽市场准入及制度规则，保护外商投资权益

在 2018 年工作成果基础上，继续放宽市场准入，全面实施准入前国民待遇和负面清单的管理制度，保护外商在中国投资的合法权益。积极修订《中华人民共和国外商投资法（草案）》，落实国家对外商投资企业同等适用国内支持企业发展的各项政策，支持外商投资企业平等参与标准化工作和政府采购活动，

鼓励地方各级人民政府可以在法定权限内制定外商投资促进政策。加强对外商投资企业的产权保护，鼓励国内政府、企业基于自愿原则和商业规则同外商投资企业开展技术合作，具体技术合作条件由投资各方协商确定，政府不得利用行政手段强制转让技术。允许更多领域实行外商独资经营，吸引更多优质企业在华建厂投资，提升外商投资积极性。

## 二、削减进出口环节制度性成本，推动市场多元化

发挥好关税对国际市场的统筹作用，协调国内相关产业均衡发展，促进我国对外贸易稳定增长。积极调整进出口环节关税，进一步降低我国与新西兰、秘鲁、哥斯达黎加、瑞士、冰岛、韩国、澳大利亚、格鲁吉亚以及亚太贸易协定国家的协定税率，带动多元化进出口合作。同时自 2019 年 7 月 1 日起，对 298 项信息技术产品的最惠国税率实施第四步降税，取消 14 项信息技术产品进口暂定税率，缩小 1 项进口暂定税率适用范围，也将带动我国相关产业降低进口成本。推动跨境电商进口商品扩围，自 2019 年 1 月 1 日起，调整跨境电商零售进口税收政策，提高享受税收优惠政策的商品限额上限，扩大清单范围，继续研究将消费需求比较旺盛的商品纳入清单商品范围。

## 三、积极参与国际合作，推动中美经贸摩擦妥善解决

2017 年 5 月，在北京举办了首届“一带一路”国际合作高峰论坛，我国与世界各国共同规划合作蓝图，启动了多边合作进程。2019 年 4 月，在前期成果基础上，我国举办第二届高峰论坛，旨在带动更多“一带一路”重点合作项目全面推进，展开更加全面的“一带一路”框架下的第三方市场合作。积极筹备第二届进口博览会，扩张展览布局和规模，在国家综合展、企业商业展和虹桥国际经贸论坛布局基础上，根据企业需求，适度增加企业商业展览面积，展出包括货物贸易、服务贸易、产业状况、投资旅游等方面有特色的产品。2018 年阿根廷布宜诺斯艾利斯 G20 峰会期间，中美元首会晤达成共识，停止加征新关税，双方同意推进以协调、合作、稳定为基调的中美关系。2019 年将是美国贸易保护主义和中美贸易摩擦关税效应突出显现的时期，推动化解中美贸易摩擦，将影响双边经贸的发展和世界经济的增长，是中国推动全方位对外开放中不可回避的重要议题。

# 后　记

中国电子信息产业发展研究院赛迪智库工业经济研究所长期跟踪研究工业经济，在对我国工业经济发展趋势研判、制造业发展的营商环境、工业经济发展质量、工业领域前沿技术创新的基础上，历时半载，经广泛调研、详细论证、数次修订和完善，完成了《2018—2019年中国工业发展质量蓝皮书》。

本书由王鹏担任主编，秦海林、关兵、乔宝华担任副主编，负责书稿框架设计和审稿；关晓旭负责统稿校对。全书共分为六篇，其中：理论篇由张亚丽（第一章）、乔宝华（第二章）编写；全国篇由乔宝华（第三章）、张文会（第四章）编写；区域篇由乔宝华（第五章）、韩力、韩建飞、孟凡达、王昊、张厚明、刘世磊、赫荣亮、张凯（第六章）编写；专题篇由秦海林、王珊（第七章、第八章）编写；影响篇由韩力、周禛（第九章、第十章）编写；展望篇由李佳璐（第十一章、第十二章）编写。同时，本书在研究和编写过程中得到了工业和信息化部各级领导，以及行业协会和企业专家的大力支持与指导，在此一并表示衷心的感谢。

本书以习近平新时代中国特色社会主义思想为指引，围绕我国工业经济当前的重点、热点、难点问题进行研究，特别是对制造业高质量发展过程中所面临的机遇与挑战进行深度分析，构建了成熟的指标体系，旨在推动我国工业经济高质量发展。同时，希望我们的研究能够为探索工业高质量发展新路径提供一些思考，为制造强国战略的进一步落实提供一种新的监测和评估视角。

通信地址：北京市海淀区万寿路27号院8号楼12层
邮政编码：100846
联 系 人：王 乐
联系电话：010-68200552 13701083941
传 真：010-68209616
网 址：www.ccidwise.com
电子邮件：wangle@ccidgroup.com